高等院校旅游专业系列教材

旅游企业岗位培训系列教材

旅游法律法规与实务

李爱华　刘万勇　主编

白硕　尚羿豪　副主编

清華大學出版社

北京

内 容 简 介

本书根据国家新修订颁布实施的旅游法规及相关管理规定，结合实际操作应用而编写，具体内容介绍旅行社管理、导游管理、旅游饭店管理、旅游消费者权益保护、旅游合同、旅游资源管理、旅游交通管理、食品安全管理、旅游者出入境管理、旅游娱乐场所治安管理、旅游安全管理与保险、旅游纠纷及其解决制度、旅游职业道德规范等相关旅游法规与实务基本知识，并注重通过指导学生实训强化应用能力。

本书具有系统性强、重点突出、贴近实际、注重旅游行业实际应用等特点，既可作为普通高等院校本科旅游管理专业、法学类专业的首选教材，同时兼顾高职高专、成人高等教育，也可以用于旅游企业管理者和从业者的在职培训，并为大中小微旅游企业创业者提供旅游法规学习指导。

图书在版编目（CIP）数据

旅游法律法规与实务/李爱华，刘万勇主编. —北京：清华大学出版社，2024.2
高等院校旅游专业系列教材、旅游企业岗位培训系列教材
ISBN 978-7-302-65465-0

Ⅰ. ①旅… Ⅱ. ①李… ②刘… Ⅲ. ①旅游业－法规－中国－教材 Ⅳ. ①D922.296

中国国家版本馆 CIP 数据核字(2024)第 038227 号

责任编辑： 陆浥晨
封面设计： 常雪影
责任校对： 宋玉莲
责任印制： 沈　露
出版发行： 清华大学出版社
　　网　　址： https://www.tup.com.cn，https://www.wqxuetang.com
　　地　　址： 北京清华大学学研大厦 A 座　　**邮　　编：** 100084
　　社 总 机： 010-83470000　　**邮　　购：** 010-62786544
　　投稿与读者服务： 010-62776969，c-service@tup.tsinghua.edu.cn
　　质 量 反 馈： 010-62772015，zhiliang@tup.tsinghua.edu.cn
　　课 件 下 载： https://www.tup.com.cn，010-83470332
印 装 者： 北京嘉实印刷有限公司
经　　销： 全国新华书店
开　　本： 185mm×260mm　　**印　张：** 17.5　　**字　　数：** 388 千字
版　　次： 2024 年 2 月第 1 版　　**印　　次：** 2024 年 2 月第 1 次印刷
定　　价： 49.00 元

产品编号：103686-01

旅游系列教材编审委员会

前　言

旅游作为文化创意产业的核心支柱，在国际交往、文化交流、扶贫脱贫、拉动内需、解决就业、丰富社会生活、促进经济发展、构建和谐社会、弘扬中华文化等方面发挥着巨大作用，旅游已成为当今世界经济发展最快的“绿色朝阳产业”，在我国经济发展中占有极其重要的位置。

伴随着中国旅游业的迅速发展，一些不和谐的现象也随之出现。例如，不讲卫生、喧哗吵闹、不懂礼仪、不爱护环境和公共设施，有些旅游企业超范围经营、挂靠经营、做虚假广告等。这些非道德和不遵守法规的行为，不仅严重干扰了旅游市场，而且损害了中国“礼仪之邦”的形象，已引起了国家旅游管理部门、旅游企业的高度重视。

旅游业持续健康发展既需要旅游道德的约束，也需要旅游法律法规的保障。面对国际旅游市场的激烈竞争，提高公民旅游道德素质和法律意识、加强旅游业依法服务、加速旅游服务专业人才法律意识的培养，已成为当前亟待解决的问题。为了培养社会急需的具有旅游道德与法规意识的旅游服务复合技能型人才，我们精心编撰了本书，旨在迅速提高学生和旅游从业者的法律法规专业素质，让他们更好地服务于我国旅游事业。

本书作为普通高等教育旅游管理专业的特色教材，坚持科学发展观，严格按照教育部“加强职业教育、突出实践技能培养”的要求，根据我国新颁布实施的民法典，结合新修订的旅游法规及相关管理规定，针对旅游法规与实务的教学要求和职业能力培养目标，既注重旅游法律法规基本理论知识讲解，又突出旅游法规实务应用。本书的出版对帮助学生提高业务素质、尽快掌握旅游法规与实务操作规程，走上社会顺利就业具有特殊意义。

旅游法律法规既是旅游管理专业的核心主干课，也是旅游服务从业就业者所必须掌握的关键知识技能。全书共 14 章，以学习者应用能力培养为主线，结合实际操作应用而编写，具体内容介绍旅行社管理、导游管理、旅游饭店管理、旅游消费者权益保护、旅游合同、旅游资源管理、旅游交通管理、食品安全管理、旅游者出入境管理、旅游娱乐场所治安管理、旅游安全管理与保险、旅游纠纷及其解决制度、旅游职业道德规范等相关旅游法规与实务基本知识，并注重通过指导学生实训强化应用能力。

本书融入了旅游法规最新的实践教学理念，力求严谨，注重与时俱进，具有知识系统、贴近实际、注重旅游行业实际应用等特点。本书既可作为普通高等院校本科旅游管理专业、法学类专业的首选教材，同时兼顾高职高专、成人高等教育，也可用于旅游企业管理者和从业者的在职培训，并为中小微旅游企业创业者提供有益的学习指导。

本书由李大军筹划并具体组织，李爱华和刘万勇主编、李爱华统改稿，白硕、尚羿豪为副主编，由周晖教授审定。作者编写分工如下：李爱华（第一章、第二章），钱坤（第三章），白硕（第四章、第五章、第六章、第七章），刘万勇（第八章、第九章、第十一章、第十二章），尚羿豪（第十章、第十四章），尚森（第十三章）；李晓新（文字版式修改、制作课件）。

本书再版过程中，我们参考了国内外大量有关旅游法规与实务的最新书刊、网络资料，搜集了具有实用价值的典型案例，并得到业界知名专家教授的具体指导，在此一并致谢。为方便教学配有电子课件，可以从清华大学出版社网站免费下载。因作者水平有限，书中难免存在疏漏不足，恳请专家和广大读者给予批评指正。

编　者

2023 年 6 月

目　录

第一章 旅游法概述

【学习要点及目标】

1. 掌握旅游法的调整对象，掌握旅游法律关系的特征和三大构成要素。
2. 理解我国旅游立法体系。
3. 会运用所学法律知识，分析旅游活动中的各种法律案例。

引导案例

丁女士向珠海市旅游质量监督管理所（简称旅游质监所）反映，其在淘宝平台购买了珠海某旅行社的澳门塔观光及蹦极项目的门票，售价为1489元。联系客服时，对方回复只需在使用前三天与旅行社联系即可。但2021年1月丁女士再次在淘宝平台联系客服时，客服没有明确回复。丁女士通过电话联系旅行社，旅行社以使用期限已过为由，不退任何费用。①

【案例导学】

珠海市旅游质监所接到投诉后，及时与该旅行社核实情况，并积极与投诉人沟通。经了解，在淘宝平台购买页面的详情处，明确标明该套票使用期为2020年8月27日—12月31日，若在此期限内使用，消费者只需在使用前三天与旅行社联系即可。因丁女士未在该期限内使用，故根据购买协议，旅行社不存在违约行为，无须退费。

珠海市旅游质监所工作人员已向投诉人做好相关解释工作，并建议其购买商品时留意消费规则，投诉人表示接受。

此案例给旅游者的建议提示如下：根据《中华人民共和国旅游法》第九条，旅游者有权自主选择旅游产品和服务，有权拒绝旅游经营者的强制交易行为。旅游者有权知悉其购买的旅游产品和服务的真实情况。同时，消费者在购买旅游产品时应当详细了解使用条件、时限要求、退改条件等条款，以免因个人原因造成损失。

---

① 广东省文化和旅游厅公布旅游纠纷典型案例. [2021-12-01]. http://whly.gd.gov.cn/news_newzwhd/content/post_3683985.html.

第一节 旅游法的产生及其调整对象

一、旅游业的发展和旅游法的产生

旅游法是现代旅游业发展的必然产物，它随着旅游业的发展而产生，随着旅游业的不断发展而逐步健全完善。

旅游是人类社会经济发展的产物。原始社会时期，生产力水平极其低下，为了谋生，为了躲避自然灾害，人们被迫四处漂泊、狩猎、迁徙，这些为生活所迫的被动的迁徙行为，并非有意识的自愿的旅行，不能称之为旅游。到原始社会末期，出现了社会分工和交换，进入奴隶社会，社会分工扩大，生产力水平提高，出现了贫富差别，出现了专门从事商品交换的商人，他们成为最早的旅行者，商务旅行业成为古代旅行的主要形式。

进入封建社会，旅行的内容和形式不断发展，不仅有商务旅行，还有宗教旅行、学术考察旅行、公务旅行、帝王巡游等形式。但古代的旅游活动由于受制于低下的社会生产力发展水平、落后的交通工具和住宿游览条件，只局限在少数商人、王公贵族、僧侣等特殊阶层，规模小、范围窄，与现代社会的旅游活动无法比拟。

近代时期欧美国家普遍爆发资产阶级革命，并由此引发世界范围的产业革命，社会结构发生根本变化，社会生产力水平迅速提高、交通运输业迅速发展。经济的增长、资产阶级财富的增加、中产阶级的出现、工人工资和带薪假期的增加、城市化进程的加快、交通运输业的革命，为近代旅游业的崛起和发展奠定了坚实的基础，为更多人外出旅游创造了条件。但因缺乏旅游经验，对旅游目的地不了解，加上语言的障碍，人们迫切需要有专门的机构来提供旅游方面的服务。

英国的托马斯·库克顺应这一社会需求，于 1845 年创建了世界上第一家旅行社——托马斯·库克旅行社，它标志着近代旅游业诞生。此后，在欧洲和北美相继出现了许多类似的旅游经营组织，这些组织极大地推动了旅游业的发展。

第二次世界大战结束后，全球局势相对稳定，各国都致力于本国的经济建设，世界经济逐渐得到恢复。尤其是进入 20 世纪 60 年代，和平和发展成为当今世界的两大主题，宏观环境的改善，为现代旅游业的兴起创造了前所未有的良好条件，旅游业已成为世界上发展态势最强劲并且持久不衰的产业。

各国充分认识到旅游业在创汇、拉动国内生产总值增长、扩大就业、促进文化交流等方面的积极作用，纷纷采取措施致力于本国旅游业的发展。进入 20 世纪 90 年代，旅游业的发展速度已高居其他产业之首，成为全球最大的产业和发展最快的新兴产业之一。进入 21 世纪，全球入境过夜旅游人数年均增长 6%以上，国际旅游收入年均增长 8%以上，高于全球经济增长率 1%～3%。

在旅游业蓬勃发展的过程中产生了各种各样错综复杂的关系，以及各种各样的矛盾和问题。例如，旅游业经营者与旅游者的合同纠纷、旅游经营者对旅游者合法权益的侵害、旅游者对旅游资源的破坏等。越来越多的国家意识到必须用强有力的手段，特别是法律手段来加强对旅游事业的宏观调控，协调关系、缓和矛盾、解决问题。现代旅游的发展向上层建筑提出立法需求。

旅游业的不断发展及旅游与社会生活的相互影响使旅游立法被提上日程。20 世纪 50 年代末 60 年代初，"旅游法"这一概念被正式提出来，旅游立法活动开始出现于国家和社会生活之中。一些国家逐步认识到旅游立法的必要性和重要性，相继颁布了一些旅游法律、法规，从而产生了一个新的法律部门——旅游法。旅游法是现代旅游业发展的必然产物，它以旅游活动中形成的各种社会关系为调整对象，对于保护旅游活动各主体的合法权益，维护旅游业健康有序发展发挥着重要的作用。

小贴士

"中国旅游日"与《徐霞客游记》有关

2000 年，宁海县提议把《徐霞客游记》的开篇日——5 月 19 日确定为"中国旅游日"。2001 年 5 月 19 日，浙江省宁海人麻绍勤以宁海徐霞客旅游俱乐部的名义向社会发出设立"中国旅游日"的倡议："作为由旅游资源大国向世界旅游强国迈进的中国，理应有自己的旅游纪念日，倡议把《徐霞客游记》首篇《游天台山日记》开篇之日（5 月 19 日）定名为'中国旅游日'。"2009 年 12 月 1 日，国务院下发了《关于加快发展旅游业的意见》，提出了要设立"中国旅游日"的要求。

2011 年 3 月 30 日，国务院常务会议通过决议，中国正式设立国家旅游日，时间确定为 5 月 19 日。"中国旅游日"从最开始普通民众的呼吁，到专家学者的共识，再到旅游主管部门的重视，再到国务院的设立文件，这个进程是旅游活动正在进入中国普通百姓家庭的一个显现，呼应了我国旅游发展和国民休闲需求大背景。①

二、旅游法的概念及其调整对象

（一）旅游法的概念

旅游法的概念有广义和狭义之分。广义的旅游法是指由国家制定或认可的调整旅游活动领域中各种社会关系的法律规范的总称。狭义的旅游法是指旅游基本法，即规定一个国家发展旅游事业的根本宗旨、根本原则和旅游活动各主体根本权利和义务关系的法律。本书对旅游法的理解采取的是广义的概念。

（二）旅游法的调整对象

旅游法的调整对象是旅游活动中形成的带有旅游特点或体现旅游活动特点的社会关系。旅游法调整的社会关系主要有以下几类。

---

① 文化与旅游部官网. [2017-05-19]. https://www.mct.gov.cn/vipchat/home/site/1/290/abstract/2018051410242986. html.

1. 旅游行政管理部门与旅游经营者之间的关系

旅游行政管理部门既包括专门的旅游行政管理机构——中华人民共和国文化和旅游部（简称“文旅部”）、地方文化和旅游局等，也包括依法对旅游业实施管理的国家各级行政管理部门，如市场监管、税务、海关、外汇、文化、宗教、侨务、出入境管理等部门。旅游经营者主要指直接从事旅游经营的旅行社、旅游饭店、旅游景区景点、旅游定点商店、旅游定点医疗咨询机构、旅游定点摄影摄像公司、旅游定点演出场所等。

旅游行政管理部门在各自的职权范围内对旅游经营者实行管理、指导和监督。旅游行政管理部门与旅游经营者之间存在领导与被领导、管理与被管理、监督与被监督的各种社会关系。前者主要表现为职权的行使，后者主要表现为义务的履行，双方的法律地位是不平等的，是一种纵向的法律关系。

2. 旅游经营者与旅游者之间的关系

在旅行游览过程中，旅游者有食、住、行、游、购、娱等多方面的社会需求。旅游经营者要开发旅游资源、兴修旅游设施、提供旅游服务，旅游者因支付了一定的旅游费用而成为旅游消费的权利的享有者，旅游经营者因获得一定的旅游收入而成为旅游供应的义务的承担者。旅游经营者和旅游者的法律地位是平等的，在参与旅游活动中要遵循自愿、平等、公平和诚信原则，是一种横向的法律关系。旅游经营者与旅游者之间的社会关系是旅游法重要的调整对象。

3. 旅游经营者与旅游相关企业之间的关系

旅游相关企业是指与旅行游览有关的民航、铁路、公路、水运、园林、文物、商业、轻工、建筑等企业。旅游经营者要经营旅游者食、住、行、游、购、娱等方面的义务，必然要同旅游相关企业发生经济和管理方面的相互交往，形成多种多样的社会关系。

旅游经营者和旅游相关企业之间因旅游业务经营而形成的各种社会关系，主要是国民经济各部门企业间专业化分工和协作的关系。这种社会关系，被旅游法调整为平等互利和等价有偿的权利义务关系。

4. 旅游经营者相互之间的关系

这种关系主要是指旅行社之间、旅游饭店之间、旅游车船公司相互之间，以及旅行社、旅游饭店和旅游车船公司之间在协作经营时所形成的社会关系。旅游经营者之间的关系也是平等互利和等价有偿的权利义务关系。

5. 旅游经营者内部之间的关系

这是一种综合的法律关系，包括旅游经营者决策机构与执行机构之间的关系、执行机构相互之间的关系、监督机构与其他机构之间的关系、劳动者和用人单位之间的关系等。

6. 外国旅游经营者、旅游者进入我国旅游市场形成的关系

这是一种具有涉外因素的法律关系。这种法律关系主要包括外国旅游经营者，旅游者在中国的法律地位，中国旅游经营者与外国旅游经营者之间的关系，中外合资、合

作旅游企业中的中外各方合作经营关系，外商独资旅游企业与中国政府之间的关系等。这些法律关系除了涉及我国政府参加的国际公约及国家惯例以外，都应由我国法律进行调整。

三、旅游法的作用

旅游法的建立和健全对促进各国、各地区和国际旅游活动及旅游业的健康发展发挥着重要作用。这些作用主要表现在如下方面。

（一）对旅游业进行宏观调控，促进社会的和谐发展

对旅游业进行宏观调控是旅游法的首要任务和作用。国家通过制定和实施旅游法律法规和其他规范性文件，确定旅游业发展的基本原则、基本方针和产业政策，依法引导、巩固、促进旅游经济体制改革的进行，保障旅游发展计划的全面落实，促进国际旅游合作的发展，使旅游业的发展能够促进社会和经济发展。对我国而言，通过旅游立法和执法活动可以极大促进我国和谐社会的建立与发展。

（二）明确旅游法各主体的权利、义务和责任，推动旅游业的健康发展

旅游法主体是指旅游法律关系的实际参与者，即在旅游法律关系中享有权利并承担义务的自然人、法人和其他组织。旅游法对这些旅游法律关系主体的权利、义务和责任进行明确的规定，主要有两个作用：一个是划定各主体应为、可为和勿为，为其提供一个法律允许的活动范围；另一个是将这些规定作为一种衡量标准，以判断各主体的行为是否合法、有效。

在旅游活动领域中，凡属合法有效的行为，其主体都会在法律的保护下顺利实现其利益和目标。反之，凡属违法无效的行为，法律将不予保护，而且如果这种行为侵犯了其他主体的合法权益，法律将会给予必要制裁，以保护相关主体的权益。

（三）为旅游的发展创设良好的法律环境

由于旅游法律法规明确规定了各主体的权利、义务和责任，使各主体在法律允许的范围内从事自己的活动，自享其权，各尽其责，各得其利，因而从根本上保证了旅游活动的正常秩序，为旅游业的发展创设了一个良好的法律制度环境。

（四）丰富和健全一国的部门法体系

就我国而言，旅游法律可促进我国社会主义法治体系的健全和完善。部门法也叫法的部门，是调整因其本身性质而要求有同类调整方法的社会关系的法律规范的总和。

在现实社会关系中，虽然旅游法律关系有许多可以分别纳入民事法律关系、经济法律关系和行政法律关系乃至刑事法律关系等范畴之中，但由于旅游活动的特殊性，又使得它同一般的民事、经济和行政法律关系等有所区别。因此，通过旅游立法确立起来的法律规范，在事实上已形成一个相对独立的法律部门，从而在一定程度上丰富和完善了各国的法律体系。

第二节　旅游法律关系

一、旅游法律关系概念及特点

旅游法律关系是指由旅游法确认和调整的，在旅游活动中各方当事人之间形成的具有权利和义务内容的社会关系。它是旅游关系被旅游法确认和调整以后形成的，体现了国家的意志，由国家强制力来保障。旅游法律关系反映了当事人之间在旅游活动中形成的一种社会关系。

从这个意义上说，旅游法律关系是具体的社会关系的反映，但是由于旅游活动的主体、内容和范围都具有相当的广泛性，因此旅游法律关系无论是从主体范围还是权利、义务内容范围来看，都是十分广泛的。

旅游法律关系具有下列特点。

1. 旅游法律关系是以旅游法律法规为前提的

旅游法律关系是由于旅游法律规范的存在而建立的社会关系。没有旅游法律法规的存在，也就不可能形成与之相应的法律关系。旅游法律关系是一般社会关系在旅游法律法规作用下而实现的法律化形态。

例如，当事人和旅行社之间如果没有发生由旅游法律法规所调整的社会关系，他们之间可能只是普通的社会关系，而不是旅游法律法规意义上的权利义务关系。只有在旅游法律法规的调整下，二者间才能形成现实的旅游法律关系。

2. 旅游法律关系是基于法律事实而形成的社会关系

旅游法律规范颁布后，表明国家会保护什么、不会保护什么，但它是抽象的不是具体的。有了旅游法律法规，又有了旅游主体的行为或其他法律事实，才能形成旅游法律关系。例如，旅行社只有注册成立的事实，才会与文化和旅游局、市场监督局、税务部门等形成管理与被管理的社会关系。

旅游者也只有和旅行社对于某一旅游产品达成一致的事实，才能形成旅游合同关系。旅游法律关系是基于法律事实，由旅游法律规范调整特定的旅游主体之间所形成的具体的社会关系的结果。

3. 旅游法律关系是以权利和义务为内容的社会关系

法律关系与其他社会关系的重要区别，就在于它是法律化的权利义务关系，是一种明确的、固定的权利义务关系。旅游法律法规对社会关系的调整是通过规定相关主体的具体的权利和义务来实现的。这种权利义务关系的确认体现了国家意志，是国家维护旅游市场秩序、促进旅游业健康发展的重要保障。

4. 旅游法律关系是以国家强制力作为保障手段的社会关系

在旅游法律关系中，主体在旅游活动中可以做什么、不可以做什么和必须做什么都是国家意志的体现，反映国家对旅游市场秩序的维护。当旅游法律关系受到破坏时，就意味着国家意志所授予的权利受到侵犯，意味着国家意志所设定的义务被拒绝履行。

这时，权利受侵害一方就有权请求国家机关运用国家强制力，责令侵害方履行义务或承担未履行义务所应承担的法律责任，即对违法者予以相应的制裁。例如，旅游合同关系一旦依法成立，任何一方均需严格依约履行合同，不得拒绝履行或不恰当履行，否则相对方有权请求法律保护，追究违约方的法律责任。

5. 旅游法律关系是体现意志性的特种社会关系

旅游法律关系作为一种社会关系的特殊形式，正在于它体现了国家的意志。这是因为，旅游法律关系是根据旅游法律规范有目的、有意识地建立的。旅游法律关系像旅游法律规范一样必然体现国家的意志。从这个意义上来看，破坏了旅游法律关系也就违背了国家意志。

旅游法律关系又不同于旅游法律规范，它是现实的、特定的法律主体所参加的具体法律关系。因此，特定法律主体的意志对于法律关系的建立与实现也有一定的作用。例如，旅游合同法律关系必须是旅游者参加旅游活动的意思表示和旅行社愿意为其提供服务的意思表示，只有两种意思表示达成合意才能建立起权利义务关系。

二、旅游法律关系构成

同其他任何法律关系一样，旅游法律关系也是由主体、客体和内容三大要素构成的。三者相互联系，缺一不可。

（一）旅游法律关系的主体

旅游法律关系的主体是旅游法律关系的参加者，即旅游法律关系中一定权利的享有者和一定义务的承担者。它通常包括如下几类。

1. 旅游者

旅游者是指离开常住地到异地，时间不超过一年，进行游览、观光、度假、探亲、访友或其他形式的旅游活动，以求得物质和精神享受的个人。旅游者是旅游活动和旅游法律关系的重要主体。

旅游者根据其国籍的不同通常可划分为本国旅游者和外国旅游者，根据其是否跨越国境通常可以分为国内旅游者和国际旅游者。在我国，本国旅游者主要是指参加国内各地旅行游览和去国外旅行的中国公民。外国旅游者是指来我国参观旅行、探亲、访友、休养、考察，或从事贸易、文化、体育、宗教活动，参加会议等的外国人、外籍华人，回内地旅游的华侨和港澳同胞。

对于外国旅游者，我国一般是按照国际惯例，在特定的范围内给予其互惠的国民待遇。所谓国民待遇是指成员国对外国自然人或法人等在某些事项上给予其与本国自然人和法人同等的待遇。根据我国宪法和有关法律规定，中国政府保护外国旅游者在中国的合法权益，外国人的人身自由不受侵犯，非经法定程序不可逮捕。同时外国旅游者在中国旅游必须遵守中国法律，不得危害中国国家安全，不得损害社会公共利益和破坏社会公共秩序。

2. 旅游企事业单位

旅游企事业单位也是旅游活动和旅游法律关系的重要主体。它主要包括旅行社、旅游饭店、旅游交通运输企业、旅游服务公司、旅游商店、旅游景区景点部门等。此外，还有为旅游提供各种服务的餐饮、娱乐、邮电、银行等行业。旅游企事业单位一般都具有法人资格，具有权利能力和行为能力，在其经营范围或职责范围内开展旅游服务活动。

3. 旅游组织

旅游组织是指根据发展旅游业的某一方面的目标而设立的、由一定成员组成的社会团体。旅游组织通常由相对稳定的成员组成，有自己的章程、组织机构、行动目标和活动经费，依有关国家的法律登记、注册或批准而设立，以自己的名义从事与旅游有关的活动，且大多数不具有营利性质。

以区域为标准，旅游组织可分为世界性旅游组织、世界区域性旅游组织、全国性旅游组织、国内地方旅游组织。例如，世界旅游组织（World Tourism Organization，WTO）是世界性旅游组织，太平洋亚洲旅游协会是世界区域性旅游组织，中国旅游协会是全国性旅游组织，北京旅游行业协会是国内地方旅游组织。以成员的构成为标准，旅游组织可分为民间旅游组织、政府间旅游组织和混合型旅游组织。例如，中国旅游协会是民间组织，世界旅游组织是联合国系统内全球唯一的政府间国际旅游组织，太平洋亚洲旅游协会是混合型组织。

4. 旅游行政管理部门

旅游行政管理部门是指对旅游活动、旅游经营和旅游事业的发展实行宏观调控的机构。既包括专门的旅游行政管理机构，也包括与旅游活动密切相关的市场监督管理、税务、海关、外汇、文化、宗教、侨务、出入境管理等主管部门。

旅游行政管理部门是旅游法律关系的重要主体之一，它们在各自的职权范围内对旅游业实行管理、指导和监督。在我国，文化和旅游部是国务院的组成部分，为正部级，主管全国旅游行业的机构，是旅游业的主管行政机构。

（二）旅游法律关系的客体

旅游法律关系的客体是旅游法律关系主体之间权利和义务所共同指向的对象。例如，旅游经营者销售的旅游产品、提供的旅游服务及旅游合同的价金等，均属于旅游法律关系的客体。离开了客体，旅游法律关系主体间的权利和义务就失去了意义。旅游法律关系的客体分为四类，即物、行为、智力成果、货币和有价证券。

1. 物

法律意义上的物是指现实存在的、能为法律关系主体所控制和支配的、在生产上和生活上所需要的客观实体。它可以是天然物，也可以是生产物，可以是活动物，也可以是不活动物。它不仅具有物理属性，还具有法律属性。旅游法律关系中的物是指在旅游法律关系中可以作为财产权利对象的物品或其他物质财富。这些物品或物质财富通常能为人们所控制，并且具有一定的经济价值，如旅游资源、旅游设施和旅游商品等。

2. 行为

旅游法律关系中的行为是指旅游法律关系中主体行使权利、履行义务的活动，包括旅游服务行为和旅游管理行为。旅游服务行为是指旅游企事业单位和相关部门为旅游者提供的一系列分工合作的劳务活动，如导游服务、组织游览、代订客房、代订客票、代办签证等。旅游管理行为是指各级旅游行政管理机关、旅游企事业单位及旅游企事业单位内部管理机构行使与其担负的旅游职责相适应的旅游管理活动。

例如，旅游行政主管部门依据《旅行社条例》对申办旅行社的资格进行审查的行为，对违法导游人员依据《导游人员管理条例》予以处罚的行为。由于旅游产品主要是精神产品，是旅游企事业单位向旅游者提供的服务，因此在旅游法律关系中，作为客体的大部分是行为。

3. 智力成果

旅游法律关系中的智力成果是指旅游法律关系主体在精神生产过程中，由人的脑力劳动创造出来的，具有一定表现形式的一切科学艺术成果。例如，旅游企事业单位的专利发明、专有技术、商标图案等。这些智力成果的价值虽然难以直接用金钱衡量，但是它们的所有权和使用权的转让通常是有偿的。因此，旅游企事业单位的智力成果也可作为旅游法律关系的客体。

4. 货币和有价证券

货币是商品交换中能够表现或代表商品价值的一般等价物，有价证券是具有一定票面金额，证明持券人有权按期取得一定收入，并可自由转让和买卖的所有权或债权凭证。人民币在我国可以成为各种旅游合同的标的。

（三）旅游法律关系的内容

旅游法律关系的内容是指旅游法律关系的主体依法享有的旅游权利和承担的旅游义务，它反映着旅游法律关系主体的具体要求，决定着旅游法律关系的实质。旅游法律关系的当事人，通过享受一定的旅游权利和承担一定的旅游义务而相互结合在一起，构成现实的旅游法律关系。

1. 旅游权利

旅游权利是指旅游法律关系的主体依据旅游法律法规的规定或合同约定而享有的权能或利益，即旅游法律法规有要求旅游法律关系的主体能够做出或不做出一定的旅游行为，以及要求他人相应地做出或不做出一定的旅游行为的资格。

旅游权利主要体现在以下三个方面。

（1）旅游权利享有者在法律规定或合同约定的范围内，按照自己的意愿作出一定行为或不作出一定行为，以实现自己的权益。例如：旅游企业在经营范围内享有自主经营权，有权从事各项旅游活动；旅游者有权享用本国的旅游产品，有权与旅行社缔结各种合同，在其正当权益受到侵害时，有权依法维权等。

（2）权利享有者有权要求义务主体作出或者抑制一定的行为。例如，旅游者有权要求旅行社依据旅游合同约定的时间、地点、方式、项目提供旅游服务，有权拒绝旅行社擅自增加项目、擅自改变行程、擅自增加费用等要求；旅行社则有权要求旅游者按照合同的约定支付旅游费用等。

（3）当权利享有者的权利受到不法侵害，从而导致自身利益无法实现时，权利享有者有权请求国家予以保护。例如，我国的旅游者可依据我国的《民法典》《消费者权益保护法》和专门的旅游法律法规，对于侵害自己权益的旅行社进行投诉并要求经济赔偿等。

根据不同标准，可对旅游权利作不同的分类。依据权利主体的不同，旅游权利可以被划分为旅游者享有的权利、旅游经营者享有的权利、旅游行政主管部门享有的权利；根据权利的内容不同，旅游权利可以分为各旅游主体的人身权利、政治权利和诉讼权利等。在旅游活动中，常见的旅游权利主要有人身权、财产权及诉讼权。此外，旅游企业依法享有的商标权、专利权等知识产权，也是重要的旅游权利。

旅游权利主体的人身权在此是指与旅游权利主体的人身不可分离，而又没有直接财产内容的民事权利。人身权通常分为人格权和身份权两大类。在旅游活动中，权利主体的人身权主要是指旅游者的生命健康权、姓名权、名誉权、荣誉权、肖像权等。此外，旅游企业及旅游行政管理部门的名称权、名誉权和荣誉权等也包括在广义的人身权范畴之中。

旅游活动中的财产权则是指具有物质财富内容，直接与经济内容相联系的民事权利。在旅游活动中，权利主体的财产权主要是指旅游者的财产安全权，旅游经营者的所有权、经营权和承包权等。

旅游权利主体的诉讼权则是指广义的诉讼，即旅游权利主体向国家机关请求依法保护自己合法权益的权利。

2. 旅游义务

旅游义务是指旅游法律关系的主体依据相关法律规定须履行的责任。一般情况下，旅游权利与旅游义务总是同时存在的，旅游法律关系的主体享有旅游权利的同时也必须承担一定的旅游义务。旅游者在享受旅游服务的同时，也负有支付旅游费用、爱护旅游基础设施、保护旅游资源和环境的义务等。

就我国旅游者而言，其要承担的旅游义务主要有以下几方面。

（1）旅游者要遵守中国有关的法律、法规和社会公德，文明旅游。例如，依据《旅游法》，旅游者有文明旅游、不损害他人合法权益、安全配合及遵守出入境管理的义务。

（2）旅游者有个人健康信息告知的义务，即旅游者在购买、接受旅游服务时，应当向旅游经营者如实告知与旅游活动相关的个人健康信息，审慎选择参加旅游行程或旅游项目。

（3）旅游者要遵守与旅游企业缔结的各种合同。旅游者在违反其与旅游企业签订的旅游合同时，必须依法赔偿旅游企业因此而蒙受的经济损失，承担违约责任。

（4）旅游者要为其享用的旅游服务支付合理的费用。

案例 1-1

左某某进行导游活动欺骗、胁迫旅游者消费案

2019 年 4 月 16 日，北京市文化和旅游局收到市信访办转来的某某投诉。某某称其在京旅游过程中，导游员宣传封建迷信，并且通过套取游客信息与华夏遗珍馆女馆长串通，欺骗游客购买华夏遗珍馆的貔貅等商品。经在电子行程单系统中查询，执法人员发现该团队由北京 S 国际旅行社有限公司组织，导游员为左某某。经查，导游员左某某进行导游活动，欺骗旅游者消费的行为属实。[①]

【解析】

针对旅游经营者的违约行为，旅游者应当理性维权，通过法律途径实现诉求。导游左某某的行为违反了《导游人员管理条例》第十六条的规定，依据《导游人员管理条例》第二十四条的规定，北京市文化和旅游局对导游员左某某作出没收违法所得 200 元并罚款 1000 元的行政处罚，对北京 S 国际旅行社有限公司作出警告的行政处罚。

就我国旅游企事业单位而言，其所要承担的旅游义务主要有以下几方面。

①实体性义务——合法经营，即旅游企事业单位在其业务经营过程中要遵守有关旅游业的各种法律、法规和条例，主要包括工商、财政、金融、卫生、进出口、税务等方面的法律、法规和条例。

②程序性义务，即旅游企事业单位在其业务经营过程中要依法履行各种审批和登记手续，按有关规定从事经营。

③对旅游者的义务。这方面主要包括尊重旅游者、保护旅游者的合法权益，遵守与旅游者之间签订的合同，做好为旅游者服务等各项工作。如果旅游企事业单位的行为给旅游者造成了损失，则应承担相应的损害赔偿责任。

就我国旅游行政管理部门的义务而言，主要包括以下几方面。

①依法行政。旅游行政管理部门所有的管理行为、行政行为必须依法进行。

②旅游行政管理部门必须模范地遵守国家的各项法律、法规、政策，包括模范地遵守旅游行政管理部门自身制定和发布的各项法规和政策。不能有法不依、执法不严，更不能以权谋私。

③旅游行政管理部门有义务赔偿因其违反法律的规定所造成的旅游企业的损失。

④旅游行政管理部门在代表国家进行的国际旅游交往中，要遵守国际法有关主权平等、经济互利等原则，享受国际法赋予的权利并承担相应的国际义务。

---

① 2019 年度北京市旅游行政处罚十大典型案例. http://whlyj.beijing.gov.cn/zwgk/tzgg/201912/t20191231_1738115.html.

三、旅游法律关系的确立和保护

（一）旅游法律关系的确立

1. 旅游法律关系产生、变更和终止的条件

旅游法律关系处在不断的生成、变更和消灭的运动过程中。它的形成、变更和消灭需要具备一定的条件，其中最主要的条件有两个。

（1）法律规范

法律规范是经国家制定或认可的，体现统治阶级意志的，由国家强制力保证执行的行为规则。法律规范是法律关系形成、变更和终止的法律依据，没有一定的法律规范就不会有相应的法律关系。

（2）法律事实

法律事实是法律规范所规定的，能够引起法律关系产生、变更和终止的客观情况和现象。也就是说，法律事实首先是一种客观存在的外在现象，而不是人们的一种心理现象或心理活动。纯粹的心理现象不能看作法律事实。其次，法律事实是由法律规定的，具有法律意义的事实，能够引起法律关系的产生、变更和消灭。在此意义上，与人类生活无直接关系的纯粹的客观现象（如宇宙天体的运行）就不是法律事实。法律事实是法律关系产生、变更和终止的前提条件。它是法律规范与法律关系联系的中介。

2. 引起旅游法律关系产生、变更和终止的法律事实

以是否以人们的意志为转移作标准，可以将法律事实分为两类，即法律事件和法律行为。

（1）法律事件

法律事件是法律规范规定的、不以当事人的意志为转移而引起法律关系形成、变更和终止的客观事实。法律事件又可分为社会事件和自然事件两种。前者如社会革命、政变、游行示威、罢工、战争等。后者如人的生老病死、自然灾害等。

例如，2018 年 10 月 24 日，因受到最强台风“玉兔”袭击，塞班国际机场被迫关闭，致使大量外国游客滞留，其中包括大约 1500 名中国游客。塞班当地时间 10 月 28 日上午，中国四川航空公司航班号为 3U8647 的包机在塞班国际机场降落，滞留当地的中国游客开始有序回国。2008 年 8 月底，泰国发生大规模示威游行，9 月初，国家旅游局连发两个旅游警示，赴泰游客“退团”。台风、示威游行均属于人力不可抗拒的客观现象，前者是自然事件，后者是社会事件。

（2）法律行为

法律行为可以作为法律事实而存在，能够引起法律关系形成、变更和消灭。因为人们的意志有善意与恶意、合法与违法之分，故其行为也可以分为善意行为与恶意行为、合法行为与违法行为。

例如，旅游者和旅行社签订旅游合同，导致旅游合同法律关系产生，旅游者和旅行社变更旅游合同条款，导致旅游合同法律关系变更，旅游者和旅行社旅游期限届满，履

行完旅游合同义务，导致旅游合同法律关系的终止。不仅善意行为、合法行为能引起法律关系的发生、变更和终止，恶意行为、违法行为也能引起法律关系的发生、变更和终止。例如，旅行社欺诈和胁迫旅游者购物，会引起行政法律关系（行政处罚）的产生。

（二）旅游法律关系的保护

旅游法律关系的保护是指依照旅游法律、法规的有关规定，确保旅游法律关系的参与者正确地行使旅游权利和切实履行旅游义务，对不履行旅游义务和违反旅游法规的行为予以制裁，追究法律责任，从而使旅游法律关系得以落实。

1. 保护机构

（1）旅游行政管理机关及相关行政机关

国家各级旅游行政管理机关是管理旅游业的政府职能部门，包括文化和旅游部，省、自治区、直辖市文化和旅游局，省级以下的地方旅游行政机构，它们有权依据旅游法规，在其职权范围内，运用奖励或处罚的方法保护旅游法律关系。

除专门的旅游行政管理机关外，相关的行政管理机关，如市场监督管理、公安、税务、卫生、商务、外汇等管理部门，也可以依法对旅游活动的主体作出奖励或处罚的决定。

（2）仲裁机构

旅游当事人发生旅游纠纷时，可以进行协商和调解，协商和调解不成的，可根据双方自愿达成的仲裁协议，提交选定的仲裁委员会，由仲裁委员会作出对纠纷双方都有约束力的裁决。仲裁机构独立于行政机构，其能够快捷、经济地解决旅游纠纷，有利于保护旅游当事人的合法权益。例如，旅游合同纠纷就可以选择仲裁方式解决。

（3）司法机关

司法机关包括人民法院和人民检察院。人民法院和人民检察院根据法律法规的规定，分别对在旅游活动中触犯法律者，行使审批权和检察权。各级法院还可以对旅游活动中的民事法律纠纷进行判决。

2. 保护措施

（1）行政措施

行政措施是国家行政机关根据法律法规，对特定对象或具体事件采取的直接发生法律效力的一种行政行为。行政措施主要包括奖励的方法和处罚的方法。对于模范遵守国家法律法规，对旅游业作出显著贡献的旅游法律主体，由行政管理机关予以其奖励；对于违反国家行政法律法规的，行政管理机关可以给予处罚。依据《旅游行政处罚办法》，旅游行政处罚的种类有：警告，罚款，没收违法所得，暂停或者取消出国（境）旅游业务经营资格，责令停业整顿，暂停或者吊销导游证、领队证，吊销旅行社业务经营许可证，法律、行政法规规定的其他种类。

小贴士

《国家旅游人才培训基地管理办法》（试行）的发布

为贯彻落实《“十三五”旅游人才发展规划纲要》，推进国家旅游人才培训基地建设，规范国家旅游人才培训基地运行管理，文化和旅游部于 2018 年 5 月 29 日发布了《国家旅游人才培训基地管理办法》（试行）。全文分总则、职责分工、基本条件、运行机制和管理监督五个部分。

（2）民事措施

民事措施是指对违反合同或者不履行其他法律义务的民事主体依法追究其民事责任而采取的措施。依据《民法典》，民事措施有：停止侵害，排除妨碍，消除危险，返还财产，恢复原状，修理、重做或更换，继续履行，赔偿损失，支付违约金，消除影响，恢复名誉，赔礼道歉。在旅游法律关系的保护中，判令支付违约金和赔偿金是经常采取的措施。

（3）刑事措施

刑事措施是指对于构成犯罪的犯罪分子依法追究刑事责任。刑事措施是最严厉的，根据我国《刑法》规定，刑罚分为主刑和附加刑。主刑是对犯罪分子适用的主要刑罚方法，只能独立适用，不能附加适用，对犯罪分子只能判一种主刑。主刑分为管制、拘役、有期徒刑、无期徒刑和死刑。附加刑是既可以独立适用又可以附加适用的刑罚方法。即对同一犯罪行为既可以在主刑之后判处一个或两个以上的附加刑，也可以独立判处一个或两个以上的附加刑。附加刑分为罚金、剥夺政治权利、没收财产。对犯罪的外国人，也可以独立或者附加适用驱除出境。

案例 1-2

2018 年 3 月 4 日，湖北游客彭某某驾车到大理市银桥镇马久邑村洱海边游玩的过程中，用儿童玩具击打红嘴鸥，造成一只红嘴鸥受伤。该事件的相关视频在网络上大量传播，造成了严重的社会不良影响。大理市森林公安局认定该行为属非法猎捕非国家重点保护动物的行为，依据《中华人民共和国野生动物保护法》第四十六条第一款的规定，对其处以没收猎捕工具，并处 1500 元罚款的行政处罚。[①]

【解析】

根据《国家旅游局关于旅游不文明行为记录管理暂行办法》第二条第（七）项、第九条第（二）项之规定，经旅游不文明行为记录评审委员会审定，将彭某某纳入旅游不文明行为记录，记录期限为 3 年，自 2018 年 9 月 27 日至 2021 年 9 月 26 日。

第三节　旅游立法状况

一、我国旅游立法现状

改革开放 40 多年来，随着旅游业的发展，旅游业的法制建设不断加快。尤其是在国

① https://www.sohu.com/a/257586377_184579.

家“九五”“十五”计划期间，旅游立法在前些年成果积累的基础上，随着旅游业的市场变化而不断推进，从旅游法规、条例、规章等范围来看，已涉及旅游业的方方面面。这些法规、条例在调整旅游业结构、规范旅游市场、保护旅游者和旅游经营者合法权益方面发挥了重要的作用。

我国现行旅游立法体系的内容，主要涉及以下几个方面。

1. 宪法

宪法是国家的根本大法，是母法，具有最高的法律效力。任何旅游法规的内容都不能与宪法相抵触。我国《宪法》第四十三条规定：中华人民共和国劳动者有休息的权利。国家发展劳动者休息和休养的设施，规定职工的工作时间和休假制度。《宪法》保障了劳动者的休息权，从而为旅游者享有旅游权提供了宪法依据。

2. 旅游基本法——《旅游法》

旅游基本法是一个国家发展旅游事业的基本法律，是规定一个国家发展旅游事业的根本宗旨、根本原则和旅游活动各主体根本权利义务关系的法律，它对旅游业的长远发展具有至关重要的意义。目前，世界上许多国家制定了旅游基本法。例如，日本在 1963 年 6 月制定了《旅游基本法》，美国政府于 1979 年 5 月颁布了《全国旅游政策法》。

我国于 2013 年 4 月公布了《旅游法》，2013 年 10 月 1 日起施行。《旅游法》是我国旅游业发展史上的第一部法律，是我国旅游法制建设发展史上的重要里程碑。《旅游法》的颁布实施，对于保障旅游者和旅游经营者的合法权益，规范旅游市场秩序，保护和合理利用旅游资源，促进旅游业持续健康发展，开创依法治旅、依法兴旅的新局面，具有重要的意义。为适应新形势的需要，全国人大常委会于 2016 年、2018 年对《旅游法》进行了修订。

3. 国务院行政法规

目前，国务院专门针对旅游业制定的行政法规有《旅行社条例》《导游人员管理条例》《中国公民出国旅游管理办法》等。

1985 年 5 月 11 日，国务院颁布了《旅行社管理暂行条例》，这是我国旅游法制史上的第一个行政法规，它标志着我国旅游法制建设的新突破。1996 年 10 月 15 日，针对旅行社行业出现的新情况、新问题，国务院发布了《旅行社管理条例》。为认真履行我国旅游业“入世”承诺，2001 年 12 月 11 日，国务院公布了《国务院关于修改<旅行社管理条例>的决定》，根据该决定修订了《旅行社管理条例》。

针对《旅行社管理条例》不适应新形势的情况，2009 年 1 月 21 日，国务院公布了《旅行社条例》，该条例于 2009 年 5 月 1 日起施行。之后，2016 年 2 月 6 日，国务院第一次修订《旅行社条例》，2017 年 3 月 1 日，国务院第二次修订《旅行社条例》。2020 年国务院对《旅行社条例》进行了第三次修订。

1987 年 12 月 1 日，经国务院批准，国家旅游局发布了《导游人员管理暂行办法》，把对导游人员的管理纳入法制轨道。1999 年 5 月 14 日，针对导游人员的执业活动和对导游人员的管理等方面的新问题，国务院发布了《导游人员管理条例》，为我国导游人员队伍的建设和发展提供了依据。2017 年 10 月 7 日，国务院修订《导游人员管理条例》。

1997 年 7 月 1 日，国家旅游局、公安部经国务院批复，联合发布了《中国公民自费出国旅游管理暂行办法》，它标志着我国公民自费出国旅游的开始。随着我国公民出国旅游活动迅速发展，2002 年国务院公布了《中国公民出国旅游管理办法》，该办法自 2002 年 7 月 1 日起施行，它标志着我国对出国旅游的管理手段和管理方法实现了从行政管理向法制管理的转变。2017 年 10 月 7 日国务院对《中国公民出国旅游管理办法》进行修正。

4. 旅游部门规章

旅游部门规章是由旅游行政管理部门制定的，规范旅游服务和管理行为的规定和技术性规范，已经制定并在实施的主要有以下几个方面的内容。

（1）旅行社管理方面的规章

旅行社管理方面的规章主要有《旅行社条例实施细则》，2009 年 5 月 3 日起施行，2016 年修改；还有《旅游投诉处理办法》等。

（2）旅游从业人员管理方面的规章

导游人员管理方面的规章主要有《导游员职业等级标准》（1994 年实施）、《导游证管理办法》（2002 年实施）。

（3）出境旅游管理方面的规章

出境旅游管理方面的规章主要有《大陆居民赴台湾地区旅游管理办法》（2006 年 4 月 16 日公布施行，2011 年 6 月 20 日第一次修改，2017 年 4 月 13 日第二次修改）。

（4）旅游资源保护方面的规章

旅游资源保护方面的规章主要有《旅游资源保护暂行办法》（2007 年实施）。

（5）旅游保险方面的规章

旅游保险方面的规章主要有《旅行社责任保险管理办法》（2010 年 11 月 25 日发布，2011 年 2 月 1 日起实施）。

5. 地方旅游法规

地方旅游法规是指由省、自治区、直辖市及省级人民政府所在地的市和经国务院批准的较大的市的人民代表大会及其常委会依法制定，在本行政区域内具有法律效力的规范性文件。自海南省人大常委会 1995 年 6 月 22 日通过我国第一部地方旅游法规——《海南省旅游管理条例》以来，迄今为止，我国已有 30 多个省级行政区人大及人大常委会制定了地方旅游法规。例如，天津市人民政府制定了《天津市旅游业管理办法》，以地方政府规章的形式对旅游业进行综合规制。

6. 其他相关法律法规

旅游业的发展离不开相关行业的协调与配合，这些相关部门的法律法规也是我国旅游立法体系中的组成部分。例如：在旅游资源方面有《文物保护法》《风景名胜区管理暂行条例》《自然保护区条例》《环境保护法》《森林法》《草原法》《海洋环境保护法》等；在出入境管理方面有《中华人民共和国出境入境管理法》《中华人民共和国外国人入境出境管理条例》《海关法》《护照法》；在旅游经营和旅游者权益保护方面有《消费者权益保护法》《反不正当竞争法》《价格法》《民法典》；在旅游交通方面有《民用航空法》《铁路法》《道路交通安全法》《道路交通安全法实施条例》等。

7. 与旅游相关的国际条约和国际惯例

旅游国际条约是指一国作为国际法主体同他国缔结的与旅游相关的双边、多边协议或其他具体条约、协定性质的文件。条约生效后，对缔约国的国家机关、团体和公民就具有法律约束力。旅游国际惯例是指在旅游业长期发展和国际交往中逐步形成的约定俗成、共同遵守的不成文的习惯。我国加入了一些国际旅游交通运输公约，其中最主要的是华沙体系中的《华沙公约》和《海牙议定书》。

总之，我国旅游立法取得了一定成就，这些法律、法规对旅游业的发展起到了一定的促进和保护作用。但我国旅游立法与旅游业蓬勃发展的现状还不适应，旅游法制体系还不够完善，存在立法层次低，法律法规之间的协调性差、统一性差等问题，对散客旅游、自助游、自驾游等旅游形式缺乏规制，对旅游电子商务的法律规制还不够健全。为使我国旅游业适应现代旅游业发展的需要，必须不断完善我国旅游立法、健全旅游法制，构建具有中国特色的完整的旅游法律体系。

二、国外旅游立法状况

（一）国际旅游立法

由于各国对处理同类型旅游纠纷的规定可能是不同的，因此在客观上出现了因适用法律的不同而给来自不同国家的游客造成的结果上的不公。为尽量避免这种不公，一些国际组织制定出了一些国际公约、国际协定等来统一旅游方面的一些国际职业习惯，国际旅游法应运而生。国际旅游法是调整国际旅游领域所发生的各种社会关系的国际条约、国际惯例和各种旅游涉外法律的总称，是国际法的一部分。

目前，主要的国际旅游法规有以下几类。

1. 关于旅馆业的国际公约

关于旅馆业的国际公约有：国际统一私法协会起草的《关于旅馆合同的协议草案》，国际旅馆协会订立的《国际旅馆业新规程》，欧洲理事会成员国订立的《关于旅馆经营者对旅客携带物品之责任的公约》，国际旅馆协会与国际旅行社协会联合会订立的《关于旅行社与旅馆合同的协议》等。

其中，《国际旅馆业新规程》于 1920 年起草，1954 年修订与补充，1979—1980 年再次审定，1981 年 11 月 2 日由国际旅馆协会理事会通过。制定该规程的宗旨是希望国际旅馆业规程得到各国的普遍承认，适用旅馆合同的职业习惯并加以统一规范，使顾客和旅馆双方都了解自己所享有的权利和承担的义务。

国际旅馆协会现已改名为国际饭店与餐馆协会。中国旅游饭店业协会经国家有关部门批准于 1994 年加入该国际协会，是该国际协会的国家级会员，并每年派出代表团参加该协会的年会。

这些有关旅馆的国际公约、协议和协定等，多为民间组织的协定，且基本上都是从合同关系上切入，调整的领域停留在私法范畴，主要是对旅馆合同的成立、旅馆合同中旅馆方的主要义务、旅馆的责任、旅馆合同的履行和违约责任等几方面的问题进行了规定或协定。

一些旅馆行业的惯例在这些国际公约中基本得到普遍认可。例如：除另有约定外，旅馆和顾客之间合同终止的时间是顾客到达旅馆后第二天的 12 时，顾客预订的房间应在拟入住当天的 14 时准备就绪；旅馆对属于顾客的物品的责任一般是有限制的；旅馆的责任不涉及顾客的汽车或汽车上的装载物件；旅馆对欠费的旅客物品有留置权等。

2. 关于旅行社的国际公约

关于旅行社的国际公约有：1974 年 4 月 23 日订于布鲁塞尔的《关于旅行契约的国际公约》国际饭店协会与国际旅行社协会联合会订立的《关于饭店与旅行社合同的协议》（1979 年协议），1974 年签订的《国际海上人命安全公约》(《伦敦公约》) 等。

其中，《关于旅行契约的国际公约》是旅行社业最重要的国际公约。该公约比较全面地规范了旅行契约的主要内容，将旅行契约分成有组织的旅行契约和中间人承办的旅行契约两类，明确规定了旅行业者、旅行业中间人和旅行者之间的权利与义务，以及旅游营业人责任的限制与免除等。

3. 关于国际航空运输的公约

关于国际航空运输的公约有：《统一国际航空运输某些规则的公约》《海牙议定书》《瓜达拉哈拉公约》《蒙特利尔公约 1999》《国际航空运输协定》等。

《统一国际航空运输某些规则的公约》于 1929 年 10 月在华沙签订，又称《华沙协定》，主要规定发生飞行事故之后的赔偿责任。1955 年 9 月，各国在海牙签订了《修改 1929 年 10 月 12 日在华沙签订的〈统一国际航空运输某些规则的公约〉的议定书》，又称《海牙议定书》，主要是把对旅客的赔偿责任限额提高一倍。

1961 年 9 月，在墨西哥瓜达拉哈拉签订的《统一非缔约承运人所办国际航空运输某些规则以补充〈华沙公约〉的公约》，又称《瓜达拉哈拉公约》，区分了实际承运人和缔约承运人，并规定《华沙公约》和《海牙议定书》同样适用于实际承运人和缔约承运人。

1999 年 5 月，在加拿大蒙特利尔签订了《蒙特利尔公约 1999》。

这 4 个航空运输公约是国际航空运输的主要公约，对国际航空客货运输、客票、行李票、运单、法律责任、争议处理等做了比较全面的规定。

中国先后于 1958 年 7 月 15 日和 1975 年 8 月 20 日递交了加入《华沙公约》和《海牙议定书》的通知书，上述两公约分别自 1958 年 10 月 18 日和 1975 年 10 月 15 日起对中国生效。1999 年 5 月，中国签署了《蒙特利尔公约 1999》，该公约自 2005 年 7 月 31 日起对中国生效。该公约对中国生效，有助于我国国际航空运输与国际接轨，有利于我国航空公司吸引旅客，为融入市场增加国际竞争力。

《国际航空运输协定》于 1944 年 12 月在芝加哥签订。该协定要求参加国按其规定进行飞行、着陆、办理客货运输等业务。

4. 关于铁路运输的国际公约

这类公约主要有《关于铁路旅客及行李运输的国际公约》，该公约于 1970 年 2 月签订于瑞士的伯尔尼。公约详尽规定了国际铁路客货运输的有关事宜。我国及其他许多国家在制定有关国内铁路运输法规时采纳、借鉴了该公约的有关内容。

5. 关于制止在航空器内实施犯罪的有关国际公约

这些公约包括 1963 年 9 月签订于东京的《关于在航空器内的犯罪和其他某些行为的公约》，1970 年 12 月在海牙签订的《关于制止非法劫持航空器的公约》，1971 年 9 月在蒙特利尔签订的《关于制止危害民用航空安全的非法行为公约》。我国政府参加了上述三个公约，但对争议仲裁提交国际法院的条款提出了保留。

（二）外国旅游立法

随着旅游业的蓬勃发展，旅游领域的问题和纠纷越来越多，世界各国认识到了运用法律手段调整旅游社会关系的重要性，纷纷依据本国的国情建立起自己的旅游立法体系，旅游立法取得了很大的成效。旅游立法日趋专门化、系统化。在全球化旅游和旅游全球化蔚然成风的今天，我国旅游立法应有国际化视野。参考和借鉴旅游业发达国家和地区的旅游立法经验和教训，对于完善我国的旅游法律制度是很有必要的。

旅游业发达国家的旅游立法主要分为两类。

1. 制定旅游基本法

旅游基本法是国家发展旅游事业的根本宗旨、根本原则和规定旅游活动中各主体根本权利和义务的法律。旅游业发达的国家较早认识到制定旅游基本法能促进其本国的旅游业乃至整个经济社会的健康发展，并付诸行动，制定和实施了本国的旅游基本法。例如，英国在 1969 年制定了《旅游发展法》，美国在 1979 年制定了《全国旅游政策法》，墨西哥在 1979 年制定了《旅游法》，而日本则早在 1963 年就制定了《日本旅游基本法》。

各国的旅游基本法包括以下几个方面的内容。

（1）国家发展旅游业的根本宗旨和政策。《日本旅游基本法》在总则中就阐述了该国发展旅游的政策目标：谋求国际旅游的发展、普及和扩大健康的国民旅游，以此促进国际友好，为推动国民经济的发展和国民生活的稳定提高作贡献，同时缩小地区差别。

美国《全国旅游政策法》的立法目的是要在联邦政府、州和地方政府及其他有关公众和私人组织之间建立一种合作，采用一切可行的办法和措施，包括财政措施和技术手段来执行全国旅游政策。

（2）国家旅游行政管理机构的设置和权限。多数国家的旅游基本法都规定了国家要设置旅游行政管理机关，如美国的全国旅游政策委员会、墨西哥的国家旅游部等。

各国旅游基本法对国家旅游行政管理机关的职责和权限的规定尽管不尽一致，但概括起来主要包括以下几点。

①为发展旅游业制定必要的政策、法规、措施和规划。

②安排旅游业发展的资金。

③协调旅游资源的合理开发和保护。

④管理和规制旅游经营者，制定旅游业行业标准。

⑤负责旅游事业的对外交流与合作。

⑥保护旅游者的合法权益。

⑦培训旅游人才。

（3）旅游经营者的行为准则。各国旅游基本法一般都要对旅游经营者的行为规范作出原则规定：一方面，要求旅游经营者要遵守国家的法律政策，在法律允许的范围内开展经营活动；另一方面，规定了旅游经营者与旅游者及其他参与旅游活动主体的权利和义务，确保旅游经营者合法经营。

（4）对旅游者合法权益的保障。旅游者权益的保障关乎旅游业的发展，各国法律越来越重视旅游者权益的保护问题。明文规定旅游经营者及其工作人员要提高服务质量，保护旅游者的人身和财产安全，尊重旅游者的人格尊严和风俗习惯等。对损害旅游者权益的行为，各国法律都作出了处罚规定。

2. 制定了旅游业的专门法规

除了旅游基本法之外，许多国家制定了比较详尽的有关旅游业管理的专门法规。例如：日本制定了《旅馆业法》《旅行社法》《翻译导游法》《国际观光振兴法》等；美国政府围绕旅游资源、旅游企业、旅游交通等问题制定了许多单行的法律法规。这些专门涉及旅游业管理的单行法律法规，是旅游基本法的具体化和有益的补充，对规范旅游市场的关系起到了非常重要的作用。

实训课堂

一、简答题

1. 旅游法的调整对象有哪些？
2. 旅游法的作用是什么？
3. 简述我国的旅游立法状况。
4. 外国旅游基本法一般包括哪些内容？

二、实训任务题

开展一次旅游法进校园、进社区的普法宣传活动。通过海报、展板、宣传单等形式，结合旅游维权典型案例宣传《旅游法》的基础知识，增强人们的法律观念。

即测即练

自学自测

扫描此码

第二章

旅行社管理法律制度

【学习要点及目标】

1. 了解我国旅行社的设立和审批法律制度。
2. 掌握旅行社在经营活动中的权利义务及主要经营行为规范。
3. 熟悉我国对旅行社确立的责任保险制度、质量保证金制度等管理制度。

引导案例

宁蒗出行管家旅行社被吊销旅行社业务经营许可证①

宁蒗出行管家旅行社在接待游客冯某一行旅游团队在丽江段行程期间，安排未取得导游证人员洪某某为团队提供导游服务。丽江市文化和旅游局于2019年7月9日，依照《旅游法》第九十六条之规定，决定对旅行社作吊销旅行社业务经营许可证行政处罚；依照《旅游法》第一百零二条之规定，决定对洪某某作罚款一万元的行政处罚。

【案例导学】

宁蒗出行管家旅行社安排未取得导游证人员为旅游团队提供服务的行为，违反了《旅游法》第九十六条第二项规定；洪某某未取得导游证从事导游活动的行为，违反了《旅游法》第一百零二条第一款规定。

第一节　旅行社的设立和审批

一、旅行社概述

旅行社是从事招徕、组织、接待旅游者等活动，为旅游者提供相关旅游服务，开展国内旅游业务、入境旅游业务或出境旅游业务的企业法人。

旅行社的业务范围按照性质可以分为境内游、入境游和出境游。

---

① 宁蒗出行管家旅行社被吊销旅行社业务经营许可证. [2019-09-07]. https://www.163.com/dy/article/EOFGIR980524R8FD.html.

（一）境内游

境内旅游业务是指旅行社招徕、组织和接待中国居民在境内旅游的业务。

（二）入境游

入境旅游业务是指旅行社招徕、组织、接待外国旅游者来我国境内旅游，香港特别行政区、澳门特别行政区旅游者来内地旅游，台湾居民来大陆旅游，以及招徕、组织、接待在中国内地的外国人，在内地的香港特别行政区、澳门特别行政区居民和在大陆的台湾居民在境内旅游的业务。

（三）出境游

出境旅游业务，是指旅行社招徕、组织、接待中国内地居民出境旅游，以及招徕、组织、接待在中国内地的外国人、在内地的香港居民、澳门居民和在大陆的台湾居民出境旅游的业务。

另外，旅行社提供的招徕、组织、接待旅游者的服务具体包括：帮助旅游者安排交通、住宿、餐饮、观光游览、休闲度假等服务，以及提供导游、领队服务，开展旅游咨询、旅游活动设计等服务。

二、旅行社的设立和审批

（一）经营境内和入境旅游业务旅行社的设立和审批

1. 设立条件

申请设立经营境内旅游业务和入境旅游业务的旅行社，应当具备的条件包括：有固定的经营场所，有必要的营业设施，有不少于 30 万元的注册资本。

2. 设立申请

申请设立经营境内旅游业务和入境旅游业务的旅行社，应当向所在地省、自治区、直辖市旅游行政管理部门或其委托的设区的市级旅游行政管理部门提出申请。

旅行社在提出申请时应提交的证明文件包括：①设立申请书；②法定代表人履历表及身份证明；③企业章程；④依法设立的验资机构出具的验资证明；⑤经营场所的证明；⑥营业设施、设备的证明或说明；⑦工商行政管理部门出具的《企业名称预先核准通知书》。

3. 审批

受理申请的旅游行政管理部门应当自受理申请之日起 20 个工作日内作出许可或不予许可的决定。予以许可的，向申请人颁发旅行社业务经营许可证，申请人持旅行社业务经营许可证向登记注册部门办理设立登记；不予许可的，应书面通知申请人并说明理由。

（二）经营出境旅游业务的旅行社的设立和审批

1. 设立条件

根据《旅行社条例》规定，旅行社取得经营许可满两年，且未因侵害旅游者合法权益受到行政机关罚款以上处罚的，可以申请经营出境旅游业务。

2. 设立申请

申请经营出境旅游业务的旅行社，应当向国务院旅游行政主管部门或其委托的省、自治区，直辖市旅游行政管理部门提出申请，并提交原许可的旅游行政管理部门出具的，证明其经营旅行社业务满两年，且连续两年未因侵害旅游者合法权益受到行政机关罚款以上处罚的文件。

3. 审批

受理经营出境旅游业务申请的旅游行政管理部门应当自受理申请之日起20个工作日内作出许可或不予许可的决定。予以许可的，向申请人换发旅行社业务经营许可证，旅行社应当持换发的旅行社业务经营许可证到工商行政管理部门办理变更登记；不予许可的，应书面通知申请人并说明理由。

（三）旅行社分社及服务网点的设立

1. 设立条件

旅行社可以根据需要设立分社，或者设立专门招徕旅游者、提供旅游咨询的服务网点。旅行社要设立分社或者服务网点的，也应当符合《旅行社条例》的规定。

2. 旅行社分社的设立

旅行社设立分社的，应当持旅行社业务经营许可证副本向分社所在地的登记注册部门办理设立登记，并自设立登记之日起三个工作日内向分社所在地的旅游行政管理部门备案。

3. 旅行社服务网点的设立

旅行社设立专门招徕旅游者、提供旅游咨询的服务网点应当依法向登记注册部门办理设立登记手续，并向所在地的旅游行政管理部门备案。

（四）外商投资旅行社的设立和审批

1. 外商投资旅行社的设立程序

（1）申请旅游业务许可

外商投资企业申请经营旅行社业务，应当向所在地省、自治区、直辖市旅游行政管理部门提出申请，并提交符合《旅行社条例》规定条件的相关证明文件。省、自治区、直辖市旅游行政管理部门应当自受理申请之日起30个工作日内审查完毕。予以许可的，颁发旅行社业务经营许可证；不予许可的，应书面通知申请人并说明理由。

（2）办理工商登记

获得上述许可后，申请人应持旅行社业务经营许可证向工商登记注册部门办理设立登记，获取营业执照。

2. 外商投资旅行社经营范围的限制性规定

外商投资旅行社不得经营中国内地居民出国旅游业务，以及赴香港特别行政区、澳门特别行政区和台湾地区旅游的业务。但是国务院决定或我国签署的自由贸易协定，以及《内地与香港关于建立更紧密经贸关系的安排》和《内地与澳门关于建立更紧密经贸关系的安排》等中另有规定的除外。

第二节　旅行社的经营

一、旅行社在经营活动中的权利和义务

（一）旅行社的权利

1. 要求旅游者配合的权利

在提供旅游服务、履行旅游合同的过程中，旅行社有权要求旅游者如实提供旅游所必需的个人信息，按时提交相关证明文件；在出现突发公共事件或者其他危急情形，以及旅行社因违反旅游合同约定采取补救措施时，有权要求旅游者配合处理、防止扩大损失，以将损失降低到最低程度。

2. 要求旅游者履行合同的权利

旅游合同是旅游双方就旅游的相关事项进行书面协商并作出安排的书面文件，任何一方都应当履行合同的约定。旅行社有权要求旅游者履行合同、拒绝旅游者的不当要求。

3. 制止旅游者不当行为的权利

为了保证旅游活动的正常进行，旅行社及其导游、领队人员在开展旅游服务的过程中，有权制止旅游者违背旅游目的地的法律、风俗习惯的言行。

（二）旅行社的义务

1. 签订旅游合同的义务

旅行社为旅游者提供服务，应当与旅游者签订旅游合同，明确双方的权利和义务关系。

旅行社在与旅游者签订旅游合同时，应当对旅游合同的具体内容作出真实、准确、完整的说明。旅行社和旅游者签订的旅游合同约定不明确或者对格式条款的理解发生争议的，应当按照通常理解予以解释；对格式条款有两种以上解释的，应当作出有利于旅游者的解释；格式条款和非格式条款不一致的，应当采用非格式条款。

案例 2-1

北京 M 之旅国际旅行社有限责任公司未与旅游者签订旅游合同案

一线上旅游平台上的 M 旅行店铺主体为境外公司，该公司并未取得我国文化和旅游主管部门颁发的“旅行社业务经营许可证”。M 旅行店铺的经营模式为通过线上旅游平台

展示产品，M 之旅国际旅行社有限责任公司收取消费者支付费用，在消费者支付页面显示“商户全称”为 M 之旅国际旅行社有限责任公司。该公司通过在线旅游平台招徕旅游者并收取费用，未有与旅游者签订旅游合同的行为。[①]

【解析】

M 之旅国际旅行社有限责任公司的无照经营行为既违反了《旅行社条例》关于设立旅行社的规定，又违反了《旅行社条例》第二十八条的规定。依据《旅行社条例》第五十五条的规定，北京市文化和旅游局对该公司作出十万元罚款的行政处罚。

2. 安排恰当的旅游服务人员的义务

旅行社应当为旅游者安排恰当的旅游服务人员，以满足旅游者的旅游服务需要。旅行社为接待旅游者而委派的导游人员，或者为组织旅游者出境旅游而委派的领队人员，应当持有国家规定的导游证、领队证。

旅行社组织中国内地居民出境旅游的，应当为旅游团队安排领队全程陪同。

3. 进行业务委托时的义务

旅行社需要对旅游业务作出委托的，应当委托给具有相应资质的旅行社，征得旅游者的同意，并与接受委托的旅行社就接待旅游者的事宜签订委托合同，确定接待旅游者的各项服务安排及其标准，约定双方的权利、义务。

旅行社将旅游业务委托给其他旅行社的，应当向接受委托的旅行社支付不低于接待和服务成本的费用；接受委托的旅行社不得接待不支付或者不足额支付接待和服务费用的旅游团队。

接受委托的旅行社违约，造成旅游者合法权益受到损害的，作出委托的旅行社应当承担相应的赔偿责任。作出委托的旅行社赔偿后，可以向接受委托的旅行社追偿。接受委托的旅行社故意或者因重大过失造成旅游者合法权益损害的，其应当承担连带责任。

 小贴士

云南省内设游客退货服务点

云南旅游市场经过两年系统整治，秩序总体逐渐向好，但是游客购物容易、退货难的情况仍然存在，因此在全省范围设立游客退货监理中心就是要让游客“购物开心、退货省心”。到云南“旅游购物”30 天内可无理由退款。在正规商家购买商品，保留好购物发票且商品完好的游客可到现场受理点进行退换货，也可通过 12301 平台、“一部手机游云南”平台、云南信访信息系统等网络平台提出退换货诉求，或致电云南省各地旅游购物退货监理中心专线电话进行退换货。其中，昆明长水国际机场已投入运行三处游客退货服务（站）点。[②]

---

① 2019 年度北京市旅游行政处罚十大典型案例. http://whlyj.beijing.gov.cn/zwgk/tzgg/201912/t20191231_1738115.html.

② http://travel.hebei.com.cn/system/2019/06/21/019679835.shtml.

二、旅行社经营活动的基本规则

（一）对旅行社经营行为的规范

1. 旅行社宣传行为

旅行社向旅游者提供的旅游服务信息必须真实可靠，不得作虚假宣传。

2. 旅行社利用网站开展经营活动

旅行社以互联网形式经营旅行社业务的，除符合法律、法规规定外，其网站首页应当载明旅行社的名称、法定代表人、许可证编号和业务经营范围，以及原许可的旅游行政管理部门的投诉电话。

3. 旅行社委托其他旅游主体接待行为

旅行社需要将旅游目的地接待旅游者的业务作出委托的，除应当按照规定与旅游目的地的旅行社签订委托接待合同外，还应当按照规定将旅游目的地接受委托的旅行社的名称、地址、联系人和联系电话，告知旅游者。

（二）对旅行社不当行为的禁止

1. 禁止违法旅游活动

旅行社为旅游者安排或者介绍的旅游活动不得有以下情形：①含有损害国家利益和民族尊严内容的；②含有民族、种族、宗教歧视内容的；③含有淫秽、赌博、涉毒内容的；④其他含有违反法律、法规规定内容的。

2. 不得擅自改变合同安排的行程

旅行社及其委派的导游和领队人员非因不可抗力不得改变旅游合同安排的行程。

旅行社及其委派的导游人员和领队人员擅自改变旅游合同安排行程的行为包括：①减少游览项目或缩短游览时间的；②增加或变更旅游项目的；③增加购物次数或延长购物时间的；④其他擅自改变旅游合同安排的行为。

在旅游行程中，当发生不可抗力、危及旅游者人身、财产安全，或者非旅行社责任造成的意外情形，旅行社不得不调整或者变更旅游合同约定的行程安排时，应当在事前向旅游者作出说明；确因客观情况无法在事前说明的，应当在事后作出说明。

案例 2-2

2017 年 6 月，荆女士委托烟台某旅行社工作人员代办去美国探亲的签证业务，旅行社先后两次为荆女士安排美国驻北京大使馆的面签事宜，荆女士也按约定好的时间赴京面签，但两次都未能进入使馆大厅，被使馆工作人员告知查无信息。荆女士认为该旅行社存在过失，给自己造成较大经济损失。[①]

① 徐峰. 2017 年烟台市旅游质监十大典型案例出炉. [2018-01-20]. https://www.sohu.com/a/217868868_164004.

【解析】

根据《旅游法》规定，旅行社接受旅游者委托，为其代订交通、住宿、餐饮、游览、娱乐等旅游服务，收取代办费用的，应当亲自处理委托事务。因旅行社的过错给旅游者造成损失的，旅行社应当承担赔偿责任。在旅游质监部门的多次调解下，旅行社承认办理出境业务出错并承担赔偿责任，旅行社退还为其代办签证的1500元，并承担荆女士两次从烟台到北京往返的机票费用4000元，共计5500元。

3. 不得要求导游和领队人员垫付费用

旅行社不得要求导游人员和领队人员接待不支付接待和服务费用，或者支付的费用低于接待和服务成本的旅游团队，不得要求导游人员和领队人员承担接待旅游团队的相关费用。

 小贴士

北京L旅行社有限公司要求导游垫付或者向导游收取费用案

2019年3月7日，北京市文化和旅游局收到导游×××举报，称其在给北京L旅行社有限公司提供导游服务期间被该公司要求垫付团款。经查，北京L旅行社有限公司要求导游垫付团款的行为属实，违反了《旅游法》第三十八条第三款的规定，依据《旅游法》第九十六条第四项的规定，北京市文化和旅游局对该公司作出罚款五千元的行政处罚，对直接负责的主管人员和直接责任人员贾某某作出二千元罚款的行政处罚。[①]

4. 不得强行安排购物或者要求旅游者另行付费的旅游项目

旅行社及其委派的导游人员和领队人员不得欺骗、胁迫旅游者购物或参加需要另行付费的游览项目。

旅行社及其委派的导游人员和领队人员不得因旅游者拒绝参加旅行社安排的购物活动，或者需要旅游者另行付费的旅游项目等情形，以任何借口、理由拒绝继续履行合同、提供服务，或者以拒绝继续履行合同、提供服务相威胁。

5. 不得擅自将旅游者转交给其他旅行社组织接待

旅游行程开始前，当发生约定的解除旅游合同的情形时，经征得旅游者的同意，旅行社可以将旅游者推荐给其他旅行社组织、接待，并由旅游者与被推荐的旅行社签订旅游合同。未经旅游者同意的，旅行社不得将旅游者转交给其他旅行社组织、接待。

6. 禁止非正常低价竞争行为

旅行社不得以低于旅游成本的报价招徕旅游者。未经旅游者同意，旅行社不得在旅游合同约定之外提供其他有偿服务。

---

① 2019年度北京市旅游行政处罚十大典型案例. http://whlyj.beijing.gov.cn/zwgk/tzgg/201912/t20191231_1738115.html.

案例 2-3

长沙某旅行社有限公司株洲分公司具有旅行社业务经营资质，但其主要业务是以推销特色农产品、开展康养活动为名义，以高额返息、低价旅游为手段，以中老年人为目标群体，发展会员、吸纳资金。

株洲市文化市场综合行政执法支队于 2021 年 4 月 28 日对该公司近两年的旅游经营活动进行全面检查，发现该公司组织的 1 月 22 日安化东坪游、3 月 25 日扬州游、3 月 26 日长沙春华游、4 月 6 日云台山游、4 月 8 日长沙植物园游、4 月 9 日云台山游、4 月 15 日九寨沟游、4 月 17 日三亚游，均未与旅游者签订旅游合同。5 月 18 日，案件调查终结。①

【解析】

该旅行社未与旅游者签订旅游合同、高额返息、低价旅游等行为违反了《旅行社条例》第二十七条、第二十八条的规定。依据《旅行社条例》第五十五条，参照《株洲市文化旅游广电体育局行政处罚自由裁量权基准》，株洲市文化旅游广电体育局对其未与旅游者签订旅游合同行为责令改正，并处罚款 40000 元，同时与金融办、公安、民政等部门责令并监督公司停止“投资返利”业务，清退吸收的投资款项。

小贴士

《旅游市场黑名单管理办法（试行）》公布实施②

为维护旅游市场秩序，加快旅游领域信用体系建设，促进旅游业高质量发展，文化和旅游部于 2018 年 12 月 21 日印发了《旅游市场黑名单管理办法（试行）》（以下简称《办法》）。《办法》针对旅游市场秩序出现的新情况、新问题和市场监管的新要求，立足文化和旅游行业管理职能，明确了适用范围、分级管理和联合惩戒等相关事项，建立了列入、告知、发布、惩戒、信用修复、移出等一整套管理流程。

线上线下同步纳入黑名单管理。《办法》适用主体既包括传统的旅行社、景区、旅游住宿等从事旅游经营服务的企业、个体工商户及导游等从业人员，也包括新兴的通过互联网等信息网络从事提供在线旅游服务或者产品的经营者（即在线旅游企业和平台）及从业人员，上述市场主体和从业人员具有《办法》规定七类严重违法失信情形之一的，就要被列入旅游市场黑名单实施惩戒。同时还将人民法院认定的失信被执行人纳入黑名单管理，实施联合惩戒。

旅游市场黑名单实行分级管理。文化和旅游部负责制定旅游市场黑名单管理办法，指导各地旅游市场黑名单管理工作；省级、地市级文化和旅游行政部门按照《办法》认定标准，制定本级黑名单管理办法并负责管理工作。《办法》还对不同层级的黑名单明确了实施惩戒的区域范围，对失信引起严重社会影响、需要在更大范围内实施惩戒的，明

① 湖南省文化和旅游厅打击整治养老诈骗专项行动指导案例. [2022-05-07]. https://whhlyt.hunan.gov.cn/whhlyt/xxgk2019/xxgkml/tzgg/202205/t20220507_24466728.html.

② http://gaoyou.yangzhou.gov.cn/gaoyou/xyzcfg/202103/35d0be698bb046138f03016a10477445.shtml.

确了申请、复核、确认等相关程序。同时明确信用修复的适用范围、组织机构、修复方式等事项，为各地开展信用修复工作提供了依据。

《办法》与“备忘录”实现有效衔接。《办法》明确了六大惩戒措施。其中：对被纳入黑名单的旅游市场主体和从业人员，将在参与评比表彰、政府采购、财政资金扶持、政策试点等方面予以限制，向相关部门通告其严重违法失信信息，实施联合惩戒，该条款与此前文化和旅游部等26个部门联合签署的《关于对旅游领域严重失信相关责任主体实施联合惩戒的合作备忘录》实现了有效衔接；对被纳入黑名单的失信被执行人，将实行限制高消费旅游惩戒，即限制失信被执行人及其法定代表人等四类人员参加旅行社组织的团队出境旅游。

《办法》的公布实施将进一步推进文化和旅游领域信用体系建设，加强失信联合惩戒，为加快建立以信用监管为核心的新型监管制度夯实基础，有利于旅游行业提高管理水平，提升旅游品质，不断满足广大人民群众的美好生活需要，进一步提升获得感和幸福感。

第三节　旅行社管理制度

旅行社管理制度，从广义上说，既包括旅行社自身的各种管理制度，也包括国家对旅行社进行规范和管理的制度。我们这里所说的旅行社管理制度，是指国家相关行政管理主体对旅行社经营活动的监督管理制度。

一、我国对旅行社的监督管理制度

（一）国家对旅行社进行监督管理的机关

根据《旅行社条例》的规定，国务院旅游行政主管部门负责全国旅行社的监督管理工作。县级以上地方人民政府管理旅游工作的部门，如市场监督、价格、商务、外汇等有关部门，应当按照职责分工，负责本行政区域内旅行社的监督管理工作。

（二）国家对旅行社进行监督管理的制度

1. 旅行社业务经营许可证制度

在该制度中，国家对旅行社的设立实行行政许可制度，即旅行社的设立需要向相关的旅游行政管理部门提出申请，经旅游行政管理部门许可办理经营许可证的，才可以办理工商登记，开展旅游经营活动。旅行社规定信息的变更，也应当按照规定向旅游行政管理部门备案，接受监督管理。

 小贴士

佛山市某旅游大巴涉7个微信公众号未经许可经营旅行社案

佛山市文化广电旅游体育局南海综合执法支队通过对一涉嫌未经许可经营旅行社业

务的微信号相关线索进行研判后，于 2021 年 4 月 24 日联同佛山市南海区桂城街道宣传文体旅游、公安、市场监管、交通等部门开展实地突击检查。在检查中发现一旅游大巴上有游客 19 人，到惠州黑排角参加户外旅游线路，该线路现场负责人未能提供《旅行社业务经营许可证》或《旅行社分社备案登记证明》。

经调查，旅游大巴的游客团队通过 7 个不同的微信公众号进行报名及缴费，参加一日户外旅游线路。涉事的 7 个公众号相关人员用昵称通过微信群等方式进行联系，在未取得旅行社业务经营许可证的情况下招徕旅游者组织一日户外旅游线路。

佛山市文化广电旅游体育局南海综合执法支队对涉事的 7 个微信公众号未经许可经营旅行社业务分别立案调查，并根据《旅游法》第九十五条第一款及《广东省旅游行政处罚自由裁量标准》的规定，对涉事的7个公众号主体分别作出罚款 10000 元的行政处罚。[①]

2. 旅行社质量保证金制度

旅行社质量保证金是指由旅行社在指定银行缴存或由银行担保提供的用于保障旅行者合法权益的专项资金。

为了保护消费者的合法利益，国家规定了旅行社质量保证金制度，要求旅行社按照规定的标准缴存一定的质量保证金，并且规定了质量保证金的使用范围和相关管理制度。

3. 旅行社责任险制度

该制度要求旅行社应当投保旅行社责任险，引入保险机构对旅行社经营过程中的相关责任承担保险保障。

4. 旅行社其他管理制度

旅行社其他管理制度主要包括旅行社旅游资料档案管理制度、旅行社对旅游者个人信息的使用制度，以及境内旅客滞留境外和境外旅客滞留境内的处理制度等。

小贴士

文化和旅游部出台《文化和旅游市场信用管理规定》

为贯彻落实党中央、国务院关于健全社会信用体系的决策部署，加强和规范文化和旅游市场信用管理，加快构建以信用为基础的新型监管机制，保护各类市场主体、从业人员和消费者合法权益，根据有关法律法规，结合文化和旅游市场实际情况，文化和旅游部出台了《文化和旅游市场信用管理规定》（文化和旅游部令第 7 号，以下简称《规定》）。《规定》自 2022 年 1 月 1 日起施行。

《规定》着眼于构建贯穿市场主体全生命周期、衔接事前事中事后全监管环节的新型监管机制，共设 9 章 37 条。《规定》明确了文化和旅游市场失信主体的认定与管理制度，信用信息的采集归集、公开与共享制度，信用修复制度，信用评价制度，信用承诺制度和权利保障制度，坚持依法行政、合理关联、保护权益、审慎适度的原则，确保奖惩措

① 佛山市公布旅游市场“利剑 2022”专项整治行动指导案例. http://whly.gd.gov.cn/service_newscgldt/content/post_3911651.html.

施与守信失信行为相当，成为文化和旅游市场信用管理的基础和依据，标志着文化和旅游市场信用管理迈入法治化、规范化新阶段。

在统筹推进疫情防控与经济社会发展的宏观背景下，及时出台《规定》将有利于发挥信用在支撑“放管服”改革、推进政府职能转变等方面的积极作用，有利于进一步提升现代治理能力，激发市场主体活力，为推动行业全面恢复和高质量发展提供支撑和保障。[①]

二、旅行社质量保证金管理制度

（一）质量保证金的缴存要求及数额

旅行社应当自取得旅行社业务经营许可证之日起 3 个工作日内，在国务院旅游行政主管部门指定的银行开设专门的质量保证金账户，存入质量保证金，或者向作出许可的旅游行政管理部门提交依法取得的担保额度不低于相应质量保证金数额的银行担保。

经营国内旅游业务和入境旅游业务的旅行社，应当存入质量保证金 20 万元；经营出境旅游业务的旅行社，应当增存质量保证金 120 万元。

（二）质量保证金的使用

旅行社违反旅游合同约定，侵害旅游者合法权益，经旅游行政管理部门查证属实的，或旅行社因解散、破产或者其他原因造成旅游者预交旅游费用损失的，旅游行政管理部门可以使用旅行社的质量保证金。

另外，人民法院判决、裁定及其他生效法律文书认定旅行社损害旅游者合法权益，旅行社拒绝或者无力赔偿的，人民法院可以从旅行社的质量保证金账户上划拨赔偿款。

（三）质量保证金的调整、补交和取回

旅行社自交纳或者补足质量保证金之日起 3 年内未因侵害旅游者合法权益受到行政机关罚款的，旅游行政管理部门应当将旅行社质量保证金的缴存数额降低 50%，并向社会公告。

旅行社在旅游行政管理部门使用质量保证金赔偿旅游者的损失，或者依法减少质量保证金后，因侵害旅游者合法权益受到行政机关罚款以上处罚的，应当在收到旅游行政管理部门补交质量保证金的通知之日起 5 个工作日内补足质量保证金。

旅行社不再从事旅游业务的，凭旅游行政管理部门出具的凭证，可向银行取回质量保证金。

 小贴士

J 国际旅行社有限公司未在规定期限内向其质量保证金账户存入、增存、补足质量保证金或提交相应的银行担保，拒不改正案

2018 年 11 月 22 日，北京市文化和旅游局收到举报材料，举报 J 国际旅行社有限公

① https://www.360kuai.com/pc/9b8628f0adb22a41d?cota=3&kuai_so=1&sign=360_57c3bbd1&refer_scene=so_1.

司没有缴纳 20 万元质量保证金，且目前还是“临时许可证”状态。2018 年 12 月 4 日文旅局向该公司下达了《关于责令 J 国旅存入质量保证金的通知》，要求该公司限期存入质量保证金或提交不低于相应质量保证金数额的银行担保，截至 2018 年 12 月 11 日，该公司拒不改正。

J 国际旅行社有限公司未在规定期限内向其质量保证金账户存入、增存、补足质量保证金或者提交相应的银行担保，其拒不改正的行为，违反了《旅行社条例》第十三条第一款的规定，依据《旅行社条例》第四十八条的规定，北京市文化和旅游局对该公司作出吊销旅行社业务经营许可证的行政处罚。[①]

三、旅行社责任险管理制度

（一）旅行社责任保险制度的含义

旅行社责任保险指旅行社根据保险合同的约定，向保险公司支付保险费，保险公司对旅行社在从事旅游业务经营活动中，致使旅游者人身、财产遭受损害应由旅行社承担的责任，承担赔偿保险金责任的行为。

根据《旅行社条例》的规定，旅行社应当投保旅行社责任险。旅行社责任险的具体方案由国务院旅游行政主管部门会同国务院保险监督管理机构另行制定。

（二）旅行社责任保险的范围

1. 旅行社责任保险承担的责任范围

①旅游者人身伤亡赔偿责任。

②旅游者因治疗支出的交通、医药费赔偿责任。

③旅游者死亡处理和遗体遣返费用赔偿责任。

④对旅游者必要的施救费用，包括必要时近亲属探望需支出的合理的交通、食宿费用，随行未成年人的送返费用，旅行社人员和医护人员前往处理的交通、食宿费用，行程延迟需支出的合理费用等赔偿责任。

⑤旅游者行李物品的丢失、损坏或被盗所引起的赔偿责任。

⑥由于旅行社责任争议引起的诉讼费用。

⑦旅行社与保险公司约定的其他赔偿责任。

2. 旅行社责任保险不承担的责任范围

①旅游者在旅游行程中，由自身疾病引起的各种损失或损害；

②由于旅游者个人过错导致的人身伤亡和财产损失，及由此导致的各种费用；

③旅游者在自行终止旅行社安排的旅游行程后，或在不参加双方约定的活动而自行活动的时间内，发生的人身、财产损害。

---

① 2019 年度北京市旅游行政处罚十大典型案例. http://whlyj.beijing.gov.cn/zwgk/tzgg/201912/t20191231_1738115.html.

案例 2-4

2017 年暑期，张女士因线路中有某综艺节目拍摄地而选择了一家旅行社的“福建 6 日游”。旅游过程中原定第四天到综艺节目拍摄地游览，但因节目录制后该景点已停业整修十多天未对外开放。旅行社与游客协商临时调整线路，但张女士表示不能接受，认为旅行社操作不当严重影响了她及孩子的游览期望值且受到心理伤害，对旅行社投诉，要求旅行社返还全部旅游费用。①

【解析】

本案是旅行社更改游览线路违反合同约定引起的纠纷，该综艺节目的拍摄地景点已经停业十多天，但旅行社并未提前了解和确认该情况，造成张女士未能如愿参观该景点，业务操作存在一定过失。根据相关法律规定，在旅游质监部门调解下，旅行社赔偿张女士 1600 元，并向张女士诚恳道歉。

四、旅行社其他管理制度

（一）旅游档案的保管规定

旅行社应当妥善保存招徕、组织、接待旅游者的各类合同及相关文件、资料，以备县级以上旅游行政管理部门核查。合同及文件、资料的保存期，应当不少于两年。

（二）旅行社使用个人信息的规定

旅行社不得向其他经营者或个人，泄露旅游者因签订旅游合同提供的个人信息；超过保存期限的旅游者个人信息资料，应当妥善销毁。

（三）出境人员非法滞留境外的处理规定

旅游者在境外滞留不归的，旅行社委派的领队人员应当及时向旅行社和中华人民共和国驻该国使领馆、相关驻外机构报告。旅行社接到报告后应当及时向旅游行政管理部门和公安机关报告，并协助提供非法滞留者的信息。

旅行社接待入境旅游发生旅游者非法滞留我国境内的，应当及时向旅游行政管理部门、公安机关和外事部门报告，并协助提供非法滞留者的信息。

案例 2-5

H 国际商务旅行社有限公司向不合格供应商订购产品和服务案

2019 年 3 月 19 日，根据文化和旅游部文化市场综合执法监督局《督办函》（综执督办函〔2019〕25 号）的相关线索，经查，H 国际商务旅行社有限公司在一线上旅游平台上开设的店铺“H 旅游”上架旅游产品“香港出发 5 天 4 晚赏樱线路（关东游世产——日

① 赖皓阳. 2017 年度烟台十大旅游投诉案例发布 合同纠纷是投诉热点. [2018-01-21]. http://news.shm.com.cn/2018-01/21/content_4689890.htm.

光东照宫+日本三大偕乐园+日本三大瀑布+三大草津温泉 5 天)”的线路在第四天行程含有原国家旅游局明令禁止不得合作销售的日本 APA(幕张 APA)酒店。[①]

【解析】

H 国际商务旅行社有限公司向不合格供应商订购产品和服务的行为，违反了《旅游法》第三十四条的规定，依据《旅游法》第九十七条第二项的规定，北京市文化和旅游局对该公司作出罚款五万元的行政处罚；对直接负责的主管人员及直接责任人员李某作出罚款二万元的行政处罚。

第四节　旅行社法律责任

旅行社的法律责任，是指旅行社在开展各种经营活动和组织游客旅游的过程中，因违反法律规定或旅游合同规定的义务而应承担的法律后果。

一、旅行社主体违法的法律责任

(一)违反经营许可的法律责任

1. 未经许可的法律责任

出现下列行为，由旅游行政管理部门或者工商管理部门责令改正，没收违法所得，并处一万元以上十万元以下罚款；违法所得十万元以上的，并处违法所得一倍以上五倍以下罚款；对有关责任人员，处二千元以上二万元以下罚款。

(1)未经许可经营旅行社业务的行为。

(2)未取得相应的旅行社业务经营许可，经营境内旅游、出境旅游、边境旅游、入境旅游、其他旅游业务。

从事第二项行为的，除依照前款规定处罚外，并责令停业整顿；情节严重的，吊销旅行社业务经营许可证；对直接负责的主管人员，处二千元以上二万元以下罚款。

2. 违反经营许可管理规定的法律责任

对于旅行社的下列行为，由旅游行政管理部门责令改正；拒不改正的，处一万元以下的罚款。

①变更名称、经营场所、法定代表人等登记事项或终止经营，未在规定期限内向原许可的旅游行政管理部门备案，换领或交回旅行社业务经营许可证的。

②设立分社未在规定期限内向分社所在地旅游行政管理部门备案的。

③不按照国家有关规定向旅游行政管理部门报送经营和财务信息等统计资料的。

---

① 2019 年度北京市旅游行政处罚十大典型案例. http://whlyj.beijing.gov.cn/zwgk/tzgg/201912/t20191231_1738115.html.

（二）违法使用许可证的法律责任

旅行社转让、出租、出借旅行社业务经营许可证的，由旅游行政管理部门责令停业整顿一个月至三个月，并没收违法所得；情节严重的，吊销旅行社业务经营许可证。受让或者租借旅行社业务经营许可证的，由旅游行政管理部门或者工商行政管理部门责令停止非法经营，没收违法所得，并处十万元以上五十万元以下的罚款。

二、旅行社经营活动违法的法律责任

（一）虚假宣传和不正当竞争的法律责任

旅行社向旅游者提供的旅游服务信息含有虚假内容或者作虚假宣传的，由工商行政管理部门依法给予处罚。

旅行社以低于旅游成本的报价招徕旅游者的，由价格主管部门依法给予处罚。

案例 2-6

2019 年 7 月 23 日，《北京晚报》报道了北京市消费者协会公布的“一日游”体验式暗访调查结果——游客在北京 Q 旅行社股份有限公司报团，实际却与北京 D 旅行社签订了旅游合同。经查，北京 Q 旅行社股份有限公司存在虚假宣传，误导旅游者的行为。①

【解析】

北京 Q 旅行社股份有限公司进行虚假宣传，误导旅游者的行为违反了《旅游法》三十二条的规定，依据《旅游法》第九十七条第（一）项的规定，北京市文化和旅游局对该公司作出没收违法所得二百元并罚款五千元的行政处罚，对直接负责的主管人员史某某和直接责任人员史某某分别作出二千元罚款的行政处罚。

（二）旅游服务行为违法的法律责任

1. 旅游服务内容违法的法律责任

旅行社为旅游者安排或介绍的旅游活动含有违反有关法律、法规规定的内容的，由旅游行政管理部门责令改正，没收违法所得，并处二万元以上十万元以下的罚款；情节严重的，吊销旅行社业务经营许可证。

2. 擅自改变旅游服务内容的法律责任

旅行社未经旅游者同意，在旅游合同约定之外提供其他有偿服务的，由旅游行政管理部门责令改正，处一万元以上五万元以下的罚款。

旅行社欺骗、胁迫旅游者购物或参加需要另行付费的游览项目的，由旅游行政管理部门或工商管理部门责令改正，处十万元以上五十万元以下的罚款；对导游人员、领队人员，由旅游行政管理部门责令改正，处一万元以上五万元以下的罚款；情节严重的，

---

① 2019 年度北京市旅游行政处罚十大典型案例. http://whlyj.beijing.gov.cn/zwgk/tzgg/201912/t20191231_1738115.html.

吊销旅行社业务经营许可证、导游证或者领队证。

3. 旅游合同行为违法的法律责任

旅行社未与旅游者签订旅游合同或与旅游者签订的旅游合同未载明规定的事项的，由旅游行政管理部门责令改正，处二万元以上十万元以下的罚款；情节严重的，责令停业整顿一个月至三个月。

旅行社拒不履行旅游合同约定的义务，或者非因不可抗力改变旅游合同安排的行程的，旅游行政管理部门或工商行政管理部门责令改正，处十万元以上五十万元以下的罚款；对导游人员、领队人员，由旅游行政管理部门责令改正，处一万元以上五万元以下的罚款；情节严重的，吊销旅行社业务经营许可证、导游证或者领队证。

 小贴士

广州市越秀区查处一起未与旅游者签订旅游合同案

广州市增城区文化广电旅游体育局在处理广州国之旅国际旅行社有限公司（以下简称广州国之旅）前员工萧某某未经许可经营旅行社业务一案中，发现该旅游团最终由自称是广东熊猫国际旅游有限公司越秀分公司的员工郭某某介绍给广东熊猫国际旅游有限公司（以下简称熊猫公司）统一组织出团。

2019年12月，经广东熊猫国际旅游有限公司所在地的旅游主管部门广州市越秀区文化广电旅游体育局调查，该团的所谓委托社（广州国之旅）、实际组团社（熊猫公司）均未与游客签订包价旅游合同。因此，自称广州国之旅员工萧某某的旅游业务委托行为不构成“表见代理”，熊猫公司未与旅游者签订旅游合同的行为，已违反了《旅游法》《旅行社条例》等相关法律法规的规定，广州市越秀区文化广电旅游体育局决定对熊猫公司作出处以罚款人民币 4 万元的行政处罚。该案件较好地体现了行政执法人员在行政执法过程中对“表见代理”的认定裁判。[①]

4. 委托行为违法的法律责任

旅行社未取得旅游者同意，将旅游业务委托给其他旅行社，或者将旅游业务委托给不具有相应资质的旅行社，或者未与接受委托的旅行社就接待旅游者的事宜签订委托合同的，由旅游行政管理部门责令改正，处二万元以上十万元以下的罚款；情节严重的，责令停业整顿一个月至三个月。

（三）违法使用旅游服务人员的法律责任

1. 未按规定安排全陪的法律责任

旅行社组织中国内地居民出境旅游，不为旅游团队安排领队全程陪同的，由旅游行政管理部门责令改正，处一万元以上五万元以下的罚款；拒不改正的，责令停业整顿一

① 广东省文化和旅游厅公布 2020 年度旅游典型案例. http://whly.gd.gov.cn/service_newscgldt/content/post_3129607.html.

个月至三个月。

2. 使用无证人员的法律责任

旅行社委派的导游人员和领队人员未持有国家规定的导游证或领队证的，由旅游行政管理部门责令改正，对旅行社处二万元以上十万元以下的罚款。

3. 违规要求接待的法律责任

旅行社要求导游人员和领队人员接待不支付接待和服务费用、支付的费用低于接待和服务成本的旅游团队，或者要求导游人员和领队人员承担接待旅游团队的相关费用的，由旅游行政管理部门责令改正，处二万元以上十万元以下的罚款。

（四）侵害旅游者合法权益的法律责任

1. 违反合同约定不采取必要补救措施的法律责任

旅行社违反旅游合同约定，造成旅游者合法权益受到损害，不采取必要的补救措施的，由旅游行政管理部门或市场监督管理部门责令改正，处一万元以上五万元以下的罚款；情节严重的，由旅游行政管理部门吊销旅行社业务经营许可证。

2. 危机情形下未采取必要措施的法律责任

发生危及旅游者人身安全的情形，旅行社及其委派的导游人员、领队人员未采取必要的处置措施并及时报告的，由旅游行政管理部门责令改正，对旅行社处二万元以上十万元以下的罚款；对导游人员、领队人员处四千元以上二万元以下的罚款；情节严重的，责令旅行社停业整顿一个月至三个月，或者吊销旅行社业务经营许可证、导游证、领队证。旅行社违反规定，损害旅游者合法权益的，应当承担相应的民事责任；构成犯罪的，应当依法追究刑事责任。

三、旅行社违反有关管理制度的法律责任

（一）违反质量保证金制度的法律责任

旅行社未在规定期限内向其质量保证金账户存入、增存、补足质量保证金或未提交相应的银行担保的，由旅游行政管理部门责令改正；拒不改正的，吊销旅行社业务经营许可证。

（二）违反责任险管理制度的法律责任

旅行社不投保旅行社责任险的，由旅游行政管理部门责令改正；拒不改正的，吊销旅行社业务经营许可证。

（三）违反滞留人员处理制度的法律责任

旅行社组织出境旅游的旅游者非法滞留境外或者接待入境旅游的旅游者非法滞留境内，旅行社未及时报告并协助提供非法滞留者信息的，由旅游行政管理部门责令改正，对旅行社处二万元以上十万元以下的罚款；对导游人员、领队人员处四千元以上二万元以下的罚款；情节严重的，责令旅行社停业整顿一个月至三个月，或者吊销旅行社业务

经营许可证、导游证、领队证。

（四）违反资料信息保管规定的法律责任

旅行社未妥善保存各类旅游合同及相关文件、资料，保存期不够两年，或者泄露旅游者个人信息的，由县级以上旅游行政管理部门责令改正，没收违法所得，处违法所得三倍以下但最高不超过三万元的罚款；没有违法所得的，处一万元以下的罚款。

实训课堂

【基本案情】

游客陈某等 8 人分别在佛山某旅行社报名参加 2021 年 1 月 1 日湖南衡山三天游的旅游项目，团费为 799 元/人。旅行社在接收客人时把去衡山看雪作为主要宣传内容，但元旦假期三天气温较高，山上的雪均融化了，另外，因元旦假日景区内的人流量及车流量较平日大，景区实施人流管理措施导致游客需步行比预期更远的路程。

游客认为：旅行社在知道天气变化后不顾改期的建议，按期出行，导致看不了雪，涉嫌虚假宣传；旅游线路规划不合理，存在安全隐患；协商赔偿无果；旅行社在处理纠纷时出现多种赔偿方式，激化矛盾。故游客投诉至佛山市南海区文化广电旅游体育局，要求旅行社赔偿退费。

佛山市南海区文化广电旅游体育局接到投诉后，积极与投诉人和旅行社核实事情经过，协商沟通，双方最终达成和解，旅行社按照有关赔偿标准退还部分费用。①

【课堂讨论题】

1. 针对旅行社的行为，旅游行政管理部门应如何处理？

2. 从本案处理上，旅行社应当吸取什么教训？

3. 旅游者在旅游时应当注意些什么？

【答案要点】

1. 本案中，事件发生当日无法看到雪景叠加节假日车流量暴增及景区临时管控措施等多种原因引发投诉人不满，导游及旅行社没有及时做好沟通和安抚工作，后续协商过程中，旅行社对同一团的投诉者执行不同的赔偿标准，更容易激发矛盾。根据《旅行社服务质量赔偿标准》第九条规定："导游或领队未按照国家或旅游行业对旅游者服务标准提供导游或领队服务，影响旅游服务质量的，旅行社应向旅游者支付旅游费用总额 1%至 5%的违约金。"本案中，旅行社导游及其工作人员在行程中未能提供好服务，影响了旅游服务质量，故旅行社按比例退还相对应的费用给旅游者。

2. 旅行社应加强日常管理工作，包括但不限于业务管理、接待管理、质量管理及危机管理等，特别注意规范签订旅游合同、客户跟踪服务、疫情防控等方面的工作，制定有关工作制度，规范工作流程。在有关旅游线路的宣传推广中，应做好风险提示及不可抗力因素的免责条款。

---

① http://whly.gd.gov.cn/special_newzt/fzxc/dx/content/post_3684011.html.

3. 旅游者应看清楚旅游合同明确约定双方权利、义务和违约责任，拿到合同后不要急于签字，要仔细阅读合同内容，尤其要关注旅程安排及违约责任方面的内容，对于不明白的地方一定要询问清楚。

即测即练

自学自测

扫描此码

第三章

导游管理法律制度

【学习要点及目标】

1. 熟悉导游资格考试的条件、导游证的申领与颁发等管理制度。
2. 了解导游人员管理的有关法规，掌握导游的权利和义务。

引导案例

2019 年 3 月 25 日，导游 H 到北京市文化和旅游局举报 W 国际旅游集团第一旅游有限公司使用其导游证录入电子行程单，但其本人未给该公司团队提供导游服务。经查，该公司使用 H 导游证录入电子行程单是因为实际雇用的导游孙某某未取得导游证。[①]

【案例导学】

W 国际旅游集团第一旅游有限公司安排未取得导游证的人员提供导游服务的行为违反了《旅游法》第九十六条第二项的规定，依据《旅游法》第九十六条第二项的规定，北京市文化和旅游局对该公司作出没收违法所得二千元并罚款五千元的行政处罚，对直接负责的主管人员和直接责任人员杜某某作出二千元罚款的行政处罚。

同时，孙某某未取得导游证而从事导游活动的行为违反了《旅游法》第一百零二条第一款的规定，依据《旅游法》第一百零二条第一款的规定，北京市文化和旅游局对孙某某作出没收违法所得九百元并罚款一千元的行政处罚。

第一节　导游人员资格考试和导游证制度

一、导游人员资格考试制度

导游人员资格考试制度是指从事导游工作的中国公民，必须具备规定的条件，参加国家实行的全国统一导游人员资格考试，考试合格方可取得导游资格证的制度。

---

① 2019 年度北京市旅游行政处罚十大典型案例. http://whlyj.beijing.gov.cn/zwgk/tzgg/201912/t20191231_1738115.html.

国家对导游执业实行许可制度。从事导游执业活动的人员，应当取得导游人员资格证和导游证。文化和旅游部建立导游等级考核制度、导游服务星级评价制度和全国旅游监管服务信息系统，各级旅游主管部门运用标准化、信息化手段对导游实施动态监管和服务。

（一）参加导游人员资格考试的条件

参加导游人员资格考试的条件是：必须是中国公民；必须具有高级中学、中等专业学校或以上学历；必须身体健康；必须具有适应导游需要的基本知识和语言表达能力。

（二）考试科目、语种与要求

全国导游资格考试科目包括：科目一《政策与法律法规》、科目二《导游业务》、科目三《全国导游基础知识》、科目四《地方导游基础知识》、科目五《导游服务能力》。

考试语种分为中文和外语，其中外语类包括英语、日语、俄语、法语、德语、西班牙语、朝鲜语、泰语等。

上述科目内容，分别从了解、熟悉、掌握三个层次对考生进行考查。

（三）考试方式

考试形式分闭卷考试与现场考试（面试）两种，科目一、科目二、科目三、科目四为闭卷考试，科目五为现场考试（面试）。闭卷考试实行全国统一的计算机考试。现场考试（面试）以模拟考试方式进行，由省级考试单位根据考试大纲和《全国导游资格考试现场考试工作标准（试行）》组织。

科目一、科目二合并为 1 张试卷进行测试，其中科目一、科目二分值所占比例各为 50%；科目三、科目四合并为 1 张试卷进行测试。考试题型包括判断题、单项选择题、多项选择题。每 1 张试卷考试时间为 90 分钟，含 165 题，共 100 分，其中判断题 40 题（每题 0.5 分，共 20 分），单项选择题 90 题（每题 0.5 分，共 45 分），多项选择题 35 题（每题 1 分，共 35 分）。科目五考试：中文类考生每人不少于 15 分钟，备考旅游景区不少于 12 个；外语类考生每人不少于 25 分钟，备考旅游景区不少于 5 个。

考试成绩采用百分制，中文类分值比例为：礼貌礼仪占 5%，语言表达占 20%，景点讲解占 45%，导游服务规范占 10%，应变能力占 10%，综合知识占 10%。外语类分值比例为：礼貌礼仪占 5%，语言表达占 25%，景点讲解占 30%，导游服务规范占 10%，应变能力占 5%，综合知识占 5%，口译占 20%。

（四）各科目考试大纲

1. 科目一 政策与法律法规考试大纲

通过本科目的考试，检查考生对党和国家的基本国策、根本制度、根本任务、重大方针政策及相关法律、法规，旅游业发展的方针政策、办法等的了解、熟悉和掌握程度。考试内容包括以下方面。

（1）党的十九大报告及习近平总书记关于文化和旅游工作的重要论述

了解中国特色社会主义进入新时代的重大意义；中国特色社会主义经济建设、政治建设、文化建设、社会建设、生态文明建设的重大部署；国防和军队建设、港澳台工作、外交工作的重大部署；全面从严治党的重大部署。熟悉习近平新时代中国特色社会主义思想的历史地位、核心要义；新时代中国共产党的历史使命。掌握新时代我国社会的主要矛盾；“两个一百年”奋斗目标的任务要求；2020 年以来习近平总书记关于文化和旅游工作的重要论述。

（2）党的十八届四中全会公报

了解《中共中央关于全面推进依法治国若干重大问题的决定》所提出的全面依法治国的重大意义和指导思想。熟悉全面依法治国的“五大体系、六大任务”。掌握全面依法治国的总目标和基本原则。

（3）中华人民共和国国民经济和社会发展第十四个五年规划和 2035 年远景目标纲要

了解我国进入新发展阶段的发展环境，“十四五”时期经济社会发展的指导思想、必须遵守的原则和战略导向。熟悉 2035 年远景目标和“十四五”时期经济社会发展主要目标，文化建设的三项重要任务，社会主义文化繁荣发展工程。

（4）旅游业发展相关政策

了解文化和旅游部等十部门《关于深化“互联网+旅游”推动旅游业高质量发展的意见》（文旅资源发〔2020〕81 号）、《市场监管总局 商务部 文化和旅游部关于以标准化促进餐饮节约反对餐饮浪费的意见》（国市监标技〔2021〕7 号）的主要内容。

熟悉《国务院办公厅关于进一步激发文化和旅游消费潜力的意见》（国办发〔2019〕41 号）、《文化和旅游部等 17 部门关于印发〈关于促进乡村旅游可持续发展的指导意见〉的通知》（文旅资源发〔2018〕98 号）、《文化和旅游部关于实施旅游服务质量提升计划的指导意见》（文旅市场发〔2019〕12 号）、《文化和旅游部办公厅 国家文物局办公室关于落实<关于切实解决老年人运用智能技术困难的实施案>的通知》（办公共发〔2020〕165 号）、《交通运输部办公厅、公安部办公厅、商务部办公厅、文化和旅游部办公厅、应急管理部办公厅、市场监管总局办公厅关于进一步加强和改进旅游客运安全管理工作的指导意见》（交办运〔2021〕6 号）的主要内容。

（5）宪法及宪法相关法律、法规

了解我国《宪法》的序言、总纲、指导思想、基本原则、基本国策、首都的规定。熟悉《宪法》关于国家机构的组成、任期和职权的规定。掌握《宪法》关于我国的基本制度和根本任务；公民的基本权利和基本义务的规定。

了解《中华人民共和国国旗法》《中华人民共和国国歌法》《中华人民共和国国徽法》关于国旗、国歌、国徽的规定。《中华人民共和国香港特别行政区维护国家安全法》《中华人民共和国英雄烈士保护法》《宗教事务条例》的立法目的、起草过程和立法意义。

熟悉《中华人民共和国香港特别行政区维护国家安全法》关于总则及香港特别行政区维护国家安全的职责和机构、中央人民政府驻香港特别行政区维护国家安全机构的规定。《中华人民共和国英雄烈士保护法》关于烈士的历史功勋、人民英雄纪念碑的法律地位、纪念缅怀英雄烈士活动、弘扬传承英雄烈士精神、烈士褒扬和遗属抚恤的规定。《宗教事务条例》关于总则及宗教活动场所、宗教活动的规定。

掌握《中华人民共和国香港特别行政区维护国家安全法》关于罪行和处罚的规定。《中华人民共和国英雄烈士保护法》关于英雄烈士名誉荣誉法律保护及其相关法律责任的规定。

（6）《旅游法》

了解《旅游法》的框架及其修正的内容。熟悉《旅游法》关于立法目的、适用范围、总则及主要法律制度的规定。掌握《旅游法》关于旅游服务合同制度及其相关法律责任的规定。

（7）旅游者相关法律制度

了解《中华人民共和国治安管理处罚法》关于治安管理处罚种类及适用的规定；《消费者权益保护法》的基本原则。熟悉《消费者权益保护法》关于消费者权利、消费者权益的国家保护、消费者协会的公益性职责和禁止行为及其相关法律责任；《中华人民共和国治安管理处罚法》关于违反治安管理的行为和处罚；《关于旅游不文明行为记录管理暂行办法》（旅办发〔2016〕139号）关于旅游者、旅游从业人员被纳入"旅游不文明行为记录"的主要行为；"旅游不文明行为记录"的信息内容及评审、申辩和动态管理制度。掌握《旅游法》关于旅游者权益保护制度及其相关法律责任的规定。《消费者权益保护法》关于经营者义务及其相关法律责任的规定。

（8）旅行社法律制度

了解《旅行社条例》《旅行社条例实施细则》关于旅行社（包括分支机构）设立与变更的规定；《旅游市场黑名单管理办法（试行）》关于旅游市场黑名单管理及其适用范围的规定；《在线旅游经营服务管理暂行规定》关于适用范围、在线旅游经营者、平台经营者、文化和旅游主管部门支持在线旅游行业发展、监督检查的规定。

熟悉《旅游法》关于规范旅游市场提高服务质量制度；《旅游市场黑名单管理办法（试行）》关于旅游市场黑名单列入和移除原则、程序、基本信息、动态管理、修复信用的规定；对列入黑名单的旅游市场主体和从业人员实施的惩戒措施；《旅游市场黑名单管理办法（试行）》关于列入旅游市场黑名单情形的规定。

掌握《旅行社条例实施细则》《旅游服务质量保证金存取管理办法》（旅办发〔2013〕170号）关于旅行社经营范围、经营原则、经营规范、旅游服务质量保证金制度的规定、旅行社权利和义务等法律制度及其相关法律责任；《在线旅游经营服务管理暂行规定》关于在线旅游经营者运营、法律责任的规定。

（9）导游法律制度

熟悉《旅游法》《旅行社条例》《导游人员管理条例》《导游管理办法》关于导游资格考试制度的规定。掌握导游执业许可和导游执业管理；导游执业保障与激励；导游从事领队服务的条件；导游的权利和义务及其相关法律责任。

（10）《民法典》

了解民法基本常识包括《民法典》关于调整对象、民事主体法律地位的规定；从事民事活动、处理民事纠纷应当遵循的原则及在中国领域内从事民事活动适用法律的规定。熟悉《民法典》关于民事权利能力和民事行为能力、自然人享有的民事权利、民事法律行为一般规定、意思表示和民事法律行为效力的规定。

掌握《民法典》关于民事责任的规定；自然人人格权的一般规定，以及生命权、身体权和健康权，隐私权和个人信息保护的规定。了解掌握《民法典》合同法律制度的规定。了解掌握《民法典》关于侵权责任法律制度的规定。

熟悉《民法典》关于监护人、用人单位责任，宾馆等经营场所、公共场所的经营者、管理者或群众性活动的组织者责任，机动车交通事故责任，高度危险活动损害责任的规定。掌握《民法典》关于饲养动物损害、建筑物和物件损害责任的规定。

（11）旅游安全法律制度

了解《旅游安全管理办法》关于旅游突发事件等级及相关罚则的规定。熟悉《旅游法》《旅行社条例》《旅游安全管理办法》《旅行社责任保险管理办法》关于旅游安全保障、安全管理、责任保险制度的规定。掌握《旅游安全管理办法》关于旅游经营者安全经营义务与责任、旅游目的地安全风险提示制度的规定。《中华人民共和国突发事件应对法》关于突发事件的界定、种类、级别，以及公民、法人和其他组织参与突发事件应对的义务、突发事件预警制度、突发事件应急处置与救援制度的规定。

（12）出入境及交通法律制度

了解《公共航空运输旅客服务管理规定》《铁路旅客运输规程》《道路旅客运输及客运站管理规定》《国内水路运输管理规定》关于航空、铁路、道路和水路运输承运人和旅客之间的权利和义务关系及相关法律责任的规定。熟悉《中华人民共和国出境入境管理法》《中华人民共和国护照法》关于中国公民出境入境和外国人入境出境的证件制度、义务性规定、禁止性规定及相关法律责任。

（13）食品、住宿、娱乐法律制度

熟悉《中华人民共和国食品安全法》关于食品安全保障法律制度及相关法律责任的规定。《旅游法》《旅馆业治安管理办法》及有关法律法规关于饭店经营者权利和义务及相关法律责任的规定；《娱乐场所管理条例》关于娱乐场所的设立和经营规则、监督管理及相关法律责任的规定。掌握食品安全事故处置制度及相关法律责任。

（14）旅游资源法律制度

了解《风景名胜区条例》关于风景名胜区设立、规划、保护、合理利用和管理及相关法律责任的规定；《中华人民共和国自然保护区条例》关于自然保护区设立条件、区域构成、管理制度、保护和合理利用及相关法律责任的规定；《中华人民共和国野生动物保护法》《中华人民共和国野生植物保护条例》关于野生动植物的保护、管理及相关法律责任的规定；《中华人民共和国文物保护法》关于不可移动文物、馆藏文物、民间收藏文物、文物出境及相关法律责任的规定。

熟悉《国家级文化生态保护区管理办法》关于国家级文化生态保护区及其建设理念，申报与设立、建设与管理的规定；《中华人民共和国非物质文化遗产法》关于非物质文化遗产保护原则，非物质文化遗产代表性项目传承与传播及相关法律责任的规定；《保护世界文化和自然遗产公约》《保护非物质文化遗产公约》关于世界文化遗产和自然遗产名录、非物质文化遗产名录及缔约国义务的规定。掌握《博物馆条例》《博物馆管理办法》关于博物馆设立、管理、社会服务及相关法律责任的规定。

（15）旅游纠纷处理法律制度

了解旅游纠纷及其特点；《旅游投诉处理办法》关于旅游投诉及其构成要件的规定。熟悉《消费者权益保护法》关于消费者权益争议解决的规定，《最高人民法院关于审理旅游纠纷案件适用法律若干问题的规定》的主要内容；《最高人民法院关于民事诉讼证据的若干规定》关于当事人举证、证据的调查收集和保全、举证时限与证据交换的规定。掌握旅游投诉案件的受理和处理；《旅行社服务质量赔偿标准》关于旅游主管部门调解旅游纠纷时执行的赔偿依据的规定。

（16）时事政治

了解 2020 年 10 月以来的国内外时事政治。熟悉《文化和旅游部市场管理司关于印发〈旅行社有序恢复经营疫情防控措施指南（第二版）〉的通知》《文化和旅游部资源开发司关于印发〈旅游景区恢复开放疫情防控措施指南（2021 年 3 月修订版）〉的通知》的主要内容。

2. 科目二《导游业务》大纲

通过本科目的考试，考查考生对导游职业道德规范、导游职业素质、导游服务规范及导游服务相关知识的了解、熟悉和掌握程度，考查考生对导游语言技能、带团技能和应变技能的了解、熟悉和掌握程度。具体考试内容包括以下方面。

（1）业务基础

了解导游的定义和分类；导游服务的内涵、特点、产生及发展历程。熟悉导游的从业素质、职责要求及礼仪规范，导游应具备的修养和行为规范，导游职业道德规范的基本内容；导游服务的性质、地位和作用。掌握社会主义核心价值观。

（2）服务规范

了解散客旅游的含义。熟悉景区导游服务程序和服务质量要求；散客旅游的特点。掌握旅游团的地陪、全陪导游服务程序和服务质量要求；散客的导游服务程序和服务质量要求；导游引导文明旅游的规范内容。

（3）导游技能

了解导游语言的内涵和特性；导游讲解的原则；导游带团的特点和原则。熟悉导游口头语言的表达技巧和态势语言的运用技巧；导游讲解的要求；导游主导地位的确立和导游形象的塑造。掌握常用的导游讲解方法和技巧；导游提供心理服务、活跃团队气氛、引导游客审美、组织协调旅游活动、接待不同类型游客的方法和技巧。

（4）应变处理

了解游客个别要求的处理原则；旅游事故的类型和特点。熟悉漏接、错接和误机（车、船）事故产生的原因；游客死亡的处理；地震、洪水、泥石流、台风、海啸等重大自然灾害的避险；游客意见和建议的处理。

掌握游客在用餐、住宿、交通、游览、购物、娱乐等方面个别要求的处理；游客要求自由活动、中途退团、延长旅游期的处理；漏接、错接和误机（车、船）事故的预防与处理；旅游计划和行程变更的处理；游客证件、行李、钱物遗失和游客走失的预防与处理；游客晕车（机、船）、中暑的预防与处理；游客在旅游过程中患病的处理；游客不当言行的处理；旅游交通事故、治安事故、火灾事故、溺水、食物中毒等事件的预防与处理。

（5）相关知识

了解高原旅游、冰雪旅游、沙漠旅游、温泉旅游、漂流及研学旅行的安全常识；时差、华氏温度与摄氏温度换算和度量衡换算；货币兑换的相关知识。熟悉旅行社的发展历史和概况；旅游保险的种类及相关知识；航空机票种类、旅客误机、航班延误或取消、行李赔偿的相关知识；中国海关有关出入境物品的规定。掌握航空、铁路、水运购票、退票和携带物品的规定；旅客出入境应持有的证件和需要办理的手续；中国离境退税的相关知识。

3. 科目三全国导游基础知识考试大纲

通过本科目的考试，检查考生对中国共产党成立100周年以来领导全国人民在革命、建设和改革进程中所取得的伟大成就，中国旅游业发展概况，中国历史文化知识，中国文学常识，中国民族与宗教知识，中国自然与地理常识和中国主要旅游客源国概况的了解、熟悉和掌握的程度。考试内容包括以下方面。

（1）中国共产党百年历程及领导中国人民和中国革命取得的伟大成就

熟悉中国共产党的发展历程、重要会议、重大事件和重要人物。中华人民共和国成立以来取得的辉煌成就，如“两弹一星”、北斗导航、探月工程、FAST大型天文望远镜等科技成就；高速公路和高速铁路建设、三峡水利工程、南水北调工程等建设成就。

熟悉中国共产党的成立、第一次国共合作、南昌起义、秋收起义、三湾改编、古田会议、红军长征、遵义会议、西安事变、抗日民族统一战线的形成、抗日战争、解放战争、中华人民共和国成立、抗美援朝、“三线”建设、改革开放、“一国两制”、香港回归、澳门回归、“一带一路”倡议、人类命运共同体、脱贫攻坚和全面建成小康社会等现当代历史知识。

（2）中国旅游业发展概况

了解中国旅游业的发展。熟悉中国旅游日和世界旅游组织；了解中国旅游业三大市场；了解文旅融合战略、乡村振兴战略和“厕所革命”；了解智慧旅游、在线旅游、乡村旅游、红色旅游、康养旅游、研学旅行、定制旅游等新业态。

（3）中国历史文化知识

了解中国戏剧戏曲、中医中药、书画艺术的发展等历史文化常识，主要科技发明。熟悉中国历史上的重大事件和重要人物，中国历史各发展阶段的主要成就、中国传统哲学思想。掌握中国历史的发展脉络，著名古代文化和遗址（如仰韶文化、龙山文化、良渚文化、广汉三星堆遗址、安阳殷墟遗址、都江堰水利工程和秦始皇陵兵马俑遗址等）。

（4）中国文学常识

了解中国古典和近当代文学重要知识、重要文化名人及作品、古典旅游诗词名篇。熟悉名胜古迹中的著名楹联。掌握中国汉字的起源、发展与格律常识，历代游记名篇《岳阳楼记》《滕王阁序》《赤壁赋》《兰亭集序》赏析。

（5）传统工艺美术

了解中国陶器、瓷器发展概况，仰韶文化彩陶、龙山文化蛋壳黑陶，东汉时期瓷器的出现。中国文房四宝、年画、剪纸和风筝的主要产地和特色。熟悉中国陶器、瓷器、漆器、玉器的主要产地和特色，中国四大刺绣及其代表作。掌握唐三彩、龙泉青瓷、宋代五大名窑、青花瓷、德化白瓷的特点；景泰蓝工艺。

（6）中国建筑、园林和饮食文化

①建筑艺术。了解中国建筑的历史沿革和基本特征，中西建筑流派风格比较；中国近现代建筑的特点；中国当代著名建筑等。熟悉中国传统建筑的基本构成与等级观念。掌握中国古代著名宫殿、坛庙、陵墓、古城、古长城、古镇古村、古楼阁、古塔和古桥的类型、布局、特点等相关知识；国庆十周年北京“十大建筑”和天安门广场改扩建工程、南京长江大桥、杭州湾跨海大桥、港珠澳大桥、北盘江大桥等建筑成就。

②园林。了解中国古典园林的起源与发展，中国现代园林特点。熟悉中国古典园林的特色和分类。掌握中国古典园林的构成要素、造园艺术、构景手段和代表性园林。

③饮食文化。了解中国饮食文化发展历史、风味流派。熟悉中国风味特色菜——宫廷菜、官府菜、江湖菜、素席的特点和代表菜品。掌握中国“四大菜系”的形成、特点及代表性菜品；中国传统名茶、名酒的分类与特点等相关知识。

（7）中国各民族知识与宗教知识

了解佛教、基督教和伊斯兰教的基本概况。熟悉中国各民族的基本概况和地理分布；掌握著名宗教旅游景观的相关知识。

（8）中国自然与地理常识

了解中国自然地理相关基础知识。熟悉中国主要地貌类型及代表性地貌景观；山、水、动物、植物、天象等自然景观知识。掌握常见自然景观的地质成因。

（9）中国主要旅游客源国概况

了解中国主要旅游客源国的基本情况、风俗习惯、主要城市与景点。

4. 科目四《地方导游基础知识》考试大纲

通过科目四的考试，考查考生对中国各省（区、市）及香港特别行政区、澳门特别行政区、台湾地区概况的了解、熟悉和掌握的程度。考试内容如下。

按照中华人民共和国行政区划，考查的知识点如下：了解历史、地理、气候、区划、人口、交通等概况。熟悉列入《世界遗产名录》的中国遗产地景观，列入《人类非物质文化遗产代表作名录》的遗产项目，国家 AAAAA 级旅游景区，国家级旅游度假区和国家生态旅游示范区；各民族具有代表性的历史文化和民俗风情。掌握各地代表性的饮食特点、主要美食和风物特产。国内知名的地域文化、民族文化及特色产业。

科目五的导游服务能力考试大纲分别根据各省、自治区、直辖市的具体情况而制定。

（五）导游人员资格证书的颁发与效力

1. 导游人员资格证书的颁发

参加导游人员资格考试合格的公民，由组织考试的旅游行政管理部门在考试结束之日起30个工作日内颁发《导游人员资格证》。

2. 导游人员资格证书的效力

2016年1月，国家旅游局通知，导游资格证终身有效，导游证全国通用。

案例 3-1

2019年11月，东莞市文化广电旅游体育局执法人员对位于东莞市莞城街道的东莞光大星辰国际旅行社有限公司进行日常检查。该局于2019年11月15日查处的东莞市华盛旅游信息咨询有限公司涉嫌未经许可经营旅行社业务一案，经进一步调查发现，东莞光大星辰国际旅行社有限公司在某次组团过程中，安排未取得导游证的“导游”吴某某带团提供导游服务。①

【解析】

当事人的行为已违反了《旅游法》的相关规定，东莞市文化广电旅游体育局责令东莞光大星辰国际旅行社有限公司改正“安排未取得导游证的人员提供导游服务”的违法行为；给予东莞光大星辰国际旅行社有限公司处以罚款人民币5000元的行政处罚，给予责任人罗某某处以人民币2000元的行政处罚。

二、导游证制度

（一）导游证的效力

导游证是持证人已依法进行中国导游注册、能够从事导游活动的法定证件，获得导游证是导游人员执业的必备条件，在中国境内从事导游活动必须取得导游证。

（二）导游证的类型

1. 正式导游证

正式导游证是指参加导游人员资格考试并取得资格证书的人员，经与旅行社订立合同或在导游公司登记后，由省、自治区、直辖市人民政府旅游行政管理部门颁发的导游证。

2. 临时导游证

临时导游证指具有特定语种语言能力的人员，虽未获得导游人员资格证书，但因旅行社需要聘请其临时从事导游活动，由旅行社向省、自治区、直辖市人民政府旅游行政管理部门申领的导游证。

（三）申请领取导游证的条件

申请领取导游证的条件是：已取得导游人员资格证书的，经与旅行社订立劳动合同或导游服务公司登记；与旅行社订立劳动合同或在导游服务公司登记；品行良好无不良记录。

---

① 广东省文化和旅游厅公布2020年度旅游典型案例. [2020-11-18]. https://whly.gd.gov.cn/news_newzwhd/content/post_3129606.html.

（四）申请领取导游证的程序

1. 申请

获得导游人员资格证书的人员持导游人员资格证、劳动合同或导游服务机构登记证明材料，向所在地旅游行政管理部门申请办理导游证。取得《导游人员资格证》，并与旅行社订立劳动合同或在旅游行业组织注册的人员，可以通过全国旅游监管服务信息系统向所在地旅游主管部门申请取得导游证。

2. 颁发导游证

所在地旅游主管部门对申请人提出的取得导游证的申请，应当依法出具受理或不予受理的书面凭证。需补正相关材料的：应当自收到申请材料之日起 5 个工作日内一次性告知申请人需要补正的全部内容；逾期不告知的，应在收到材料之日起即为受理。

省、自治区、直辖市人民政府旅游行政部门应当自收到申请领取导游证之日起 15 日内，颁发导游证。不予核发的，应当书面告知申请人理由。

案例 3-2

天坛公园景区是北京市专项整治非法“一日游”的重点区域，2018 年在十一假期的联合执法检查期间，在天坛公园祈年殿附近，执法人员就查获一名带领 7 名江苏游客的无证“黑导游”。10 日中午 12 时 30 分，记者在天坛公园东门售票处站了不到 5 分钟，就被一名中年男子叫住，问是否需要讲解和陪同参观服务，讲解不限时间，一人次需 150 元，多人讲解服务还可以更优惠，并称可以微信转账。经了解该人没有导游证。①

【解析】

上述无导游证的揽客“讲解人员”就属于“黑导游”，依据《旅游法》规定，可以由旅游主管部门没收其违法所得，并依据情节严重程度采取等级罚款。游客有权查验导游证件，并要求签署旅游合同，保存微信支付和现金收据等交易凭证作为投诉证据。

第二节　导游人员的管理制度

一、导游人员等级划分标准

根据《关于对全国导游员实行等级评定的意见》《导游员职业等级标准》和《关于试点单位导游员等级评定的实施细则》的规定，在我国，将导游人员分为两个系列、四个级别。两个系列是指等级考核分为外语导游员系列和中文导游员系列；四个级别是指通过考核，将导游员划分为特级导游员、高级导游员、中级导游员和初级导游员。

导游人员职业等级的知识、技能、业绩、学历、资历标准如下。

---

① 胡德成. “一日游”旅游市场秩序好转. [2018-10-16]. https://www.guojiayanglao.com/2018/10/31/2886.html.

（一）初级导游员等级标准

1. 知识要求

①了解我国的大政方针及旅游有关的政策法规，了解与旅游业务有关的我国政治、经济、历史、地理、宗教和民俗等方面的基本知识，了解我国主要旅游景点和线路的基本知识，掌握当地主要游览的导游知识。

②了解有关主要客源市场的概况和习俗。

③掌握导游工作规范。

④外语导游员基本掌握一门外语，达到外语专业大学三年级水平。

⑤中文导游员掌握汉语言文学基本知识，达到高中毕业水平。

2. 技能要求

①能独立完成导游接待工作，能与有关单位和人员合作办事，能与旅游者建立良好的人际关系。

②能独立处理旅行中发生的一般问题。

③导游语言正确、通顺。

④导游体态大方得体。

⑤能准确填写业务所需的各种票据。

⑥能起草情况反映、接待简报等有关应用文。

3. 业绩要求

完成企业要求的工作，无服务质量方面的重大投诉，游客反映良好率不低于 85%。

4. 学历要求

外语导游员具有外语专业大专或非外语专业本科及其以上学历，中文导游员具有高中及以上学历。

5. 资历要求

取得导游员资格证书后工作满一年。

（二）中级导游员等级标准

1. 知识要求

①熟悉我国的大政方针，掌握旅游及其有关政策法规，掌握与业务有关的我国政治、经济、历史、地理、社会、宗教、艺术和民俗等方面的基本知识，全面掌握当地主要游览点的导游知识，了解我国主要旅游景点、线路的有关知识。

②熟悉有关主要客源市场的概况和特点。

③熟练掌握导游工作规范。

④外语导游员掌握一门外语，达到外语专业本科毕业水平，中文导游员掌握汉语言文学的有关知识，达到大专毕业水平。

2. 技能要求

①能接待不同性质、类型和规模的旅行团，有比较娴熟的导游技能。

②能独立处理旅行中发生的疑难问题，能正确理解旅游行业的服务要求，有针对性地进行导游服务。

③能与旅游者、有关业务单位和人员密切合作，有较强的公关能力。

④导游语言流畅、生动，语音、语调比较优美，讲究修辞。外语导游员的外语表达正确；中文导游员能使用标准的普通话，并能基本听懂一种常用方言（粤语、闽南话或客家话）。

⑤能培训和指导初级导游员。

3. 业绩要求

工作成绩明显，为企业的业务骨干。无服务质量方面的重大投诉，游客反映良好率不低于 90%。

4. 学历要求

外语导游员学历与初级导游员学历要求相同，中文导游员要具有大专及以上学历。

5. 资历要求

取得初级导游员资格二年以上。

（三）高级导游员等级标准

1. 知识要求

①全面掌握我国的大政方针及旅游有关的政策法规，熟悉我国有关的旅游线路和景点知识，有比较宽广的知识面，全面、深入地掌握当地游览内容。

②掌握有关客源市场的重要知识及其接待服务规律。

③熟练掌握导游工作规范。

④外语导游员熟练掌握一门外语，初步掌握一门第二外语，中文导游员熟练掌握汉语言文学的有关知识，初步掌握一种常用方言（粤语、闽南话或客家话）。

2. 技能要求

①有娴熟的导游技能，并有所创新。

②能预见并妥善处理旅行中发生的特殊疑难问题。

③有一定的业务研究能力。

④能创作内容健康、语言优美的导游词。

⑤外语导游员能用一门外语自如、准确、生动、优美地表达思想内容，并能胜任一般场合的口译工作，中文导游员能用标准的普通话和一种常用方言（粤语、闽南话或客家话）工作，语言准确、形象。

⑥能培训和指导中级导游员。

3. 业绩要求

①工作成绩突出。

②无服务质量方面的重大投诉；游客反映良好率不低于 95%。

③在国内外同行和旅行商中有一定影响，通过优质服务能为所在企业吸引一定数量

的客源。

④高水平的导游工作研究成果（论文、研究报告等）。

4. 学历要求

与中级导游员的学历要求相同。

5. 资历要求

取得中级导游员资格四年以上。

（四）特级导游员等级标准

1. 知识要求

①对有关的方针、政策和法规有全面、深入和准确的理解，全面掌握我国有关旅游线路景点的知识，有宽广的知识面，在与业务有关的某一知识领域有较深的造诣，对当地游览内容有精到的认识。

②掌握有关客源市场的知识，全面、准确、具体地了解其特点和接待服务规律。

③熟练掌握导游工作规范。

④外语导游员精通一门外语，基本掌握一门第二外语；中文导游员掌握汉语言文学知识，基本掌握一种常用方言（粤语、闽南话或客家话）。

2. 技能要求

①导游技能超群，导游艺术精湛，形成个人风格。

②能预见和妥善解决工作中的突发事件，能通过优质服务吸引客源。

③有较强的业务研究能力。

④有很高的语言表达能力，外语导游员能胜任旅游专业会议及其他重要场合的口译工作，中文导游员能胜任某一专业（如重点寺庙、古建筑或博物馆）的解说；能创作富有思想性、艺术性和立论确凿的导游词。

⑤能培训和指导高级导游员。

3. 业绩要求

职业道德高尚，工作成绩优异，有突出贡献，在国内外同行和旅行商中有较大影响；无服务质量方面的重大投诉，游客反映良好率不低于 98%；有一定数量且高水平并正式发表的导游工作研究成果。

4. 学历要求

学历要求与高级导游员相同。

5. 资历要求

取得高级导游员资格五年以上。

二、导游人员的等级考核评定办法

1. 初级导游员的考核评定

初级导游人员的考核评定，采取考核方式。凡取得导游人员资格证书后工作满一年的人，经考核合格，即可成为初级导游员。

2. 中级导游员的考核评定

中级导游人员的考核评定，采取考试和考核相结合的方式，评定工作每两年组织一次。考试科目为“导游专业知识”“现场导游”两科。“导游专业知识”考试采用笔试方式，“现场导游”考试采用模拟导游方式。考核内容包括工作表现、导游技能、遵纪守法和游客反映等。

3. 高级导游员的考核评定

高级导游人员的考核评定，采取考试、考核和评审相结合的方式，评定工作每三年进行一次。考试科目为“导游词创作”和“口译”（中文导游员不考）两科；“导游词创作”采用现场撰写考试形式。“口译”采用模拟即席口译方式。考核内容包括工作表现、导游技能、遵纪守法和游客反映等。评审采用论文答辩、跟团实查和专家审议三种形式。

4. 特级导游员的考核评定

特级导游人员等级考核，采取以评审考核为主、考试为辅的方式，评定工作不定期进行。工作步骤为省（区、市）文化和旅游部局初评，文化和旅游部评定。评审采用论文答辩、跟团实查和专家审议三种形式；考核内容包括工作表现、导游技能、遵纪守法和游客反映；考试第二外语或一种方言。

三、导游人员等级考核评定的组织管理

导游人员等级考核评定采取由文化和旅游部统一政策、统一领导，与地方文化和旅游部局分工负责组织实施的办法。为了加强等级注册登记制度，各级资格证有效期一般为 5 年。有效期满后，持证者要按有关规定主动到发证机关办理注册登记，并进行相应的培训和考核。逾期不注册登记者，其证件自行作废。

导游人员等级证书由文化和旅游部统一制作并核发。每次等级考试后，文化和旅游部通过新闻媒介向国内公布特级、高级和中级导游人员名单及旅行社、导游公司导游员的等级构成情况。各旅行社、导游公司应在待遇方面对不同级别的导游员加以区别，拉开档次。已实行岗位技能工资的单位，应以导游等级作为岗位技能工资的评定依据。

第三节　导游人员的权利与义务

一、导游人员的权利

（一）导游人员享有人格尊严不受侵犯权

导游人员进行导游活动时，其人格尊严应当受到尊重，其人身安全应不受侵犯。导游人员有权拒绝旅游者提出的侮辱其人格尊严或违反其职业道德的不合理要求。

案例 3-3

方某系丽江某旅行社的导游。方某带游客到李某经营的商店购物消费，双方口头约定购物返点折合 3 万元给方某。在结算时，由李某以自己的名义出具借款 3 万元的借条一张给方某，事后双方就还款事项发生争议，要求李某返还借款 3 万元。[①]

【解析】

因“零团费”等原因，导游安排旅游者购物并向商户按照人数收取回扣，属于“以合法形式掩盖非法目的”的法律规避行为，根据《旅游法》第三十五条、第四十一条规定，旅行社不得通过安排购物来获取回扣等不正当利益。导游和领队不得诱导、欺骗、强迫或变相强迫旅游者购物或参加另行付费旅游项目。

本案虽有商户出具的借条，但真实目的在于非法获取购物回扣，属于“以合法形式掩盖非法目的”的法律规避行为，因此，方某的诉讼请求不应当予以支持。

（二）导游人员在旅游活动中享有调整或变更接待计划权

导游人员在引导旅游者旅行、游览过程中，遇有可能危及旅游者人身安全的紧急情形时，经征得多数旅游者的同意，可以调整或变更接待计划，但是应当立即报告旅行社。

导游人员享有调整或变更接待计划的权利。但是，导游人员行使这一权利时，必须符合下列条件。

（1）必须是在引导旅游者旅行、游览过程中。

（2）必须是遇有可能危及旅游者人身安全的紧急情形时。

（3）必须是征得多数旅游者的同意。

（4）必须立即报告旅行社。

案例 3-4

2015 年 10 月下旬，北京某旅行社组织 30 人的旅游团到长白山旅游。按合同约定，由当地某旅行社负责接待，该旅行社安排张某为导游。10 月 22 日早晨 7 点，在张某的引导下，大家开始登山，将近中午时，天气突变，山体大雾弥漫，气温快速下降，山路也变得又湿又滑，见此情景，导游员张某欲带团返回宾馆，并征求大家意见。

其中少部分游客称：行程是旅行社确定的，导游不能随便更改。导游见只有少数人不同意返回，于是在向旅行社报告后，果断决定带团返回宾馆。旅行结束后，这部分游客以张导游自行改变行程为由，要求旅行社赔偿由此造成的损失并支付违约金。

【解析】

《导游人员管理条例》第十三条规定：导游人员在引导旅游者旅行、游览过程中，遇

---

① 云南旅游纠纷十大典型案例（九）. [2017-09-27]. https://www.sohu.com/a/195041748_99951723.

有可能危及旅游者人身安全的紧急情形时，经征得多数旅游者的同意，可以调整或者变更接待计划，但是应当立即报告旅行社。

本案例中导游张某在引导游客旅行过程中，出现山体大雾弥漫，山路湿滑，以及下雨、刮风、气温快速下降等危及游客人身安全的紧急情况。导游张某在征得大多数游客同意，并向旅行社报告的前提下率团返回宾馆，其做法是正确的。

（三）导游人员依法享有申请复议权

导游人员对下列旅游行政行为不服时，依法享有申请复议权。

（1）对罚款、吊销导游证、责令改正、暂扣导游证等行政处罚不服的。

（2）认为符合法定条件申请行政机关颁发导游人员资格证书和导游证，旅游行政部门拒绝颁发或者不予答复的。

（3）认为旅游行政部门违法要求导游人员履行义务的。

（4）认为旅游行政部门侵犯导游人员人身权、财产权的。

（5）法律、法规规定可以提起行政诉讼或者可以申请复议的其他具体行政行为。

（四）导游人员依法享有行政诉讼权

导游人员对旅游行政部门的下列行政行为不服时，有向人民法院提起行政诉讼权。

（1）导游人员对旅游行政部门给予的行政处罚不服的，有权向人民法院提起诉讼。

（2）对符合法定条件申请旅游行政部门颁发导游人员资格证书和导游证，旅游行政部门拒绝颁发或不予答复的，可以提起诉讼。

（3）对旅游行政机关违法要求导游人员履行义务的，可以提起诉讼。

（4）对旅游行政机关侵犯导游人员人身权、财产权的行政行为，可以提起诉讼。

（五）享受劳动报酬的权利

《旅游法》第三十八条规定：旅行社应当与其聘用的导游依法订立劳动合同，支付劳动报酬，缴纳社会保险费用。旅行社临时聘用导游为旅游者提供服务的，应当全额向导游支付本法第六十条第三款规定的导游服务费用。旅行社安排导游为团队旅游提供服务的，不得要求导游垫付或者向导游收取任何费用。

二、导游人员的义务

（一）导游人员应不断提高自身业务素质和职业技能

导游人员自身业务素质和职业技能不仅直接影响旅游服务的质量，而且是顺利完成旅游计划，实现旅游者愿望的关键。

（二）导游人员进行导游活动应佩戴导游证

导游人员进行导游活动佩戴导游证，便于旅游者识别导游人员，及时得到导游人员的服务和帮助，便于旅游行政管理部门对导游人员的监督检查。

（三）导游人员进行导游活动须经旅行社委派

导游人员不得私自承揽或以其他任何方式直接承揽导游业务，进行导游活动。

（四）导游人员进行导游活动应自觉维护国家利益和民族尊严

导游人员在工作中，特别是在接待海外旅游者时，是国家对外形象的窗口，其言行不仅代表个人，还代表所在旅行社、所在地及国家的形象。

（五）导游人员进行导游活动应遵守职业道德

导游人员进行导游活动时，应当遵守职业道德，尊重旅游者的宗教信仰、民族风俗和生活习惯，应当向旅游者讲解旅游地的人文和自然情况，介绍风土人情和习俗。

（六）导游人员应严格按照接待计划组织旅游者的旅行和游览活动

导游人员应当严格按照旅行社确定的接待计划，安排旅游者的旅行、游览活动，不得擅自增加、减少旅游项目或中止导游活动。遇有危及旅游者人身安全的紧急情形时，经征得多数旅游者的同意，导游人员也可以调整或变更接待计划，并应当立即报告旅行社。

（七）导游人员对危及旅游者人身和财物安全的情况应作出真实说明和明确警示

导游人员在引导旅游者旅行过程中，必须将旅游者的安全放在首位，随时提醒旅游者注意自身和财物的安全。如果遇到或可能遇到危及旅游者人身、财物安全的特殊情况时，导游人员应当向旅游者作出真实的说明和明确的警示。

说明和警示要求真实、准确、通俗易懂，能起到提醒旅游者和引起旅游者注意的作用。同时，导游人员要按照旅行社的要求采取防止危害发生的措施，避免事故发生，切实保障旅游者安全，否则导游人员和旅行社就要承担相应的法律责任。

（八）导游人员的禁止性义务

导游人员的禁止性义务是：①不得向旅游者兜售物品或购买旅游者的物品；②不得以明示或暗示的方式向旅游者索要小费；③不得欺骗、胁迫旅游者消费；④不得与经营者串通欺骗、胁迫旅游者消费。

案例 3-5

2018 年暑假，小刘到成都旅游，报了一个 200 元的“品质团”。然而导游宣布大家参加的是“购物团”，只要游客购物，自己就有提成。还没到景区，小刘乘坐的旅游大巴就先后去了玉石商店、土特产商店等。团里很多游客也不情愿，但最后也只能掏腰包。[①]

【解析】

极其低廉的团费，其实只是诱导游客上钩的第一步，一路上的捆绑消费才是旅行社

① 宋豪新. 低价游有哪些猫腻？未到景区旅游大巴先去土特产店. http://travel.sina.com.cn/domestic/news/2018-08-06/detail-ihhhczfc2372670.shtml.

和导游的“创收招数”。文化和旅游部针对“不合理低价游”、强迫或变相强迫购物消费等问题已加大整治力度。

第四节　出境旅游领队人员的管理制度

一、出境旅游领队人员的特点

出境旅游领队人员是指依法取得出境旅游领队证，接受具有出境旅游业务经营权的国际旅行社（以下简称组团社）的委派，从事出境旅游领队业务的人员。

出境领队人员的特点是：依法取得领队证，接受组团社委派从事领队业务，主要以中国公民为服务对象，工作的地点主要在境外。

 小贴士

出境旅游领队业务主要包括：第一，为出境旅游团提供旅途全程陪同和有关服务；第二，作为组团社的代表，协同境外接待旅行社（以下简称接待社）完成旅游计划安排；第三，协调处理旅游过程中相关事务等活动。

二、申请领队证人员的条件

申请领队证人员的条件如下。

①取得导游证。

②具有大专以上学历。

③取得相关语言水平测试等级证书或通过外语语种导游资格考试，但为赴港澳台地区旅游委派的领队除外。

④具有两年以上旅行社业务经营、管理或导游等相关从业经历。

⑤与委派其从事领队业务的取得出境旅游业务经营许可的旅行社订立劳动合同。赴台旅游领队还应当符合《大陆居民赴台湾地区旅游管理办法》规定的要求。

三、出境领队人员的工作职责与义务

（一）出境领队人员的工作职责

①遵守《中国公民出国旅游管理办法》中的有关规定，维护旅游者的合法权益。

②协同接待社实施旅游行程计划，协助处理突发事件、纠纷及其问题。

③为旅游者提供旅游行程服务。

④自觉维护国家利益和民族尊严，并提醒旅游者抵制任何有损国家利益和民族尊严的言行。

（二）出境领队人员的义务

①向旅游者介绍旅游目的地的相关法律、风俗习惯及其他有关注意事项，并尊重旅游者的人格尊严、宗教信仰、民族风俗和生活习惯。

②在带领旅游者旅行、游览过程中，应当就可能危及旅游者人身安全的情况，向旅游者做出真实说明和明确警示，并按照组团社的要求采取有效措施，防止危害发生。

③旅游团队在境外遇到特殊困难和安全问题，或者旅游者在境外滞留不归的，领队应当及时向组团社和中国驻所在国家使馆报告。

④旅游团队领队不得与境外接待社、导游及为旅游者提供商品或者服务的其他经营者串通欺骗、胁迫旅游者消费，不得向境外接待社、导游及其他为旅游者提供商品或服务的经营者索要回扣、提成或者收受财物。

四、出境领队人员的法律责任

（一）未取得领队证从事领队业务的责任

未取得领队证从事领队业务的人员，由旅游行政管理部门责令改正，有违法所得的，没收违法所得，并可处违法所得三倍以下不超过人民币三万元的罚款；没有违法所得的，可处人民币一万元以下罚款。

（二）伪造、涂改、出借或转让领队证的责任

领队人员伪造、涂改、出借或转让领队证，由旅游行政管理部门责令改正，处人民币一万元以下的罚款；情节严重的，由旅游行政管理部门暂扣领队证三个月至一年，并不得重新换发领队证。

（三）从事领队业务时未佩戴领队证的责任

领队人员在从事领队业务时未佩戴领队证的，由旅游行政管理部门责令改正，处人民币一万元以下的罚款；情节严重的，由旅游行政管理部门暂扣领队证三个月至一年，并不得重新换发领队证。

（四）未协同接待社实施旅游行程计划的责任

领队人员未协同接待社实施旅游行程计划，协助处理旅游行程中的突发事件、纠纷及其他问题，由旅游行政管理部门责令改正，并可暂扣领队证三个月至一年；造成重大影响或产生严重后果的，由旅游行政管理部门撤销其领队登记，并不得再次申请领队登记，同时要追究组团社责任。

（五）未为旅游者提供必要的旅游行程服务的责任

领队人员未为旅游者提供必要的旅游行程服务，没有维护国家利益和民族尊严并提醒旅游者抵制损害行为的，由旅游行政管理部门责令改正，并可暂扣领队证三个月至一年；造成重大影响或产生严重后果的，由旅游行政管理部门撤销其领队登记，并不得再次申请领队登记，同时要追究组团社责任。

（六）对危及旅游者人身和财物安全的情况未作出真实说明和明确警示的责任

领队人员对可能危及人身安全的情况未向旅游者作出真实说明和明确警示，或者未采取防止危害发生的措施的，由旅游行政部门责令改正，给予警告；情节严重的，对旅游团队领队可暂扣直至吊销其领队证；造成人身伤亡事故的，依法追究刑事责任，并承担赔偿责任。

（七）领队人员的其他法律责任

①与境外接待社、导游员及为旅游者提供商品或者服务的其他经营者串通欺骗、胁迫旅游者消费，或者向境外接待社、导游员和其他为旅游者提供商品或者服务的经营者索要回扣、提成或者收受其财物的，由旅游行政管理部门责令改正，没收索要的回扣、提成或者收受的财物，并处索要的回扣、提成或者收受的财物价值二倍以上五倍以下的罚款；情节严重的，并吊销其领队证。

②对旅游者在境外滞留不归，领队人员不及时向组团社中国驻所在国家使馆报告的，由旅游行政管理部门给予警告，并可以扣留其领队证。

实训课堂

【基本案情】

众信旅游公司在2017年北京国际旅游博览会发放的宣传资料中记载“经典俄罗斯一地八日”旅游路线，出发日期为2017年6月至10月期间，“市场价15999元起”“展会特卖价7999元起”“优惠幅度买一送一”。

2017年6月18日，员某某、徐某某向众信旅游公司交付7999元。众信旅游公司为他们出具的收据记载：员某某等两人团款7999元。

众信旅游公司表示，宣传材料中相关旅游产品金额为单价，“买一送一”系优惠幅度。由于现场较为混乱导致其在员某某、徐某某交款收据中未注明系“预付款”。审理中，众信旅游公司提交微信截屏打印件、短信截屏打印件用以证明自员某某、徐某某付款次日，众信旅游公司即及时告知须于三日内签署旅游合同并支付剩余团款，否则视为此单取消的情况，但员某某、徐某某未予回复。

对此，徐某某称，其因于2017年6月19日更换手机号，故没有收到过上述信息。员某某表示，其与众信旅游公司曾进行联系，但众信旅游公司未说明须补团费差价。[①]

【思考讨论题】

1. 众信旅游公司与员某某、徐某某之间的旅游合同是否成立？
2. 众信旅游公司向员某某、徐某某提供的旅游产品宣传材料内容是否存在欺诈？
3. 该案应当如何处理？

【答案要点】

1. 旅行社组织和安排旅游活动，应当与旅游者订立合同。旅行社应当在旅游行程开

① 北京市第三中级人民法院民事判决书（2017）京 03 民终 14345 号. https://susong.tianyancha.com/821c3237410611e8b0207cd30ae00c08.

始前向旅游者提供旅游行程单。旅游行程单是包价旅游合同的组成部分。

员某某、徐某某与众信旅游公司明确约定员某某、徐某某选择“经典俄罗斯一地八日”旅游产品，众信旅游公司收取员某某、徐某某团款 7999 元。员某某、徐某某与众信旅游公司虽未签订书面旅游合同，但双方对于旅游合同应当包括的行程安排，交通、住宿、餐饮等旅游服务安排和标准，旅游费用等内容已经达成一致意思表示，并已经履行约定的付款义务。

2. 旅行社为招徕、组织旅游者发布信息，必须真实、准确，不得进行虚假宣传，误导旅游者。当旅游经营者提供服务时有欺诈行为，旅游者请求旅游经营者双倍赔偿其遭受的损失的，人民法院应予支持。

众信旅游公司向员某某、徐某某提供的旅游产品宣传材料单中明确记载二人选择的“经典俄罗斯一地八日”旅游产品展会特卖价为 7999 元起，并有优惠幅度为“买一送一”；亦在收据中明确员某某等两人团款 7999 元。因此，众信旅游公司向员某某、徐某某提供的旅游产品宣传材料属于虚假宣传、误导消费者，构成欺诈。

3. 众信旅游公司返还已付款项并向员某某、徐某某赔偿 7999 元。

实训案例

【基本案情】

游客毛某一行三人报名参加梅州某旅行社组织的新疆 12 日游，行程日期为 2021 年 7 月 26 日至 8 月 6 日，团费 14300 元/人。因受新冠疫情影响，7 月 30 日当地要求对 14 日内有广东省旅居史人员不允许进入景区，予以劝返。旅行社接到通知后，作出两个应急预案供游客毛某等人选择。毛某等人决定提前结束新疆 12 日游，并于当天返回梅州。返回梅州后，旅行社退回 3600 元/人的团费，毛某等对退回的费用提出异议。梅州市梅县区文化广电旅游局接到该投诉后，组织专人赴旅行社调查，积极与投诉人电话沟通，核实事情经过，并组织双方调解，使双方达成和解，旅行社退还游客所扣除的费用。①

【思考讨论题】

1. 此案应依据哪些法律规定处理不可抗力等原因引发的突发事件？

2. 在不可抗力事件发生时旅行社应采取哪些处理措施？

3. 旅游者在突发事件发生时应如何应对？

【答案要点】

1. 根据《旅游法》第六十七条第一、第二款规定：因不可抗力或者旅行社、履行辅助人已尽合理注意义务仍不能避免的事件，影响旅游行程的，按照下列情形处理：（一）合同不能继续履行的，旅行社和旅游者均可以解除合同。合同不能完全履行的，旅行社经向旅游者作出说明，可以在合理范围内变更合同；旅游者不同意变更的，可以解除合同。（二）合同解除的，组团社应当在扣除已向地接社或者履行辅助人支付且不可

① 广东省文化和旅游厅公布旅游纠纷典型案例. [2021-12-01]. http://whly.gd.gov.cn/news_newzwhd/content/post_3683985.html.

退还的费用后，将余款退还旅游者；合同变更的，因此增加的费用由旅游者承担，减少的费用退还旅游者。

根据最高人民法院、司法部、文化和旅游部联合发布的《关于依法妥善处理涉疫情旅游合同纠纷有关问题的通知》第十条规定：妥善处理合同解除后的费用退还。因疫情或者疫情防控措施导致旅游合同解除的，旅游经营者与旅游者应就旅游费用的退还进行协商。若双方不能协商一致，旅游经营者应当在扣除已向地接社或者履行辅助人支付且不可退还的费用后，将余款退还旅游者。

本案中，疫情防控属于不可抗力因素，旅行社因不可抗力取消行程，应在扣除已向地接社或者履行辅助人支付且不可退还的费用后，将余款退还旅游者。经调解，双方达成和解，旅行社提供了已支付相关费用且不能退回的证据，最终旅行社退还毛某等人 7878 元/人。

2. 旅行社要妥善处理退费事宜。因疫情或者疫情防控措施导致旅游合同解除的，旅行社应与游客就旅游费用的退还进行协商。若双方不能协商一致，旅行社应当在扣除已向地接社或者履行辅助人支付且不可退还的费用后，将余款退还游客。旅行社应积极与地接社和履行辅助人协商，尽力减少游客因疫情或者疫情防控措施受到的损失。

3. 游客应根据自身健康状况合理安排出行，出行前密切关注各地疫情防控部门发布的疫情风险情况，掌握景区开放情况和当地防控措施，提前对景区、餐饮、住宿等进行预约，预约成功再前往，避免扎堆聚集。

即测即练

自学自测　扫描此码

第四章

旅游饭店管理法律制度

【学习要点及目标】

1. 了解旅游饭店星级评定制度的相关知识。
2. 了解《旅游饭店行业规范》的具体内容、要求、治安管理及相关法律责任。

引导案例

北京某旅行社带一团队住进昆明一家三星级旅游饭店。在团队入住前，双方签订的协议中载明付款方式为：待陪同到达后预付，团队离开时按实际房间结算。旅游饭店总经理在协议上签了字。该团队住进时，预付旅游饭店20000元人民币。

入住后第三日凌晨，该团队中的几位客人及旅行社工作人员要前往大理，但另外10间房的客人尚需留住，此时，旅游饭店强行要求旅行社工作人员结清房钱，遭到拒绝后，饭店扣留了有关人员。

【案例导学】

旅游饭店与旅行社订立的住宿协议合法有效。该协议明确规定待团队离开时再结算房钱，故旅游饭店无权要求该团队在只有几人离开的情况下结清房钱，因为团队作为一个集体概念，只要该团队还有一人住在饭店，作为一个整体的团队就没有离店。旅游饭店强行要求结清房款的做法违约，应承担相应的违约责任。

第一节　旅游饭店星级评定制度

小贴士

旅游饭店是以旅客为主要服务对象，具有涉外接待能力的现代化饭店。旅游饭店的发展经历了12—18世纪的客栈时期、18—19世纪的大饭店时期、20世纪初的商业饭店时期，以及20世纪中期以来的旅游饭店时期。

后来又产生以相同的店名和店标、统一的经营程序和管理水平、一致的操作程序和服务标准进行联合经营的饭店联号或称饭店集团。

一、旅游饭店星级划分及评定原则

（一）星级的划分

《旅游饭店星级的划分与评定（GB/T 14308—2010）》规定，星级分为五个等级，星级用五角星表示，用一颗五角星表示一星级，依此类推，五颗五角星表示五星级（含白金五星级）。星级越高，表示旅游饭店的档次越高。

小贴士

1988 年经国务院批准，国家旅游局颁布实施了《旅游涉外饭店星级标准》；1993 年 9 月经国家技术监督局重新审核修订作为国家标准，正式颁布了《旅游涉外饭店星级的划分与评定》（GB/T 14308—93），这是我国第一个饭店行业管理的国家标准；1997 年国家技术监督局再次修订并以国家标准颁布（GB/T 14308—1997）。

2003 年国家旅游局第三次重新修订并作为国家标准颁布了《旅游饭店星级的划分与评定》（GB/T 14308—2003）（以下简称《标准》），用“旅游饭店”取代了“旅游涉外饭店”，并按国际惯例明确了旅游饭店的定义。

国家质检总局、国家标准化管理委员会于 2010 年 10 月 18 日批准发布了国家标准《旅游饭店星级的划分与评定》（GB/T 14308—2010），于 2011 年 1 月 1 日起施行。

2017 年 8 月 15 日，国家旅游局颁布了《旅游经营者处理投诉规范》（LB/T 063—2017）、《文化主题旅游饭店基本要求与评价》（LB/T 064—2017）、《旅游民宿基本要求与评价》（LB/T 065—2017）、《精品旅游饭店》（LB/T 066—2017）4 项行业标准，2017 年 10 月 1 日起施行。

（二）星级的评定原则

1. 旅游饭店不同建筑物分别评定原则

在旅游饭店星级评定中，一般来说，饭店所取得的星级表明该饭店所有建筑物、设施设备及服务项目均处于同一水准。如果饭店由若干座不同建筑水平或设施设备标准不同的建筑物组成，旅游饭店星级评定机构应按每座建筑物的实际标准评定星级，如果评定结果不一致，不同星级的建筑物不能继续使用相同的饭店名称。

2. 复核或重新评定原则

饭店取得星级后，因改造发生建筑规格、设施设备和服务项目的变化，关闭或取消原有设施设备、服务功能或项目，导致达不到原星级标准的，必须向原星级评定机构申报，接受复核或重新评定。否则，原星级评定机构应收回该饭店的星级证书和标志。

3. 特色旅游酒店直接申请评定原则

某些特色突出或极具个性化的饭店，若自身条件与《标准》规定的条件有所区别，可以直接向全国旅游饭店星级评定机构申请星级。评定机构应在接到申请后 1 个月内安排评定检查，根据检查和评审结果给予评定星级的批复，并授予相应星级的证书和标志。

二、星级评定的范围、标准和有效期

（一）星级评定的范围

凡在中国境内开业 1 年以上的饭店，均可申报相应星级。我国从 2000 年开始实行饭店预备星级制度。

小贴士

饭店预备星级制度是指凡准备开业或正式开业不满 1 年的饭店，给予定出预备星级，其等级与星级相同，颁发预备星级饭店证书；预备星级饭店在开业 1 年后，经评定达到标准的，可换发星级饭店证书，颁发星级饭店标牌；不能达到标准的，限期 1 年内进行整改，仍无法达到标准的，则取消或降低预备星级饭店资格。

（二）星级评定的标准

饭店星级评定，从饭店的建筑、装潢、设备、设施条件，设备、设施的维修保养状况；管理水平；服务质量和服务项目等方面进行，采取全面考察、综合平衡的方法确定。

具体的评定依据主要有 6 个：①建筑物、设施设备和服务项目；②设施设备检查评分表；③维修保养检查评分表；④清洁卫生检查评分表；⑤服务质量检查评分表；⑥宾客满意程度调查表。五个星级的基本标准分别如下。

1. 一星级评定标准

饭店布局基本合理；饭店内公共信息图形符号符合 GB/T 10001.2—2002；有相应的冷、暖设备及通风良好；前厅设施设备及服务系统较齐全，如中英文标志、18 小时以上普通话接待、贵重物品保存服务、英语服务及小件行李存放服务等；相应的客房设施设备及客用品，如 15 间（套）以上可供出租的客房、24 小时供应冷水、16 小时以上供应热水；相应的餐饮设施设备及服务项目，如可以提供早餐服务；公共区域有公共卫生间等。

2. 二星级评定标准

除具备一星级应具备的条件外，还应做到 24 小时以普通话提供接待，传真服务，电话叫醒服务，至少 20 间（套）可供出租的客房，18 小时以上供应热水，通过总机可拨打国际国内长途电话，公共区域 4 层（含 4 层）以上有客用电梯，提供停车场等。

3. 三星级评定标准

除具备二星级应具备的条件外，饭店外观具有一定的特色，空气质量达到国家标准，有相应的计算机管理系统，12 小时提供外币兑换服务，24 小时提供客房预订，16 小时迎送旅客，18 小时为旅客提供行李服务，24 小时接待旅客、设大堂经理 18 小时在前厅服务，至少有 40 间（套）可供出租的客房，配有 110/220V 电源插座、24 小时供应冷、热水，可直接拨通国内和国际长途的电话，国际互联网接入，客房及卫生间每天全面整理 1 次、24 小时提供冷热饮用水、冰块及免费提供茶叶或咖啡，18 小时提供送餐服务，提供三餐服务、21 点前旅客可点菜，冷菜间、面点间独立分隔；有足够的冷气设备，有会议、康乐设施，公共区域能提供停车场，3 层（含）以上的楼房有足够的客用电梯等。有特色服务项目，在评定标准所列的选择项目中至少具备 10 项。

4. 四星级评定标准

除具备三星级应具备的条件外，还应做到内外装修高档、豪华、具有突出风格，有中央空调（别墅式度假村除外），有背景音乐系统，前厅气氛豪华，风格独特，设门卫应接员，18 小时迎送旅客；行政总值班 24 小时接待旅客；提供代客预订和安排出租汽车服务，走廊地面满铺地毯或其他高档材料，有至少 3 个开间的豪华套房，70%的客房的面积（不含走道和卫生间）不小于 20 平方米且室内装修豪华，客房门锁为 IC 卡门锁或其他智能门锁，卫生间设施豪华，有电话副机、吹风机，有效的防噪声及隔音措施，提供衣装干洗、湿洗、熨烫及修补服务并 16 小时提供加急服务，24 小时提供正餐送餐服务，送餐菜式品种不少于 10 种，饮料品种不少于 8 种，甜食品种不少于 6 种，提供擦鞋服务。配有高质量客用电梯，轿厢装修高雅，并有服务电梯，有商务中心等。有特色服务项目，在评定标准所列的选择项目中至少具备 26 项。

5. 五星级评定标准

除具备四星级应具备的条件外，还应做到卫生间使用面积不小于 4 平方米，每个客房配备微型保险柜，有至少 4 个开间的豪华套房，提供衣装洗熨修补服务，提供 18 小时加急服务；有 3 个以上宴会单间或小宴会厅，能提供宴会服务；有 2 个以上小会议室或商务洽谈室并提供相应的会议服务；有室内游泳池，出入口有闭路电视监控系统；必要时能提供第二种外国语服务等；有特色服务项目，在评定标准所列的选择项目中至少具备 33 项。

6. 白金五星级评定标准

具有 2 年以上五星级饭店资格；地理位置处于城市中心商务区或繁华地带，交通极其便利；建筑主题鲜明，外观造型独具一格，有助于所在地建立旅游目的地形象；内部功能布局及装修装饰能与所在地历史、文化、自然环境相结合，恰到好处地表现和烘托其主题氛围；除有富丽堂皇的门廊及入口外，饭店整体氛围极其豪华气派，各类设施配备齐全，品质一流；饭店内主要区域有温湿度自动控制系统，有位置合理、功能齐全、品位高雅、装饰华丽的行政楼层专用服务区，至少对行政楼层提供 24 小时管家式服务；在评定标准所列的选择项目中至少具备 37 项，并具备规定项目中的 5 项。

（三）星级的有效期

已评定的星级饭店享有 5 年有效的星级及其标志使用权。旅游饭店开业或更新改造后，开业不足 1 年的，申请预备星级的有效期 1 年。

三、星级评定的机构及星级评定程序

（一）星级评定机构

1. 全国旅游饭店星级评定机构

旅游饭店星级评定工作由全国旅游饭店星级评定机构统筹负责，其责任是制定星级评定工作的实施办法和检查细则，授权并督导省级以下旅游饭店星级评定机构开展星级评定工作，组织实施五星级饭店的评定与复核工作，保有对各级旅游饭店星级评定机构所评定饭店星级的否决权。

2. 省级旅游饭店星级评定机构

省、自治区、直辖市旅游饭店星级评定机构按照全国旅游饭店星级评定机构的授权和督导，组织本地区旅游饭店星级评定与复核工作，保有对本地区下级旅游饭店星级评定机构所评饭店星级的否决权，并承担推荐五星级饭店的责任。同时，负责将本地区所评星级饭店的批复和评定检查资料上报全国旅游饭店星级评定机构备案。

3. 省级以下星级饭店评定机构

省级旅游饭店星级评定机构按照全国旅游饭店星级评定机构的授权，实施本地区旅游饭店星级评定与复核工作，保有对本地区下级旅游饭店星级评定机构所评饭店星级的否决权，并承担推荐较高星级饭店的责任。同时，该级机构负责将本地区所评星级饭店的批复和评定检查资料逐级上报全国旅游饭店星级评定机构备案。

（二）星级评定的程序

根据规定，我国星级饭店的评定程序分为申请、受理、检查、评审、批复五个环节。

1. 申请

旅游饭店申请星级，应向相应评定权限的旅游饭店星级评定机构递交星级申请材料；申请四星级以上的饭店，应按属地原则逐级递交申请材料。申请材料包括：饭店星级申请报告、自查自评情况说明及其他必要的文字和图片资料。

2. 受理

接到饭店星级申请后，旅游饭店星级评定机构应在核实申请材料的基础上，于14天内做出受理与否的答复。对申请四星级以上饭店的申请材料，评定机构在逐级递交或转交申请材料时应提交推荐报告或转交报告。

3. 检查

旅游饭店星级评定机构受理申请或接到推荐报告后，应在一个月内以明查和暗访的方式安排评定检查，并提交检查报告，对检查未予通过的饭店，相应星级评定机构应予以指导，在接到饭店整改完成并要求重新检查的报告后，于一个月内再次安排评定检查。

对申请四星级以上的饭店，检查分为初检和终检，初检、终检均由相应评定权限的旅游饭店星级评定机构组织。初检由检查员以暗访或明查的形式实施检查，并将检查结果及整改意见记录在案，供终检时对照使用；初检合格后安排终检，由检查员对照初检结果及整改意见进行全面检查。终检合格，方可提交评审。

4. 评审

旅游饭店星级评定机构接到检查报告后的一个月内，应根据检查员意见对申请星级的饭店进行评审。评审的主要内容有：审定申请资格；核实申请报告；认定本标准的达标情况；查验违规及事故；投诉的处理情况等。

5. 批复

对于评审通过的饭店，旅游饭店星级评定机构应给予评定星级批复，并授予相应星级标志和证书。对于经评审认定达不到标准的饭店，旅游饭店星级评定机构不予批复。

四、星级复核及处理制度

星级复核是星级评定工作的重要补充，其目的是督促已取得星级的饭店保持达标。星级复核工作由旅游饭店星级评定机构进行，对已经评定星级的饭店，旅游饭店星级评定机构应按照标准每年进行一次复核。

（一）星级复核方式

复核工作由旅游饭店星级评定机构以明查或暗访的形式安排抽查验收。旅游饭店星级评定机构应将本地区复核结果逐级上报上级旅游饭店星级评定机构。

（二）复核不达标的处理

对严重降低标准、复核认定达不到相应星级的饭店，具体处理方法如下。

（1）旅游饭店星级评定机构根据情节轻重给予签发警告通知书、通报批评、降低或取消星级的处理，并在相应范围内公布处理结果。

（2）凡在一年内接到警告通知书三次以上或通报批评二次以上的饭店，旅游饭店星级评定机构应降低或取消其星级，并向社会公布。

（3）被降低或取消星级的饭店，自降低或取消星级之日起一年内，不予恢复或重新评定星级。一年后，方可重新申请星级。

（4）已取得星级的饭店如发生重大事故，造成恶劣影响，其所在地旅游饭店星级评定机构应立即反映情况，或在权限范围内做出降低或取消星级的处理。

（5）饭店接到警告通知书、通报批评、降低星级的通知后，必须认真整改并在规定期限内将整改情况报告处理机构。凡经旅游饭店星级评定机构决定提升或降低、取消星级的饭店，应立即将原星级标志和证书交还授予机构，由旅游饭店星级评定机构做出更换或没收的处理。

第二节　旅游饭店的权利、义务及法律责任

旅游饭店作为旅游法律关系的主体，必然要与其他主体发生联系，与旅游饭店发生

权利与义务关系的其他主体主要有旅客、旅行社、旅游饭店主管部门、供应商等，所发生的法律关系主要有住宿合同法律关系，提供客源合同法律关系、行政管理法律关系、买卖合同法律关系等。因法律关系的性质、种类不同，旅游饭店在其中所享有的权利和应履行的义务也不同。

一、在住宿合同法律关系中的权利与义务

旅游饭店与旅客为平等主体，双方通过住宿合同确立合同法律关系，旅游饭店在该法律关系中的主要权利和义务如下。

（一）旅游饭店的权利

1. 有权不接受旅客

作为服务行业，饭店通常情况下无权挑选旅客。但并非任何情况下旅游饭店都要无条件地接待任何人，在具备法定或行业规范规定的情况下，旅游饭店有权拒绝接待旅客。

2. 有权驱逐旅客

饭店内严禁卖淫、嫖宿、赌博、吸毒、传播淫秽物品等违法犯罪活动。如果旅客有上述行为或饭店发现住宿旅客患有传染病，饭店有权勒令旅客离店。

3. 有权按照有关规定收取费用

旅游饭店提供的服务一般都是有偿的，这是由旅游饭店的商业性质所决定。因此，在旅游饭店向旅客提供相应服务后，有权按照有关规定收取费用，但收取费用必须遵守国家物价部门的有关规定，并使其所提供的服务质量与其收取的费用相符。

4. 有权要求旅客遵守饭店的规章制度

为维护饭店和相关公共利益，饭店有权要求旅客遵守相关规章制度，如登记时要求旅客出示身份证明，正确使用饭店提供的设施、设备，遵守饭店作息时间，不私自留客住宿或转让床位等。

5. 有权要求旅客进行损害赔偿

在旅客损坏饭店设施，预订房间不住宿又未及时通知饭店造成饭店损失等情况下，饭店有权要求旅客赔偿损失。

6. 饭店留置权

当旅客无力或拒绝支付合法收费时，饭店有权扣留旅客的财物，即行使留置权；旅客付清欠款后，饭店应主动将财物交还给对方；当旅客不履行债务的时间超过法定期限时，饭店可依法变卖留置财产，并从变卖的价款中得到清偿。

 小贴士

《民法典》第一千一百七十七条规定，合法权益受到侵害，情况紧迫且不能及时获得

国家机关保护，不立即采取措施将使其合法权益受到难以弥补的损害的，受害人可以在保护自己合法权益的必要范围内采取扣留侵权人的财物等合理措施；但是，受害人应当立即请求有关国家机关处理。因受害人采取的措施不当造成他人损害的，应当承担侵权责任。

（二）旅游饭店的义务

1. 接纳旅客

饭店在有条件接待且旅客没有不宜接待原因时，饭店就应热情接待，不得无故拒绝旅客，更不能因种族、民族、性别、国籍、宗教信仰的不同加以拒绝。

2. 按标准提供客房和服务

饭店与旅客的住宿合同一经成立，饭店就有义务按照约定向旅客提供客房及相应服务，如为旅客提供符合合同约定或有关法律法规规定的质量和标准的食宿、交通、商品销售、康乐活动等服务设施和项目，这些服务设施和项目应该符合合同约定或有关法律法规规定的质量和标准。否则视为饭店违约，要承担违约责任。

3. 依约定或法定收费

饭店按标准提供客房和服务后可以收取相应费用，但收费应明码标价，符合物价管理的有关规定和合同约定，服务人员不得索要小费和回扣。

4. 保障旅客人身安全

旅游饭店应把旅客的人身安全放在首位，加强门卫管理、制止各种争吵和斗殴事件、完善住宿设施、保障安全通道畅通、保证电器设备完好、加强防火系统及提供符合食品安全标准的食品。

案例 4-1

唐某入住某饭店，该饭店卫生间地面瓷砖防滑性能差，在洗澡时，唐某因地面湿滑摔倒受重伤，唐某要求饭店赔偿给其造成的损害。

【解析】

唐某住进饭店后，即与饭店建立了住宿合同关系，饭店应对旅客的人身安全负责，排除损害旅客人身安全的隐患。《民法典》第一千一百九十八条规定，宾馆、商场、银行、车站、机场、体育场馆、娱乐场所等经营场所、公共场所的经营者、管理者或者群众性活动的组织者，未尽到安全保障义务，造成他人损害的，应当承担侵权责任。因第三人的行为造成他人损害的，由第三人承担侵权责任；经营者、管理者或者组织者未尽到安全保障义务的，承担相应的补充责任。经营者、管理者或者组织者承担补充责任后，可以向第三人追偿。

本案中，饭店卫生间地面瓷砖防滑性能差是导致唐某受伤的原因，故该饭店应依法赔偿唐某因受伤所产生的医药费、误工费等一切费用。

5. 保障旅客财物安全

饭店一般都有贵重物品的寄存处，以防止旅客将贵重物品丢失。饭店有义务提示旅客保管好财物，并有义务免费为旅客保管贵重物品。

小贴士

《民法典》第八百八十八条第二款规定，寄存人到保管人处从事购物、就餐、住宿等活动，将物品存放在指定场所的，视为保管，但是当事人另有约定或者另有交易习惯的除外。

6. 依法处理旅客遗留物品

旅客结账离店后，如有物品遗留在客房内，饭店应设法同旅客取得联系，将物品归还或寄还给旅客，或替旅客保管，所产生的费用由旅客承担。三个月后仍无人认领的，饭店可登记造册，按拾遗物品处理。

小贴士

《民法典》第三百一十八条规定，遗失物自发布招领公告之日起一年内无人认领的，归国家所有。

二、在其他法律关系中的权利与义务

（一）在提供客源法律关系中的权利与义务

旅游饭店与旅行社为独立、平等的经济实体，双方通过客源供应合同确立合同法律关系，旅游饭店在该法律关系中的主要权利和义务如下。

1. 旅游饭店的权利

（1）要求旅行社依合同提供客源，并要求旅行社预付定金。

（2）要求旅行社支付客房费和服务费。

（3）要求旅行社赔偿因违约而造成的经济损失。

2. 旅游饭店的义务

（1）保证在预订期内向旅行社提供合同约定的客房及优质服务。

（2）向旅行社支付一定的佣金作为旅行社提供客源的报酬。

案例 4-2

“十一”前夕，某旅行社与某旅游饭店签订了一份订房协议，约定旅游饭店在 10 月 1～3 日为该社提供 20 间客房。9 月 24 日，该饭店发生火灾，致使饭店无法正常营业，但旅游饭店管理人员因疏忽未将此情况通知某旅行社。

10 月 1 日，旅行社导游按原计划率团投宿时发现饭店根本无法接待旅客，导游虽想尽办法，但最终只在离风景区 40 公里远处找到另一旅游饭店。这不但引起旅客不满，且额外支出车费、住宿费共计 7000 余元。事后旅行社向该旅游饭店进行索赔。

【解析】

旅游饭店应承担赔偿责任。旅行社与旅游饭店之间签订有住房协议，旅游饭店应依协议约定的时间、客房数为旅行社提供客房。旅游饭店因火灾受损而无法履行合同，但因火灾属不可抗力，若旅游饭店能及时通知旅行社，依法可免除其违约责任。《民法典》第五百九十条规定："当事人一方因不可抗力不能履行合同的，根据不可抗力的影响，部分或者全部免除责任，但是法律另有规定的除外。因不可抗力不能履行合同的，应当及时通知对方，以减轻可能给对方造成的损失，并应当在合理期限内提供证明。"

本案中，由于旅游饭店在发生火灾后没有履行法定通知义务，致使旅行社额外支出了 7000 余元，故旅游饭店应对其未履行通知义务所导致的旅行社损失承担赔偿。

（二）在行政管理关系中的权利义务

旅游饭店具有综合经营的特点，所以对其进行行政监管的部门较多，如上级主管部门、旅游行政管理部门、工商行政管理部门、税务部门、卫生监督部门等，这些部门的权力是依法对旅游饭店进行审查、批准、监督管理。

在这些行政监管过程中，旅游饭店享有经营自主权，有权不接受硬性摊派的各种费用等；同时，旅游饭店有义务服从各主管部门的监管，依法进行经营活动。

（三）与供应商之间的权利与义务

旅游饭店须从供应商处购买许多与旅客消费有关的商品，由此产生了旅游饭店与商品供应商之间的买卖合同法律关系，旅游饭店在该法律关系中的主要权利义务如下。

1. 旅游饭店的权利

旅游饭店在买卖合同中的权利主要包括：请求卖方依约交付标的物的权利；收取标的物的权利；要求卖方交付符合约定或法定质量标准标的物的权利；要求卖方对所提供的标的物提供瑕疵担保和权利担保的权利等。

2. 旅游饭店的义务

旅游饭店在买卖合同中的义务主要有：款项支付义务；标的物受领义务；标的物的检验义务等。

小贴士

旅游饭店与非旅客法律关系特点

非旅客指不以签订住宿合同为目的而来到旅游饭店的人，包括顾客、租户和旅客的客人等。旅游饭店与非旅客之间形成的法律关系不同于与旅客之间的法律关系，其特点在于：①旅游饭店对是否接待非旅客有更大的自主权；②旅游饭店对非旅客的人身、财产权利的保护不承担特定义务；③非旅客发生损失时，首先推定旅游饭店没有过错，非旅客要求赔偿的由非旅客负举证责任。

三、旅游饭店的法律责任

法律责任是指法律关系主体由于违法、违约行为或由于法律规定而应承受的不利后果。法律责任分为民事责任、行政责任、刑事责任。

（一）旅游饭店的民事责任

1. 违约责任

违约责任，是指合同当事人不履行合同义务或履行合同义务不符合约定时，依照法律规定或合同约定所应承担的法律责任。例如，旅游饭店可能因未依约向客户提供房间，或提供房间不符合合同约定等原因违约。旅游饭店承担违约责任的责任形式主要包括：赔偿损失、支付违约金、继续履行、采取补救措施和承担定金责任等。

小贴士

定金责任承担

定金是指当事人为担保合同履行，在合同中约定由一方当事人向另一方当事人给付一定数额的金钱。债务人履行债务后，定金应抵作价款或收回；给付定金的一方不履行债务的，无权要求返还定金；收受定金的一方不履行债务的，应双倍返还定金。例如，当旅游饭店收受旅行社定金，但未能依约提供客房时，应向旅行社双倍返还已收受的定金。

2. 侵权责任

侵权责任是指行为人侵害他人财产或人身造成损害，依法应承担的法律后果。旅游饭店承担侵权责任的方式主要有：停止侵害，排除妨碍，消除危险，返还财产，恢复原状，赔偿损失，赔礼道歉，消除影响、恢复名誉等。

小贴士

旅游饭店与侵权第三方之间的连带责任

国际统一私法协会《关于旅馆合同的协定草案》规定，若发生在旅游饭店内的事故造成旅客受损害，是出于旅客以外的另一方的过错时，旅游饭店也应负全部赔偿责任。

这种是一种连带责任，目的是更好地保障旅客权益。无过错的旅游饭店承担赔偿责任后，可以向旅客以外的另一方即侵权第三方行使追索权。

（二）行政责任

行政责任是行政主体及其工作人员因违反行政法律规范而应承担的法律责任。旅游饭店在经营活动中可能产生的行政违法行为及应承担的行政责任如下。

1. 旅游饭店的行政违法行为

（1）违反旅游管理的行为。例如，违反国家旅游价格管理规定，降低服务标准造成不良影响、违反旅游饭店星级管理规定等。

（2）违反治安管理的行为。例如，未经公安机关签署意见私自开业，允许违法分子在饭店卖淫、嫖宿、赌博、吸毒、传播淫秽物品等。

（3）违反卫生管理的行为。例如，违反食品安全法规定提供不符合安全标准的食品，从业人员未获得“健康合格证”，未取得“卫生许可证”擅自营业等。

（4）违反消防管理的行为。例如，擅自将消防设备、器材挪作他用或损坏，违反消防管理规定造成火灾等，都属于违反消防管理的行为等。

2. 旅游饭店可能承担的行政责任

对旅游饭店的上述各类违反行政管理的行为，有关行政机关有权对旅游饭店进行处罚。行政处罚的方式主要有：警告，罚款，没收违法所得、没收非法财物，责令停产停业，暂扣或者吊销许可证、暂扣或者吊销营业执照，行政拘留等。如果旅游饭店的违法行为触犯刑律、构成犯罪的，则应依法承担刑事责任。

 小贴士

共同过失情况下的责任分担

共同过失是指旅客或旅游饭店的损害由旅游饭店和旅客双方的过失导致。例如，旅客晚间忘记锁门致其财物被盗。旅客认为财物在饭店丢失，饭店应承担损害赔偿责任。旅游饭店则认为其已提示并要求旅客晚上锁好房门，旅客未按要求去做才导致财物损失发生，饭店不应承担赔偿责任。

司法实践中通常认为：旅客没有按旅游饭店要求去做，对财物被盗负有一定的责任；旅游饭店门卫不称职、楼层服务员未作客房巡视，未尽到合理照顾义务，对财物丢失也负有责任。因此，旅客和旅游饭店应根据各自过错程度承担相应的责任。

第三节　旅游饭店治安管理法律制度

一、开办旅游饭店企业的治安管理

（一）开办旅游饭店须具备的安全、消防措施

开办旅游饭店，其房屋建筑、消防设备、出入口和通道等，必须符合消防治安法规的有关规定，且具备必要的消防安全设施。

（二）申请开办旅游饭店须经公安机关签署意见

申请开办旅游饭店，除经主管部门审查批准外，还应取得当地公安机关签署的意见，领取《特种行业许可证》，然后才可向工商行政管理部门申请登记，领取营业执照。

（三）旅游饭店相关事项变更须向公安机关备案

旅游饭店在经营中如有歇业、转业、合并、迁移、改变名称等情况，应在工商行政管理部门办理变更登记后 3 日内，向当地县、市公安局、公安分局办理变更手续或备案。

二、对旅游饭店经营中的治安管理

（一）旅游饭店需设置治安保卫机构

旅游饭店经营中，需建立各项安全管理制度，设置治安保卫组织或指定安全人员。

（二）旅游饭店需依法登记并查验旅客身份证件

旅游饭店接待旅客住宿时，必须要求旅客按规定的项目如实登记，并查验旅客的身份证件；在接待境外旅客住宿时，除履行上述查验身份证件、如实登记规定项目外，旅游饭店还应在 24 小时内向当地公安机关报送住宿登记表。

（三）旅游饭店需建立财物保管制度保障旅客财物安全

为了保障旅客财物的安全，减少失窃、被盗等治安案件的发生，旅游饭店必须设置旅客财物保管箱、保管柜或保管室，并指定专人负责保管工作。对旅客寄存的财物，要建立严格、完备的登记、领取和交接制度。

案例 4-3

张某入住某饭店后，称其 2 万元现金在房间内被窃。饭店负责人员了解到：张某外出期间，前台接待员曾接到自称是张某打来的电话，说其有要事不能赶回，请服务员为其在前台等候的朋友打开其客房门。接待员为安全起见要求张某报出身份证号码，在对方流利答出后，接待员未再核对证件便为来人打开了张某客房门。

张某否认其曾打过电话，并要求旅游饭店对其进行赔偿。旅游饭店提出报警，但张某不同意，后经双方协商，张某同意旅游饭店出具证明，内容为：×××房张某宣称其房内现金被盗，饭店将此事全权交给警方处理，并服从警方的处理结果。张先生得到证明后，退房离店。

【解析】

为保障旅客人身财产安全，旅游饭店应提醒旅客将贵重物品寄存；旅游饭店必须建立会客登记制度；前台接待人员在没有住宿旅客授权通知、查看旅客朋友相关身份证件的情况下，仅凭电话和报出旅客身份证号就将钥匙交付他人的做法不符合治安管理要求。但该事件不排除诈骗情形存在，故旅游饭店将提出由公安机关处理该事件的做法恰当。

（四）旅游饭店需依法妥善处置旅客遗留物品

旅游饭店对旅客遗留的物品，应当妥善保管，设法归还原主或揭示招领；对于旅客遗留物品中的违禁物品和可疑品，旅游饭店应当及时报告公安机关处理。

（五）旅游饭店发现危险品时应报告公安机关

旅游饭店一旦发现旅客将违禁的易燃、易爆、剧毒、腐蚀性或放射性等危险品带入旅游饭店，必须加以制止并及时报告公安机关处理，以避免安全事故的发生。

三、对旅游饭店开办娱乐服务场所的管理

随着旅游业的发展，旅游饭店也从以往单纯提供住宿、餐饮服务，发展为提供住宿、餐饮、娱乐、健身等多项服务。在旅游饭店内开办歌舞厅、音乐茶座等娱乐、服务场所的，除执行《旅馆业治安管理办法》规定外，还应按国家和当地政府的有关规定进行管理。

 小贴士

《旅馆业治安管理办法》于1987年9月23日经国务院批准，1987年11月10日由公安部发布，自发布之日起施行；2011年《旅馆业治安管理办法》部分条款做出修改；2022年，国务院决定对《旅馆业治安管理办法》的部分条款予以修改，自2022年5月1日起施行。

四、对旅游饭店内违法犯罪活动的管理

旅游饭店内严禁卖淫、嫖娼、赌博、吸毒、传播淫秽物品等违法犯罪活动。对于上述违法犯罪活动，公安机关可以依照《治安管理处罚法》有关条款的规定进行处罚；对于情节严重构成犯罪的，由司法机关依照《刑法》追究刑事责任。

旅游饭店工作人员在工作中发现违法犯罪分子、形迹可疑人员和被公安机关通缉的罪犯时，应立即向公安机关报告，不得知情不报或隐瞒包庇。否则，公安机关可酌情予以处罚。如果旅游饭店负责人参与违法犯罪活动，其所经营的旅游饭店已成为犯罪活动场所，公安机关除依法追究刑事责任外，还应当会同工商行政管理部门对该旅游饭店依法处理。

第四节　旅游饭店行业规范

 小贴士

中国旅游饭店行业协会（以下简称“协会”）是经民政部门登记的，为促进饭店业健康发展而成立的饭店行业自律性组织。2005年5月1日，协会颁布了《中国旅游饭店行业规范》（以下简称《规范》），并于2009年8月进行了修订。

《规范》不具有法律地位，是旅游饭店自律性行为规范，适用于协会会员饭店。会员饭店如果同旅客发生纠纷应参照《规范》有关条款协商解决；协商不成的，双方按照国家有关法律、法规和规定处理。尚未加入协会的旅游饭店也可参照该《规范》执行。

一、预订、登记、入住相关规定

（一）预订

旅客可以与饭店就住宿等问题进行预约。预约可以是口头形式，也可以是书面形式。饭店应当同团队、会议、长住旅客签订住房合同。合同内容应当包括旅客入住和离店的时间、房间等级与价格、餐饮价格、付款方式、违约责任等款项。

（二）登记

饭店在办理旅客入住手续时，应当依法要求旅客出示有效证件，并如实登记。

（三）入住

饭店与旅客应共同履行住宿合同。饭店由于出现超额预订而使预订旅客不能入住的，饭店应当主动替旅客安排本地同档次或高于本饭店档次的饭店入住，所产生的有关费用由饭店承担。因不可抗力不能履行双方住宿合同的，任何一方均应及时通知对方。双方另有约定的，按约定处理。

（四）不予接待情形

具备下列情况之一时，旅游饭店可不予接待。

（1）携带危害饭店安全的物品入店者。

（2）从事违法活动者。

（3）影响饭店形象者，如携带动物者。

（4）无支付能力或曾有过逃账记录者。

（5）饭店客满。

（6）法律、法规规定的其他情况。

二、饭店收费相关规定

（一）房价

饭店应将房价表置于总服务台显著位置；饭店若给予旅客房价折扣，应当书面约定。

（二）房价结算

饭店应在前厅显著位置明示客房价格和住宿时间结算方法，或确认已将上述信息用适当方式告知旅客。

（三）其他收费

根据国家规定，饭店如果对客房、餐饮、洗衣、电话等服务项目加收服务费，应当在房价表或有关服务价目单上明码标价。

三、保护旅客人身、财产安全相关规定

（一）保护旅客人身安全

保护旅客人身安全是饭店的第一要务。为此，饭店应采取以下措施。

1. 客房等安全措施

饭店客房房门应当装置防盗链、门镜、应急疏散图，卫生间内应当采取有效的防滑措施。客房内应当放置服务指南、住宿须知和防火指南。有条件的饭店应当安装客房电子门锁和公共区域安全监控系统。

饭店应保护旅客的隐私权。除日常清扫卫生、维修保养设施与设备或发生火灾等紧急情况外，饭店员工未经旅客许可不得随意进入旅客下榻的房间。

2. 健身、娱乐等安全措施

饭店应当确保健身、娱乐等场所设施、设备的完好和安全。对可能损害旅客人身和财产安全的场所，饭店应当采取防护、警示措施。警示牌应当用中外文对照标示。

（二）保护旅客财产安全

为保护旅客财产安全，饭店应采取相应措施，防止旅客放置在客房内的财物灭失、毁损。由于饭店的原因造成旅客财物灭失、毁损的，饭店应当承担责任。此外，提供保管业务的饭店，还应采取措施保管好旅客的贵重物品或一般物品。

1. 旅客贵重物品保管

1）饭店应采取的保管措施

（1）提示义务。饭店应当对住店旅客贵重物品的保管服务做出书面规定，并在旅客办理入住登记时予以提示。

（2）设置保险箱。饭店应当在前厅处设置有双锁的旅客贵重物品免费保险箱。贵重物品保险箱的位置应当安全、方便、隐蔽，能够保护旅客的隐私。

（3）填写寄存单。饭店应要求旅客填写贵重物品寄存单，并办理有关手续。饭店应在旅客贵重物品寄存单上明示，若旅客退房后未将寄存贵重物品取出，饭店有权依法处置。

2）损害赔偿责任及寄存物处理

（1）饭店因未设置保险箱或未对旅客进行提示而造成旅客贵重物品灭失、毁损的，饭店应当承担赔偿责任。

（2）饭店客房内设置的保险箱仅为住店旅客提供存放一般物品之用。对旅客未按规定存放贵重物品而导致其灭失、毁损的，如责任在饭店一方，可视为一般物品予以赔偿。

（3）如无事先约定，在旅客结账退房离开饭店以后，饭店可将旅客寄存在贵重物品保险箱内的物品取出，并按有关规定处理。

（4）旅客如果遗失饭店贵重物品保险箱的钥匙，除赔偿锁匙成本费用外，饭店还可以要求旅客承担维修保险箱的费用。

2. 旅客一般物品保管

1）饭店应采取的保管措施

（1）饭店在保管旅客寄存在前厅行李寄存处的行李物品时，应检查其包装是否完好、安全，询问有无违禁物品，并经双方当面确认后，给旅客签发行李寄存牌。

（2）旅客在餐饮、康乐、前厅行李寄存处等场所寄存物品时，饭店应当面询问旅客寄存物品中有无贵重物品，贵重物品应交饭店贵重物品保管处免费保管。

2）损害赔偿责任

（1）旅客事先未声明或不同意核实而造成物品灭失、毁损的，如责任在饭店一方，饭店按照一般物品予以赔偿。

（2）旅客对寄存物品没有提出需要采取特殊保管措施，且因为物品自身原因造成毁损或损耗的，饭店不承担赔偿责任。

（3）因旅客没有事先说明寄存物品情况，造成饭店损失的，除饭店知道或应当知道而没有采取补救措施的以外，饭店可以要求旅客承担相应的赔偿责任。

案例 4-4

某外国游客在G饭店住宿期间，声称其放在客房内的一条非常贵重的项链被窃，并认定是客房服务员所为。饭店服务员予以否认。饭店慎重地搜查客房的每个角落和服务员可能到过的地方，未能找到项链。该旅客不依不饶，并声称项链贵重，如饭店不给付巨额赔偿，将向警方报案。问：如果项链丢失责任在饭店，酒店应如何赔偿？

【解析】

《中国旅游饭店行业规范》规定：对没有按规定存放在饭店前厅贵重物品保险箱内而在客房内灭失、损毁的贵重物品，如果责任在饭店一方，可视为一般物品予以赔偿。本案中该旅客贵重项链丢失是因为没有按规定寄存造成的，即使责任在饭店一方，饭店也只会按一般物品进行赔偿。如果项链丢失是由旅客自己行为造成的，饭店则不承担责任。

四、提供其他服务及相关规定

（一）洗衣服务

旅客送洗衣物，饭店应当要求旅客在洗衣单上注明洗涤种类及要求，并应当检查衣物状况有无破损。旅客如有特殊要求或饭店员工发现衣物破损的，双方应当事先确认并在洗衣单上注明。旅客事先没有提出特殊要求，饭店按照常规进行洗涤，造成衣物损坏的，饭店不承担赔偿责任。旅客送洗衣物在洗涤后即时发现破损等问题，而饭店无法证明该衣物是在洗涤以前破损的，饭店承担相应责任。

饭店应当在洗衣单上注明，要求旅客将送洗衣物内的物品取出。对洗涤后旅客衣物内物品的灭失，饭店不承担责任。

（二）停车场管理

饭店应当保护停车场内饭店旅客的车辆安全。由于保管不善，造成车辆灭失或毁损的，饭店承担相应责任，但因为旅客自身的原因造成车辆灭失或毁损的除外。双方均有过错的，应当各自承担相应的责任。

此外，饭店应当提示旅客保管好放置在汽车内的物品。对汽车内放置的物品的灭失，饭店不承担责任。

（三）其他方面的规定

1. 饭店可自行决定是否允许旅客自带酒水、食品

饭店如果谢绝旅客自带酒水和食品进入餐厅、酒吧、舞厅等场所享用，应当将谢绝的告示设置于经营场所的显著位置，或确认已将上述信息用适当方式告知旅客。

2. 饭店的提醒、提示、劝阻义务

（1）提醒旅客不得私留他人住宿或擅自将客房转让给他人使用及改变使用用途。

（2）口头提示或书面通知旅客不得自行对客房进行改造、装饰。

（3）提示旅客爱护饭店的财物。

（4）恰当、及时地劝阻饮酒过量的旅客，防止旅客在饭店内醉酒。

3. 旅客遗留物品处理

旅客结账离店后，如有物品遗留在客房内，饭店应设法同旅客取得联系，将物品归还或寄还给旅客，或替旅客保管，所产生的费用由旅客承担。3 个月后仍无人认领的，饭店可登记造册，按拾遗物品处理。

4. 饭店服务存在瑕疵的处理

饭店应提供与本饭店档次相符的产品与服务。饭店所提供的产品与服务如果存在瑕疵，饭店应采取措施及时加以改进。由于饭店的原因而给旅客造成损失的，饭店应当根据损失程度向旅客赔礼道歉，或给予相应的赔偿。

五、对会员饭店违反《规范》的处理

会员饭店违反《规范》，造成不良后果和影响的，除按照有关规定进行处理外，中国旅游饭店业协会将对该会员饭店给予协会内部通报批评；会员饭店给旅客的人身造成较大伤害或给旅客的财产造成严重损失且情节严重的，除按规定进行赔偿外，中国旅游饭店业协会将对该会员饭店给予公开批评；会员饭店给旅客人身造成重大伤害或给旅客的财产造成重大损失且情节特别严重的，除按规定进行赔偿外，经中国旅游饭店业协会常务理事会通过后，将对该会员饭店予以除名。

小贴士

文化和旅游部高度关注媒体曝光多家酒店存在卫生乱象问题

2018 年 11 月 14 日，媒体曝光了多家酒店使用同一块脏抹布、脏浴巾或脏海绵擦拭杯子、洗手台、镜面等问题。文化和旅游部对此高度重视，对涉事酒店进行了排查，立

即责成其所在的上海、北京、福建、江西、贵州等五省市文化和旅游主管部门进行调查处理。北京市旅游委于 15 日下午约谈了涉事的四家北京酒店。福州市旅游委于 15 日下午对涉事酒店进行了现场取证。

文化和旅游部要求，各级文化和旅游主管部门要举一反三，高度重视旅游服务质量监管工作，引导企业诚信经营、规范经营，对严重影响旅游服务质量的违法违规行为，依法依规严肃处理。旅游企业要强化市场主体和诚信主体意识，自觉提升旅游服务质量，维护品牌价值。①

实训课堂

【基本案情】

王某是某酒店的会员，一天她到该酒店洗浴，出来后行至酒店大厅处时摔伤，随即被送往医院检查治疗。经诊断，王某的伤情为左股骨颈骨折及左肩关节扭伤等。经鉴定，王某的伤情构成九级伤残。王某自行支付了相关费用。事后，她与酒店就赔偿事宜协商了一个月，但双方未达成一致意见，王某遂诉至法院，要求酒店赔偿其医疗费、交通费、住院伙食补助费、医疗器具费、残疾赔偿金等各项费用共计 21 万余元。

王某认为，酒店提供的塑料拖鞋较小，自己穿着并不合适，在前台大厅结账时，因地面有液体，脚底打滑不小心摔倒，当时地上没有障碍物。而酒店不认可王某的说法，说王某自己下台阶踏空摔倒的，但是没有提供事发时大厅的视频等影像资料。

法院经审理认为，酒店未能提供证据证明王某在酒店大厅摔倒完全是基于其本人的过错或者王某本人存在主要过错。故基于王某在酒店大厅摔倒的事实，结合王某作为完全民事行为能力人，在出入公共场合时，对自身安全亦有注意义务，应小心谨慎，具有保护自身安全的常识，酌定酒店对王某的损失承担 60%的赔偿责任，王某对自身损失承担 40%的责任。最终，法院判决酒店赔偿王某医疗费、交通费、护理费、残疾赔偿金、住院伙食补助费、医疗器具费、鉴定费共计 12.6 万余元。②

【思考讨论题】

1. 酒店是否构成公共场所管理人责任？

2. 王某自身是否存在过失？

【答案要点】

1. 依据《民法典》第 1198 条规定：宾馆、商场、银行、车站、机场、体育场馆、娱乐场所等经营场所、公共场所的经营者、管理者或者群众性活动的组织者，未尽到安全保障义务，造成他人损害的，应当承担侵权责任。酒店应保障洗浴会员的人身安全，王某是在酒店大厅摔倒受伤的，而该大厅属于酒店的经营场所范围内，酒店未尽到合理的

① 彭扬. 文化和旅游部高度关注媒体曝光多家酒店存在卫生乱象问题. https://www.mct.gov.cn/whzx/whyw/201811/t20181115_836007.htm.

② 窦振京. 公共场所侵权责任依“典”划分. http://www.chinacourt.org/article/detail/2022/08/id/6836521.shtml.

安全保障义务，同时事发后没有向法院提供事发时大厅的视频等影像资料。酒店是造成王某摔倒的重要原因，应承担相应的赔偿责任。

2. 根据《民法典》第 1173 条的规定：被侵权人对同一损害的发生或者扩大有过错的，可以减轻侵权人的责任。王某作为完全民事行为能力人，在出入公共场合时，对自身安全亦有注意义务，应小心谨慎，保护自身安全。王某本身未尽到合理的注意义务也是造成其受伤的重要原因，因此可以减轻酒店的责任。法院认定，酒店对王某的损失承担 60%的赔偿责任，王某对自身的损失承担 40%的责任。该认定是正确的。

即测即练

自学自测　扫描此码

第五章

旅游消费者权益保护法律制度

【学习要点及目标】

1. 熟悉旅游消费者及旅游经营者的概念与特征。
2. 掌握旅游经营者的义务及旅游消费者享有的具体的合法权益。
3. 熟悉侵犯旅游消费者合法权益的法律责任。

引导案例

郭某等与昆明康辉旅行社有限公司签订《出境旅游合同》，参加旅行社组织出行的泰国苏梅岛出境游。在苏梅岛旅游期间，由泰国南洋国际假日旅行社接待郭某等一行，郭某及左某、郭某某报名参加了南洋旅行社组织、另行付费的苏梅岛海上浮潜项目，并交纳了浮潜等旅游项目的款项。郭某在海上浮潜时不幸溺亡。郭某家属向昆明铁路运输中级人民法院起诉，要求康辉旅行社承担相应的违约赔偿责任。①

【案例导学】

《旅游法》第五十七条规定，旅行社组织和安排旅游活动，应当与旅游者订立合同。《民法典》第五百零九条第一款规定：当事人应当按照约定全面履行自己的义务。在旅行社和旅游者形成旅游合同关系后，旅行社即负有保障旅游者的人身和财产安全的义务，如不履行合同义务或履行合同义务不符合约定的，应当依法承担赔偿责任。但法院在裁判中需要对事故产生的原因作出具体分析，合理确定各方承担责任的比例。

郭某参与的海上浮潜项目，具有一定的危险性，旅行社负有比一般旅游活动更高的注意义务，应当采取足够的善意提醒、安全警示，在浮潜的过程中，应当有专业资质的浮潜人员陪同并进行适当照顾和及时救助。康辉旅行社没有提交相关证据，证明在旅游者报名参加浮潜项目时，对游客进行了充分的安全警示和告知。根据在案的证据证实，郭某乘坐游船出海浮潜时，没有导游及专业人员同行。因此，旅行社未尽到合理的安全保障、安全警示和救助义务，其行为与郭某的死亡有因果关系，康辉旅行社对郭某的死亡应承担较大的责任。

郭某作为具有一定的文化知识和正常认知能力的成年人，应该知晓海上浮潜项目具有一定的危险性，在报名时，应根据自己的身体状况、海上安全情况等因素作出综合评

---

① 刘荣. 云南旅游纠纷十大典型案例. [2017-09-15]. http://www.sohu.com/a/192357911_99951723.

估、合理判断，且在该项目没有导游或专业人员陪同的情况下，自己进行浮潜，对溺亡负有一定的责任。综合本案实际情况，康辉旅行社对郭某的死亡承担 70%的责任，由郭某家属自行承担 30%的责任。

第一节　旅游消费者的权利和旅游经营者的义务

一、旅游消费者和旅游经营者的法律特征

（一）旅游消费者的法律特征

旅游消费者的法律特征是：①旅游消费属生活消费；②旅游消费者的消费客体是在旅游过程中购买、使用旅游商品和接受旅游服务的人，旅游服务包括旅游者所获得的物质服务和精神服务；③主体范围包括进行旅游消费的个人和团体。

（二）旅游经营者的法律特征

旅游经营者的法律特征是：①主体包括为旅游消费者提供其生产、销售的商品或提供服务的所有经营者；②提供的商品或服务以营利为目的，即提供有偿服务；③提供商品或服务的方式包括直接和间接两种形式；④经营活动的成立须经依法注册登记。

《旅游法》第二条规定："在中华人民共和国境内的和在中华人民共和国境内组织到境外的游览、度假、休闲等形式的旅游活动以及为旅游活动提供相关服务的经营活动，适用本法。"从事旅游经营的单位和个人必须符合国家规定的经营条件，依法登记，取得营业执照；国家规定应当取得相应经营许可的，必须向有关主管部门申请。禁止未取得营业执照或经营许可证的单位和个人从事旅游经营活动。

二、旅游消费者的权利与义务

（一）旅游消费者的权利

1. 安全权

安全权是指旅游消费者在购买、使用商品或者接受服务时，享有人身、财产安全不受侵犯的权益。为保障旅游消费者安全权的实现，旅游消费者有权要求经营者提供的商品和服务，符合保障人身、财产安全的要求。为保障旅游消费者安全权的实现，旅游经营者应当履行以下职责。

（1）提供的旅游商品或旅游服务应当符合保障人体健康和人身、财产安全的国家标准或者行业标准。

（2）对于暂时没有标准的，应保证符合人身健康、财产安全的要求。

（3）对可能危及人体健康和安全的商品或服务，要事先向旅游消费者做出真实和明确的警示，并标明或说明正确使用旅游商品或接受旅游服务的方法。

（4）发现提供的旅游商品或旅游服务有严重缺陷，即使旅游消费者采用正确使用方法仍可能导致危害的，旅游经营者应及时告知旅游消费者，并采取切实可行的防止危害发生的措施。

案例 5-1

2021 年 7 月，50 多岁的郭某与家人一起参加某旅行社组织的旅游活动。旅程第四天，郭某在乘车途中突发疾病，旅客中的一名医生当即施救，导游也拨打了 120 和 110，当地警方派警车开道送医治疗，但最终抢救无效身亡。

郭某的近亲属认为该旅行社存在未告知旅游风险和注意事项，行程紧张，未安排合格的导游和随团医生，未制定安全应急预案和配备急救用品，未采取必要的抢救措施等诸多过错，于是起诉至法院，要求旅行社承担医疗费、死亡赔偿金、丧葬费、差旅费、精神损害赔偿金 70%的赔偿责任。

一审法院审理后认为，根据日常生活经验，长时间舟车劳顿确实可能加重身体负担，诱发相关疾病，故郭某的死亡结果与本次旅行之间存在一定的因果关系；但事发时郭某具有完全民事行为能力，其应对自身安全、健康、生命尽到注意义务，根据自身健康情况尽可能理智选择是否参加旅游活动，在可预见的范围内尽可能防止危险的发生；且根据其家属陈述，郭某几年前便存在心律失常问题，其对自身健康过于自信，对死亡结果应当负主要责任。

被告某旅行社未按照《旅游法》第六十二条规定告知郭某相关注意事项，亦未要求其报告个人健康状况、履行法定告知义务，存在不到位之处，故酌定由其承担 10%的赔偿责任。

宣判后，原告不服提起上诉。二审法院经审理后维持了原判。①

【解析】

旅游经营者要严格按照《旅游法》第六十二条规定，询问了解游客的身体状况，并告知相关注意事项。郭某的死亡系由其自身疾病引发。但该风险客观存在，并不能因此减少旅行社的注意、服务等义务。法院酌定判决由某旅行社承担 10%的赔偿责任是正确的。

2. 知情权

知情权是指旅游消费者在购买、使用商品或者接受服务时，享有知悉其购买、使用的商品或者接受的服务的真实情况的权利。知情权的内容包括：旅游消费者有权要求经营者提供旅游商品的价格、产地、生产者、用途、性能、规格、等级、主要成分、生产日期、有效期限、检验合格证明、使用方法说明书、以后售后服务或者服务的内容、规

① 贺雪丽，张晶，许颖. 游客旅游途中病亡 旅行社承担 10%赔偿责任. http://www.chinacourt.org/article/detail/2022/07/id/6822827.shtml.

格、费用等有关情况，并有权索要服务单据。

在参加旅游活动的过程中，旅游消费者有权了解旅游行程的具体安排、旅游价格的构成、乘坐交通工具的种类和级别、入住宾馆饭店的星级、购买旅游保险等内容，对于旅游者的询问，经营者应当如实回答。

案例 5-2

某旅行社组织了一个西藏探险旅游团，委派李某为全程导游陪同随团服务。当该团进藏将赴那曲地区时，李某听过往司机讲，那曲地区已发生暴风雪，道路已断，遂与地陪王某商议，决定取消那曲行程改道返回拉萨。当李某将此决定通知该团后，全体团员认为仅凭道听途说，无真凭实据就轻率取消那曲行程不妥，应得到确切消息后再定行止。

旅游者与李某发生争执，最终李某以不可抗力为由，将团带回拉萨。为此该团成员投诉该旅行社，要求提供那曲确实发生暴风雪的证明，否则由该社承担赔偿损失责任。该旅行社认为取消那曲行程是导游李某的个人行为，与旅行社无关，拒绝承担证明及赔偿责任；李某则以法律没有规定不可抗力必须证明为由拒绝承担证明及赔偿责任。

【解析】

我国《民法典》第五百九十条规定，当事人一方因不可抗力不能履行合同的，根据不可抗力的影响，部分或者全部免除责任，但是法律另有规定的除外。因不可抗力不能履行合同的，应当及时通知对方，以减轻可能给对方造成的损失，并应当在合理期限内提供证明。本案导游李某的行为侵犯了旅游消费者的知情权，旅游消费者有权了解通往那曲道路的真实情况，有权要求李某所在的旅行社提供那曲确实发生暴风雪的证明，否则，该旅行社和李某应承担赔偿旅游消费者的损失。

3. 自主选择权

自主选择权是指在购买商品或接受服务时，旅游消费者享有自主选择商品或者服务的权利。自主选择权的内容包括：旅游消费者有权自主选择提供商品或者服务的经营者；有权自主选择商品品种或者服务方式；有权自主决定购买或者不购买任何一种商品，接受或者不接受任何一项服务，在选择商品或者接受服务时，有权进行比较、鉴别和挑选。

案例 5-3

王某到某旅游区旅游，在购买门票时，服务人员告诉王某，景区门票分为套票和单票，套票 70 元，各景点的单票 25 元。王某表示，自己曾来过该景区，这次只想游览一个未去过的景点，所以不愿购买套票。服务人员的答复是：各景点的单票在下午 3 点以后出售，如果不购买套票的话，王某只能下午 3 点以后再来游览。

【解析】

该景点限时出售单票的行为侵害了旅游消费者的自主选择权。旅游景区的景点若分开收费，作为旅游消费者有权自主选择所要观赏的景点，并因此支付相应的门票价格。

旅游景区要求游客购买套票，或者限时段出售单票，使旅游消费者不能按照自己的意愿选择所要观赏的景点，显然旅游消费者的自主选择权受到了侵害。

小贴士

中国游客在东南亚国家旅游被边检人员索要小费的情况时有发生。游客应如何应对？首先，入境前，做好准备，不给对方借题发挥的空间。如果碰到索要小费的情况，有以下几种方法，大家可以尝试着应对：坚决不给。装作听不懂，也可以直接表明态度，坚持自己的权益。死活不给！虽然可能会耽误一些时间，而且会遭受各种白眼，但是当你坚持到最后一刻的时候，你会非常有成就感！

如果被迫给了小费，游客应避免在现场有过激行为，应保留证据，记住对方的证件号码、柜台号、姓名。事后及时向中国驻当地使领馆反映，并提交证据，以便使领馆和对方交涉。最后特别提醒大家，在出入境现场是禁止照相的，如果拍了，对方要求删除，是合法要求。[①]

4. 公平交易权

公平交易权是指旅游消费者购买商品或者接受服务时享有公平交易的权利。旅游消费者的公平交易权体现在两个方面：一方面是在购买商品或者接受服务时，有权获得质量保障、价格合理、计量正确等公平交易的条件，这些条件符合平等、自愿、公平、等价有偿、诚实信用等市场交易的基本原则；另一方面是在购买商品或者接受服务时，有权拒绝经营者的强制交易行为。《旅行社管理条例实施细则》规定，旅行社所提供的服务项目应当明码标价、质价相符，不得有价格欺诈行为。

案例 5-4

旅游者张某在我国某机场的旅客服务中心复印一页 A4 纸资料 15 份，结账时发现复印一页 A4 纸资料的价格是 3 元。为此，张某和服务员发生争执，张某指责机场的复印服务是暴利服务而不愿付款。

【解析】

我国的有些机场在为旅客提供商品或服务中，依仗其垄断地位，对其所售商品或所提供的服务确定远高于同类商品或服务市场价格的不合理价格。本案例中复印一页 A4 资料的市场价格是 0.2 元，而该机场旅客服务中心复印一页 A4 纸资料的价格竟为 3 元，是市场价格的 15 倍。但在没有政府定价和指导价的情况下，经营者往往解释他们是按市场定价，是供需关系的结果，由于法律对“暴利”并没有明确的界定，使得旅游消费者的公平交易权很难得到维护。

---

① 在国外，遇到入境边检人员索要“小费”，你会给吗？[2018-03-02]. https://www.sohu.com/a/224703286_685099.

5. 求偿权

求偿权是指旅游消费者因购买、使用商品或者接受服务受到人身、财产损害时，享有依法获得赔偿的权利。享有求偿权的主体是因购买、使用商品或接受服务而受到人身、财产损害的人，即受害人，具体包括商品购买者、商品使用者、接受服务者和第三人。

求偿权的范围包括以下几方面。

（1）人身权受到侵害。此处人身权既包括旅游消费者的生命健康权，也包括旅游消费者的其他人格权。旅游消费者人身权受到侵害时，《民法典》《消费者权益保护法》赋予了旅游消费者依法获得赔偿的权利。

（2）财产损害。主要是指旅游消费者财产上的损害，包括直接损失和间接损失。

（3）精神损害。旅游消费者因人身伤害或者因其他人身权受到侵害而造成精神痛苦的，经营者还应根据不同情况予以赔偿。

求偿权的实现方式有赔偿损失，这是最基本、最常见的方式；此外，还包括恢复原状、赔礼道歉、重做、更换、消除影响、恢复名誉等民事责任的承担方式。

6. 结社权

结社权是指旅游消费者享有依法成立维护自身合法权益的社会团体的权利。结社权体现了国家鼓励全社会共同保护旅游消费者合法权益的精神。消费者协会和其他消费者组织的成立，是消费者行使结社权的具体表现。

7. 获得有关知识权

获得有关知识权是指旅游消费者享有获得有关旅游消费和消费者权益保护方面的知识的权利。获得有关知识权是知情权、自主选择权等其他权利的重要保障。获得有关知识权的内容有以下两方面。

（1）获得有关旅游消费方面的知识的权利，最基本的应当包括有关旅游消费态度的知识、有关商品和服务的基本知识和有关市场的基本知识。

（2）获得有关旅游消费者权益保护方面的知识的权利。主要包括有关旅游消费者权益保护的法律、法规、政策、保护机构、争议的解决等方面的知识。

8. 受尊重权

受尊重权是指旅游消费者在购买、使用商品或者接受服务时享有其人格尊严和风俗习惯受尊重的权利。人格尊严是指人的自尊心、自爱心，人格尊严的权利表现为姓名权、荣誉权、肖像权等。尊重少数民族风俗习惯，对于保护不同民族旅游消费者的合法权益，贯彻党和国家的民族政策，维护各民族团结具有重要意义。

9. 监督权

监督权是指旅游消费者享有对商品和服务，以及保护旅游消费者权益工作进行监督的权利。监督权的内容包括以下几方面。

（1）有权对商品和服务的价格、质量、服务态度等进行监督。

（2）有权对保护旅游消费者权益工作进行监督和提出批评建议。

（3）有权检举、控告侵害旅游消费者合法权益的行为和国家机关及其工作人员在保护旅游消费者权益过程中的违法失职行为。

案例 5-5

海南同行天下旅行社导游马某，在没有与游客签订补充协议书的情况下，擅自改变旅游合同安排的行程，将 22 名游客带往三亚市某科技博览馆购物。

【解析】

该行为违反了《海南经济特区旅行社管理规定》第十八条第一款之规定，旅行社应当按照书面合同的约定提供服务，不得擅自改变旅游行程、游览时间、游览景点、服务项目、购物次数等合同内容，不得降低约定的服务标准或者加收服务费用，不得擅自终止服务活动或者滞留旅游者，导游马某的行为属于“擅自改变旅游行程”行为。海南省旅游质量监督管理局依据《海南经济特区旅行社管理规定》第三十八条第（三）项之规定，给予海南同行天下旅行社有限公司罚款 20 万元、停业整顿 15 日的行政处罚。①

（二）旅游消费者的义务

旅游消费者的基本义务是指法律规定的旅游消费者必须履行的法律责任，是社会和国家对旅游消费者最重要、最基本的要求。旅游消费者的基本义务有以下几项：①维护国家统一和各民族团结；②遵守宪法和法律，保守国家秘密，爱护公共财产，遵守劳动纪律，遵守公共秩序，尊重社会公德；③维护祖国的安全、荣誉和利益；④按照平等互利、诚实信用的原则履行合同的义务。

案例 5-6

三名外国游客在颐和园景区内游览，其中两名游客翻上了一处景点的围墙，下方的同伴正在给他们拍照。翻上围墙的两个游客显得很兴奋，他们坐在围墙上，悠闲地晃着双腿。其间，一块瓦片被从墙头踢了下来。其他游人见状纷纷驻足，一位中国游客上前试图制止，但是没有起到任何作用。②

【解析】

《旅游法》第十三条规定，旅游者在旅游活动中应当遵守社会公共秩序和社会公德，尊重当地的风俗习惯、文化传统和宗教信仰，爱护旅游资源，保护生态环境，遵守旅游文明行为规范。颐和园被联合国教科文组织列入世界文化遗产名录至今已 20 多年。两位游客无视文物保护规定，不听劝阻，执意攀爬古建的行为，是一种缺乏社会公德的恶劣

---

① 张雪. 文化和旅游部开展“利剑行动”：持续整治暑期旅游市场“四黑”问题. [2018-06-04]. https://www.workercn.cn/32842/ 201806/04/180604084627996.shtml.

② 高星，鲍聪颖. 外国游客爬颐和园围墙蹬掉瓦片 园方已派专人勘查. [2018-10-21]. http://www.sohu.com/a/270287348_523366.

行为，园方已就该事件报公安部门，并将在今后的工作中进一步完善巡查与预警机制，一旦发现不文明行为就立即制止。

三、旅游经营者的权利与义务

（一）旅游经营者的权利

1. 有权依法自主经营

旅游经营者可根据特许经营的业务范围，充分利用各种宣传媒体进行旅游广告宣传和开展旅游业务促销活动，组织招徕和接待旅游者。但所宣传的旅游信息必须真实可靠，不得做虚假旅游广告，不能以任何欺诈手段欺骗旅游者。

2. 有权与旅游团体和个人签订旅游合同，约定旅游服务项目

旅游经营者与旅游者双方应本着平等自愿、公平合理、诚实守信的原则，共同协商并签订旅游合同。旅游合同一经签订，旅游经营者有权按照双方签订的旅游合同安排旅游活动，确定旅游时间、旅游线路及游览方式等，有权向因未按旅游合同约定参加旅游活动的旅游者收取违约金，有权向因自身行为造成旅游经营者损失的旅游者提出索赔要求。当然，旅游经营者要按照双方签订的旅游合同的约定全面履行自己的义务。

3. 有权向被提供服务的旅游者收取合理的服务费

旅游经营者在为旅游者提供了旅游产品和旅游服务后，有权按双方合同约定收取相应的报酬。但在收取相应的报酬时，旅游经营者必须遵守国家物价管理部门的有关规定，其提供的服务必须质价相符。

4. 有行政诉讼权和申请复议权

旅游经营者对旅游行政管理部门所作出的处理决定或行政处罚决定不服的，可以直接向人民法院起诉，也可以申请复议；对复议决定不服的，可以在接到复议决定之后向人民法院起诉。但旅游经营者逾期不申请复议，也不向人民法院起诉，又不履行处理决定或行政处罚决定的，由作出处理决定或行政处罚决定的旅游行政管理部门申请人民法院强制执行或者依法强制执行。

（二）旅游经营者的义务

旅游经营者的义务是旅游经营者在经营旅游活动中应履行的责任，即旅游经营者依法必须做出一定行为或者抑制自己的某种行为。旅游经营者具有如下义务。

1. 依法定或约定提供商品和服务的义务

旅游经营者向旅游消费者提供商品或者服务，应当依照我国《民法典》《旅游法》《消费者权益保护法》《产品质量法》《食品安全法》《药品管理法》《广告法》《商标法》等法律、法规的规定履行自己的义务。旅游经营者同旅游消费者也可以就双方的权利和义务进行约定，如果双方有约定的，应当按照约定履行义务，但双方的约定不得违反法律、法规的规定。

2. 接受旅游消费者监督的义务

为了保障旅游消费者监督批评权的实现，法律规定，旅游经营者应当听取旅游消费者对其提供的商品或服务的意见，接受旅游消费者的监督。旅游经营者接受旅游消费者监督的义务包括下列内容。

（1）旅游经营者要通过有效途径或方式接受旅游消费者的批评和建议，如设立专门机构、配置专职人员收集、听取消费者的批评和建议、与消费者对话等。

（2）旅游经营者有义务把向旅游消费者提供商品或服务的活动置于旅游消费者有效监督之下。

3. 保障旅游消费者人身和财产安全的义务

旅游经营者保障消费者安全，保证商品和服务安全的义务包括下列内容。

（1）旅游经营者提供的商品或者服务要符合保障人身、财产安全的要求。旅游经营者应当配备旅游安全设施和安全设备，对旅游设施定期检查、维修，建立安全管理责任制，保障旅游者的人身、财产安全。游乐设施运营应当按照国家有关规定取得技术检验部门验收的合格证书。

（2）对可能危及人身、财产安全的商品和服务，旅游经营者应当向旅游消费者做出真实说明和明确的警示，并说明和标明正确的使用方法及防止危害发生的方法。

（3）商品或服务存在严重缺陷，即使正确使用也可能造成旅游消费者人身、财产危害的，旅游经营者应立即向有关部门报告并告知旅游消费者，同时采取防止危害发生的措施。

4. 提供商品或服务真实信息的义务

旅游经营者向消费者提供有关商品或者服务真实信息的义务包括下列内容。

（1）旅游经营者应当向旅游消费者提供有关商品或者服务的真实信息，要公开服务项目和收费标准，不得作让人误解的虚假宣传。

（2）对旅游消费者提出的商品或服务质量、使用方法等问题，应当做出真实、明确的答复。

（3）提供的商品或服务应明码标价。

（4）租赁他人柜台或营业场所的经营者，应当如实标明企业名称和营业标记。

（5）旅游经营者只能使用自己真实的旅游企业名称或营业标记。

案例 5-7

福建厦门拥湖旅游服务有限公司低价招徕游客许某，并安排其在象屿自贸区时代广场的乳胶购物店购物。①

【解析】

该行为违反了《旅游法》第三十五条之规定，属于“以不合理的低价组织旅游活动”

① 张雪. 文化和旅游部开展“利剑行动”：持续整治暑期旅游市场“四黑”问题. [2018-06-04]. https://www.workercn.cn/32842/201806/04/180604084627996.shtml.

行为。厦门市旅游发展委员会依据《旅游法》第九十八条之规定，给予厦门拥湖旅游服务有限公司罚款叁拾万元、没收违法所得陆拾万元、责令停业整顿30日的行政处罚。

5. 出具购货凭证或服务单据的义务

购物凭证或服务单据是经营者向消费者出具的证明合同成立的书面凭据。购物凭证或服务单据，一般指发票、保修单、服务卡等，是经营者与消费者之间的合同关系证明。

凭此凭证或单据，消费者可以要求经营者履行相应义务；在发生纠纷后，凭证或单据也是消费者要求索赔的有力证据。因此，经营者提供商品或服务时，应当按照国家有关规定或者商业惯例向消费者出具购物凭证或服务单据；消费者索要购物凭证或服务单据时，经营者必须出具。

6. 保证商品或服务质量的义务

旅游经营者应当遵守职业道德，依法经营；应当遵循平等、自愿、公平、诚实信用的原则开展经营活动。除旅游消费者在购买该商品或接受该服务前已经知道其存在瑕疵外，旅游经营者应当保证在正常使用旅游商品或者接受旅游服务的情况下，其提供的旅游商品或者旅游服务应当具有一定的质量、性能、用途和有效期限。

旅游经营者以广告、产品、说明、实物样品或其他方式表明旅游商品或者旅游服务的质量状况时，应当保证其提供的旅游商品或者旅游服务的实际质量与标明的质量状况相符合。

7. 承担“三包”和其他责任的义务

旅游经营者不得故意拖延或者无理拒绝履行有关义务，应按照规定或者约定对旅游商品承担包修、包换、包退的责任或者其他责任（如违约、侵权、不履行其他义务的责任）；应根据不同服务行业的特点，按照有关国家规定或约定对其提供的服务承担责任。

8. 不得从事不公平、不合理交易的义务

如果经营者利用自身的有利地位，将经营风险转嫁给消费者承担，这样会对消费者的利益带来极大的损害。为了保证交易的公平、合理，法律规定，经营者不得以格式合同、通知、声明、店堂告示等方式做出对旅游消费者不公平、不合理的规定，或者减轻、免除其损害旅游消费者合法权益应承担的民事责任。格式合同、通知、声明、店堂告示等含以上所列内容的，其内容无效。

案例 5-8

王某前往某景区乘坐滑道，体验滑车的惊险刺激。在乘滑车下滑过程中，紧跟着下滑的另一位游客孙某，感觉其驾驶的滑车刹车制动系统有异常情况，遂尽力控制滑车下滑的速度，但最终孙某的滑车仍撞上了王某的滑车。被撞之后王某到医院检查的结果是脑震荡，看病和休养给王某带来了经济损失。王某要求赔偿，他认为，滑道属于高速运转的游乐项目，适用特殊侵权责任，除非滑道公司能够证明孙某是故意撞人，否则滑道公司将对事故负全责。

【解析】

滑道公司依据告示的内容要求免责，这是以通知、声明等方式，从事不公平、不合理交易的行为。《旅游法》第四十七条规定，经营高空、高速、水上、潜水、探险等高风险旅游项目，应当按照国家有关规定取得经营许可。《民法典》第一千二百三十六条规定，从事高度危险作业造成他人损害的，应当承担侵权责任。滑道公司作为旅游项目的经营者，有对滑道和滑车的质量进行监测和日常维护的责任，有对旅游消费者的人身、财产安全负责的义务。因此，对孙某因其驾驶的滑车刹车制动系统有异常情况而与王某的滑车相撞所产生的赔偿责任，理应由滑道公司承担，滑道公司所作的告示违反了经营者的义务。

9. 尊重消费者人身权利的义务

旅游经营者尊重消费者人身权利的义务包括以下几方面。

（1）不得对旅游消费者进行侮辱、诽谤。

（2）不得搜查旅游消费者的身体及其携带的物品。

（3）不得侵犯旅游消费者的人身自由。

案例 5-9

刘某在某宾馆前台结完账后，准备离开宾馆；当刘某带着行李行至门口时，却被饭店的工作人员拦住，该工作人员询问刘某是否结过账。刘某非常气愤，和工作人员争执起来，要求工作人员对其赔礼道歉。

【解析】

《民法典》第九百九十条规定，人格权是民事主体享有的生命权、身体权、健康权、姓名权、名称权、肖像权、名誉权、荣誉权、隐私权等权利。除前款规定的人格权外，自然人还享有基于人身自由、人格尊严产生的其他人格权益。现实中侵犯人格尊严，并非都是通过激烈的言辞和行为表现出来的，只要经营者的语言和行为，客观上造成了对消费者人格的贬低，都应视为违反了经营者尊重消费者人身权利的义务，侵害了消费者的人格尊严。刘某结账后离开宾馆时，他已对宾馆履行了付费的义务，但遭到宾馆工作人员的质疑，在客观上贬低了刘某的人格，并导致其尊严受到侵犯。

10. 旅游经营者的其他义务

旅游经营者应当建立和保存完整的业务档案，接受旅游行政部门的监督和管理，如实提供旅游经营情况和旅游统计等有关资料；旅游经营者应当加强对从业人员的教育和培训，按照国家和旅游行业标准，实行规范化、标准化服务；旅游经营者应当按照国家有关规定取得服务质量等级，实行服务质量标准化管理。未取得服务质量等级的旅游经营者，不得使用服务质量等级标志和称谓进行广告宣传或者经营活动。

第二节　旅游消费者合法权益的保护

一、国家对旅游消费者合法权益的保护

国家是公共权力的代表，国家有责任而且有能力对社会生活施加影响，对消费领域实施适当的干预，维护消费者利益，是国家应尽的职责。国家对旅游消费者的保护是通过国家机关的职权活动来实现的，按行使权力的国家机关性质不同，可将国家对旅游消费者的保护分为：立法保护、行政保护、司法保护。

（一）国家对旅游消费者合法权益的立法保护

完善的法律、法规和政策是国家保护旅游消费者合法权益的基础和依据，对旅游经营者的经营行为具有引导和警示作用。国家对旅游消费者合法权益立法保护表现为以下几方面。

第一，国家在制定有关旅游消费者权益的法律、法规和政策时，应当根据不同情况、通过不同方式听取旅游消费者的意见和要求。

第二，国家应制定一系列保护旅游消费者合法权益的法律、法规和规章，为保护旅游者合法权益提供法律依据。

（二）国家对旅游消费者合法权益的行政保护

在行政保护措施中，《消费者权益保护法》加重了各级人民政府和市场监督管理部门的责任，通过相应条款将各级人民政府作为该法的主要实施者，并将市场监督管理部门作为该法的主要行政执法机关。各级人民政府通过行使领导权、监督权来履行保护旅游消费者合法权益的职责。

有关行政部门通过行政执法来履行保护旅游消费者合法权益的职责。承担保护职责的有关行政执法机关主要是市场监督管理部门等。

按照国家有关规定，行业主管部门负有对所属行业经营者的监督管理之职责。据此，旅游行政主管部门保护旅游消费者合法权益的责任在于：加强对旅游经营者的管理，防止损害旅游消费者利益行为的发生，对已出现的问题积极进行调查处理，并强化有关旅游消费者权益的服务职能；认真听取旅游消费者、消费者协会及其他保护旅游消费者权益的社会团体对旅游经营者的交易行为、商品和服务质量问题的意见，并及时调查处理。

（三）国家对旅游消费者合法权益的司法保护

负有惩处旅游经营者在提供商品和服务中侵害旅游消费者合法权益的违法犯罪行为职责的公安机关、检察机关、审判机关，应当依照法律、法规履行职责。人民法院应当采取措施，方便旅游消费者提起诉讼。对符合《民事诉讼法》起诉条件的消费者权益争

议，必须受理，及时审理。对在提供旅游商品和服务时，侵害旅游消费者合法权益的旅游经营者的违法犯罪行为，公安机关、司法机关负有予以惩处的责任。

二、旅游消费者组织对旅游消费者合法权益的保护

旅游消费者组织，主要是指中国旅游消费者协会和地方各级旅游消费者协会，这些协会是依法成立的对旅游商品和旅游服务进行社会监督的、保护旅游消费者合法权益的社会团体。旅游消费者协会对旅游消费者合法权益的保护主要是通过发挥自身职能实现的。

（一）旅游消费者协会的职能

（1）向旅游消费者提供消费信息和咨询服务。

（2）参与有关行政部门对旅游商品和旅游服务的监督、检查。

（3）就有关旅游消费者合法权益问题，向有关行政部门反映、查询，提出建议。

（4）受理旅游消费者投诉，并对投诉事项进行调查、调解。

（5）投诉事项涉及旅游商品和旅游服务质量问题的，可以提请鉴定部门鉴定。鉴定部门应当告知鉴定结论。

（6）对损害旅游消费者合法权益的行为，支持受损害的旅游消费者提起诉讼。

（7）对损害旅游消费者合法权益的行为，通过大众传播媒介予以揭露、批评。

（二）旅游消费者组织的权利限制

对旅游消费者组织的权利限制表现在两方面：一方面是旅游消费者组织不得从事经营活动和营利性服务；另一方面是旅游消费者组织不得以牟利为目的向社会推荐旅游商品和旅游服务。这种权利限制是国家根据旅游消费者组织的性质、宗旨而对其提出的特殊要求，是消费者组织独立、公正地履行维护旅游消费者职能的重要保证。

三、旅游消费者权益争议的解决

旅游消费者权益争议是旅游消费者与旅游经营者之间因旅游消费者权益问题而发生的纠纷。解决此类争议的关键，首先要了解争议解决的途径，其次要明确赔偿主体及赔偿程序。

（一）争议解决的途径

1. 与经营者协商和解

当旅游者和经营者因商品或者服务发生争议时，协商和解可作为首选方式；但协商和解要在自愿平等的基础上进行，协商和解的内容必须合法。

2. 请求消费者协会调解

消费者协会的职能之一就是对旅游消费者投诉事项进行调查、调解。消费者协会在调解旅游者和经营者之间的争议时，应依照法律、行政法规和公认的商业道德从事，并

由双方自愿接受和执行，消费者协会的调解不得妨碍旅游者行使诉权。

3. 向有关行政部门申诉

当旅游消费者合法权益受到侵害时，旅游者可根据具体情况，向旅游行政管理机关、工商行政管理机关、物价管理机关、卫生行政管理机关、质量技术监督机关等有关行政职能部门提出申诉，求得行政救济。

4. 根据与经营者达成的仲裁协议提请仲裁机构仲裁

旅游者与经营者通过仲裁解决消费者权益争议的前提条件，是双方事先或事后订有书面仲裁协议或在旅游合同中订有仲裁条款，自愿将双方的争议提交第三方裁决以解决纠纷。仲裁裁决自做出之日起即发生法律效力，仲裁裁决非因法定事由并经法定程序不能撤销。

5. 向人民法院提起诉讼

在旅游消费者的合法权益受到损害时，旅游者可直接向人民法院起诉。司法审判具有权威性、强制性，是解决消费者争议的最后手段，旅游者为求公正解决争议，可依法向人民法院提起诉讼。

（二）损害赔偿主体及赔偿程序

根据《消费者权益保护法》的规定，当旅游者的合法权益受到损害时，旅游者可以依法确定损害赔偿主体并按法定的赔偿程序追究经营者的损害赔偿责任。

1. 销售者的先行赔付义务

旅游消费者在购买、使用商品时，其合法权益受到损害的，可以向销售者要求赔偿。销售者赔偿后，属于生产者的责任或者属于向销售者提供商品的其他销售者的责任的，销售者有权向生产者或者其他销售者追偿。

2. 生产者与销售者的连带责任

旅游消费者或者其他受害人因商品缺陷造成人身、财产损害的，可以向销售者要求赔偿，也可以向生产者要求赔偿。属于生产者责任的，销售者赔偿后，有权向生产者追偿。属于销售者责任的，生产者赔偿后，有权向销售者追偿。

3. 旅游服务提供者赔偿

旅游消费者在接受旅游服务时合法权益受到损害的，可以向旅游服务者要求赔偿。

4. 变更的旅游企业仍应承担赔偿责任

旅游消费者在购买、使用商品或者接受服务时，其合法权益受到损害，因原企业分立、合并的，可以向变更后承受其权利义务的企业要求赔偿。

5. 营业执照持有人与租借人的赔偿责任

使用他人营业执照的违法经营者提供商品或者服务，损害旅游消费者合法权益的，旅游者可以向其要求赔偿，也可以向营业执照的持有人要求赔偿。出租、出借营业执照或者租用、借用他人营业执照是违反工商行政管理法规的行为，为国家法律所禁止。

6. 展销会举办者、柜台出租者的特殊责任

旅游消费者在展销会、租赁柜台购买商品或者接受服务，其合法权益受到损害的，可以向销售者或者服务者要求赔偿。展销会结束或者柜台租赁期满后，也可以向展销会的举办者、柜台的出租者要求赔偿。展销会的举办者、柜台的出租者赔偿后，有权向销售者或者服务者追偿。

案例 5-10

李某从某旅游景点的一个玉器出租柜台购买了一个标价 38000 元的“天然”翠戒，后经专家鉴定该翠戒是经人工改色的翠戒，仅值 400 元。李某在 5 天后返回该景点，但已找不到该玉器柜台主人，经询问得知，该玉器柜台是某摊主向景区租用的，现租期已满，承租人已不知去向。

于是李某与景区交涉，要求景区承担赔偿责任，但景区拒绝给予赔偿。

【解析】

根据《消费者权益保护法》的规定，旅游消费者在租赁柜台购买商品的合法权益受到损害的，可以向销售者要求赔偿。柜台租赁期满后，也可以向柜台的出租者要求赔偿。因此，李某所受的损失应由景区赔偿。当然，景区在赔偿李某的损失后，有权向翠戒的销售者追偿。

7. 虚假广告的广告主与广告经营者的责任

按照《消费者权益保护法》的规定，旅游消费者因经营者利用虚假广告提供商品或服务，其合法权益受到损害的，可以向经营者要求赔偿。广告的经营者发布虚假广告的，旅游消费者可以请求行政主管部门予以惩处。广告的经营者不能提供经营者的真实名称、地址的，应当承担赔偿责任。

四、经营者侵犯旅游消费者权益的法律责任

按照《消费者权益保护法》的规定，当旅游消费者的合法权益因旅游经营者的原因无法行使或者受到损害时，旅游者可采取相应的措施要求有关国家机关予以制裁，要求旅游经营者分别或者同时承担民事责任、行政责任和刑事责任。

（一）经营者侵犯旅游消费者权益的民事责任

1. 一般规定

旅游经营者提供商品或者服务有下列情形之一的，除《消费者权益保护法》另有规定外，应当依照《民法典》《产品质量法》和其他有关法律、法规的规定，承担民事责任。

（1）商品存在缺陷的。

（2）不具备商品应当具备的使用性能而出售时未作说明的。

（3）不符合在商品或者其包装上注明采用的商品标准的。

（4）不符合商品说明、实物样品等方式表明的质量状况的。

（5）生产国家明令淘汰的商品或者销售失效、变质的商品的。

（6）销售的商品数量不足的。

（7）服务的内容和费用违反约定的。

（8）对旅游消费者提出的修理、重作、更换、退货、补足商品数量、退还货款和服务费用或者赔偿损失的要求，故意拖延或者无理拒绝的。

（9）法律、法规规定的其他损害旅游消费者权益的情形。

当侵犯旅游消费者权益的行为同时符合《民法典》和《消费者权益保护法》等民事法律的民事责任要件时，旅游者有权选择适用《消费者权益保护法》请求保护。

2. 特殊规定

1）"三包"责任

对国家规定或者经营者与旅游消费者约定包修、包换、包退的商品，经营者应当负责修理、更换或者退货。在保修期内两次修理仍不能正常使用的，经营者应当负责更换或退货。对包修、包换、包退的大件商品，旅游消费者要求经营者修理、更换、退货的，经营者应当承担运输等合理费用。

2）邮购商品的责任

经营者以邮购方式提供商品的，应当按照约定提供。未按照约定提供的，经营者应当按照旅游消费者的要求履行约定或者退回货款；并应当承担旅游消费者必须支付的合理费用。

3）预收款方式提供商品或者服务的责任

经营者以预收款方式提供商品或者服务的，应当按照约定提供。未按照约定提供的，应当按照旅游消费者的要求履行约定或者退回预付款；并应当承担预付款的利息、旅游消费者必须支付的合理费用。

4）销售不合格商品经营者的责任

依法经有关行政部门认定为不合格的商品，旅游消费者要求退货的，经营者应当负责退货。根据这一规定，对不合格的商品，只要旅游消费者要求退货，经营者即应负责办理，不得以修理、更换或者其他借口延迟或者拒绝旅游者退货。

3. 民事责任及赔偿范围

1）人身伤害的民事责任

经营者提供商品或者服务，造成旅游消费者或者其他受害人人身伤害的，应当支付医疗费、治疗期间的护理费、因误工减少的收入等费用，造成残疾的，还应当支付残疾者生活自助费、生活补助费、残疾赔偿金以及由其扶养的人所必需的生活费等费用；经营者提供的商品或者服务，造成旅游消费者或者其他受害人死亡的，应当支付丧葬费、死亡赔偿金，以及由死者生前扶养的人所必需的生活费等费用。

2）侵犯旅游消费者人格尊严、人身自由的民事责任

《民法典》第四编人格权和《消费者权益保护法》规定了消费者享有人格尊严，经营

者不得对消费者进行侮辱、诽谤，不得侵犯消费者的人身自由。违反上述规定，侵害消费者的人格尊严或侵犯消费者人身自由的，应当停止侵害、恢复名誉、消除影响、赔礼道歉，并赔偿损失。

3）财产损害的民事责任

经营者提供商品或者服务，造成旅游消费者财产损害的，应当按照消费者的要求，以修理、重作、更换、退货、补足商品数量、退还货款和服务费用或者赔偿损失等方式承担民事责任。旅游消费者与经营者另有约定的，按照约定履行。

4. 对欺诈行为的惩罚性规定

《消费者权益保护法》规定了我国第一个适用惩罚性赔偿的法律条款，第五十五条规定："经营者提供商品或者服务有欺诈行为的，应当按照消费者的要求增加赔偿其受到的损失，增加赔偿的金额为消费者购买商品的价款或者接受服务的费用的三倍；增加赔偿的金额不足五百元的，为五百元。法律另有规定的，依照其规定。"

经营者明知商品或者服务存在缺陷，仍然向消费者提供，造成消费者或者其他受害人死亡或者健康严重损害的，受害人有权要求经营者依照本法第四十九条、第五十一条等法律规定赔偿损失，并有权要求所受损失二倍以下的惩罚性赔偿。

（二）经营者侵犯旅游消费者权益的行政责任

1. 旅游经营者应当承担行政责任的情形

有下列情形的，旅游经营者应当承担行政责任。

（1）生产、销售的商品不符合保障人身、财产安全要求的。

（2）在商品中掺杂、掺假，以假充真，以次充好或以不合格商品冒充合格商品的。

（3）生产国家明令淘汰的商品或者销售失效、变质的商品的。

（4）伪造商品的产地，伪造或者冒用他人的厂名、厂址，伪造或者冒用认证标志、名优标志等质量标志的。

（5）销售的商品应当检验、检疫而未检验、检疫或者伪造检验、检疫结果的。

（6）对商品或者服务作引人误解的虚假宣传的。

（7）对消费者提出的修理、重做、更换、退货、补足商品数量、退还货款和服务费用或者赔偿损失的要求，故意拖延或者无理拒绝的。

（8）侵害旅游消费者人格尊严或者侵犯旅游消费者人身自由的。

（9）法律、法规规定的对损害消费者权益应当予以处罚的其他情形。

案例 5-11

新疆伊宁市某户外俱乐部社长马某某通过手机微信群、微信朋友圈从事旅游宣传组织招徕旅游业务。

【解析】

户外俱乐部不是旅行社，该行为违反了《旅游法》第二十八条之规定，属于"未经许可经营旅行社业务”行为。伊宁市旅游局依据《旅游法》第九十五条之规定，给予伊宁市某户外俱乐部罚款拾万元的行政处罚；给予法人马某某罚款壹万元的行政处罚。[①]

2. 旅游经营者侵犯旅游消费者权益应当承担的行政责任

1）行政处罚

旅游经营者有上述九种情形之一，《产品质量法》和其他有关法律、法规对处罚机关和处罚方式有规定的，依照法律、法规的规定执行；法律、法规未作规定的，由工商行政管理部门责令改正，可以根据情节单处或者并处警告、没收违法所得、处以违法所得 1 倍以上 5 倍以下的罚款，没有违法所得的，处以 1 万元以下的罚款；情节严重的，责令停业整顿、吊销营业执照。

2）行政复议

《消费者权益保护法》为防止国家行政机关滥用权力，做出对经营者不公正的处罚，规定了经营者申请行政复议的权利。经营者对行政处罚决定不服的，可以自收到处罚决定之日起 60 日内向上一级机关申请复议，对复议决定不服的，可以自收到复议决定书之日起 15 日内向人民法院提起诉讼；也可以直接向人民法院提起诉讼。

（三）经营者侵犯旅游消费者权益的刑事责任

违反《消费者权益保护法》，侵犯旅游者合法权益，构成犯罪的行为包括以下几类。

（1）经营者提供商品或者服务，造成旅游消费者或者其他受害人人身伤害的，构成犯罪的，依法追究刑事责任。

（2）经营者提供商品或者服务，造成旅游消费者或者其他受害人死亡的，构成犯罪的，依法追究刑事责任。

（3）以暴力、威胁等方法阻碍有关行政部门工作人员依法执行职务的，依法追究刑事责任；拒绝、阻碍有关行政部门工作人员依法执行职务，未使用暴力、威胁方法的，由公安机关依照《治安管理处罚法》的规定处罚。

（4）国家机关工作人员玩忽职守或者包庇经营者侵害旅游消费者合法权益的行为的，由其所在单位或者上级机关给与行政处分；情节严重，构成犯罪的，依法追究刑事责任。

对于上述侵犯旅游消费者合法权益的犯罪行为，应当按照刑事法律规定，对经营者和有关责任人员，由国家有关机关视情节轻重处以刑罚。

实训课堂

【基本案情】

游客与家人报名参加欧洲出境游，国际旅行社为游客办理了相关手续并签订《北京

① 34 家旅行社业务经营许可证被吊销！文化和旅游部公布市场秩序整治案例. https://baijiahao.baidu.com/s?id=1612820209382192485.

市出境旅游合同》。然而，游客在机场准备出境时被有关部门拦下，原因是该游客因民事案件被限制出境。游客觉得很“冤枉”，认为是旅行社未尽提醒义务，导致其被拒绝出境，要求旅行社承担所有损失，退还全额旅游团款。

经调查核实，该游客在报名时尚未被纳入失信人员名单中，在旅行社为其办理出境手续过程中，该游客由于拒绝偿还债务，被纳入失信人员名单。由此，旅行社认为自己的服务没有任何瑕疵，不应当为游客的被拒绝出境承担责任。双方争执焦点在于因退团产生的团款损失如何分担？①

【课堂讨论题】

1. 游客与国际旅行社公司签订的合同是否有效？

2. 因游客被纳入失信人员名单，导致退团产生的团款损失如何分担？

【答案要点】

1. 游客与国际旅行社公司签订的《北京市出境旅游合同》系双方当事人真实意思表示，不违反法律法规规定，合法有效。

2. 双方之间已经形成合同法律关系，各方均应按照合同的约定全面而恰当地享有权利，履行义务。《旅游法》第七十条规定：由于旅游者自身原因导致包价旅游合同不能履行或者不能按照约定履行，或者造成旅游者人身损害、财产损失的，旅行社不承担责任。案例中，游客被有关部门制止出境是游客自身不诚信导致的后果，和旅行社的服务无关，游客也不能要求旅行社对其被拒绝出境的损失承担责任。

实训案例

【基本案情】

某年 3 月，某公司 6 名青年员工（原告）与某旅行社（被告）之间签订了由该旅行社主办的以在加拿大观光及滑雪为内容的 7 日游包价旅游合同。双方在该旅游合同中约定的住宿地是宾馆，但在到达目的地后旅行社给原告 6 人安排的却是必须以自己做饭为前提的公寓。住宿变更的原因是当地在承办世界滑雪锦标赛，当初被告所确保的宾馆已经住满。

虽然被告在本次旅行出发前已得知上述情况，却没有向原告做出说明。对此，原告以被告的不履行合同义务给自己造成巨大不便和损害为由，向被告提出了包括精神损失费在内的损害赔偿要求。②

【案例点评】

旅游经营者应尽的首要义务是依法定或约定提供商品和服务。本案中的被告不按旅游合同履行自己的义务，给原告造成了较大损失，理应赔偿原告的损失。

---

①② 黄恢月. 游客由于失信被拒出境旅游团款损失的承担. [2018-05-09]. https://www.sohu.com/a/231035096_164004.

【思考讨论题】

1. 旅游经营者的法律责任有哪些?
2. 解决旅游消费者与旅游经营者的途径有哪些?
3. 本案中被告侵犯了原告什么权益?
4. 对被告侵犯原告的行为应如何处理?

即测即练

第六章

旅游合同法律制度

【学习要点及目标】

1. 了解旅游合同的订立过程和旅游合同的内容。
2. 掌握旅游合同履行、变更、转让和解除的基本制度。
3. 理解并掌握旅游合同效力的有关规定及违约责任的承担问题。
4. 学会分析旅游合同案例，在实践中有效运用旅游合同法律知识。

引导案例

新疆某旅行社未与旅游者签订旅游合同行政处罚案

2021 年 3 月 17 日，乌鲁木齐市文化市场综合行政执法队收到市长热线投诉，投诉人称其报名参加了新疆某旅行社的乌鲁木齐市至昆明市的旅行团，但旅行团未按预定日期出发，其多次联系导游等人员，均未告知具体原因。经查，该社 3 月 15 日至 24 日组织吴某等 27 名游客开展腾冲、芒市、瑞丽、西双版纳 10 日游，但未与旅游者签订旅游合同，其行为违反了《旅行社条例》第二十八条的规定。依据《旅行社条例》第五十五条第（一）项的规定，依法给予当事人罚款 47000 元的行政处罚。[①]

【案例导学】

从行政处罚来看，《旅行社条例》第二十八条规定，旅行社为旅游者提供服务，应当与旅游者签订旅游合同。如果旅行社未与旅游者签订旅游合同，依据《旅行社条例》第五十五条，违反本条例的规定，旅行社有下列情形之一的，由旅游行政管理部门责令改正，处二万元以上十万元以下的罚款；情节严重的，责令停业整顿一个月至三个月。

从民事责任来看，旅游消费过程复杂多变，在履行合同过程中难免会出现意外之事，出现消费纠纷也很常见。作为旅游消费者，对于一些重要内容，如时间、地点、价款等，应当书面明确约定。同时，双方应当约定比较明确的违约责任，在出现一些有意或无意的违约行为后，可以根据合同的约定快速有效处理，避免事态进一步扩大，保护旅游消费者的合法民事权益。

---

① 王思超. 新疆公布旅游市场八类违法行为典型指导案例. http://www.ctnews.com.cn/scjg/content/2022-03/29/content_121344.html.

第一节 旅游合同的订立

一、旅游合同订立的程序

旅游合同是旅游者与旅游经营者之间签订的明确双方在旅游活动中权利和义务关系的协议。根据《民法典》第三编第一分编第二章“合同的订立”的规定，当事人订立旅游合同，要经历要约与承诺两个阶段。

（一）要约

要约是希望和他人订立合同的意思表示，是一方当事人向对方提出签订旅游合同的建议和要求。依据《民法典》第四百七十二条规定，要约生效的条件有两个：一个是要约必须明确地表达订立合同的意思；另一个是要约的内容必须明确、肯定，应当包括未来合同的主要条款。

小贴士

要约与要约邀请不同：要约一经承诺，合同即告成立；要约邀请处于合同的准备阶段，没有法律约束力。旅行社经常会印制一些宣传资料，上面有线路、时间、价格等内容，宣传资料是要约还是要约邀请，旅游者在实践中必须分析清楚。如果是要约，旅游者一旦承诺，该宣传资料就是旅游合同的组成部分，旅行社就要受此约束。

《民法典》第四百七十三条规定：“要约邀请是希望他人向自己发出要约的表示。拍卖公告、招标公告、招股说明书、债券募集办法、基金招募说明书、商业广告和宣传、寄送的价目表等为要约邀请。商业广告和宣传的内容符合要约条件的，构成要约。”

（二）承诺

依据《民法典》第四百七十九条规定：承诺是受要约人同意要约的意思表示。承诺生效时合同成立。

承诺生效的条件：首先是承诺必须由受要约人或其代理人作出；其次是承诺的内容应当和要约的内容一致，不能对要约的内容进行实质性的修改；最后是承诺必须在规定的期限内作出，要约因有效期届满而失效。

案例 6-1

2018 年 1 月，44 岁的伊女士想利用寒假带两个女儿赴台湾旅游，遂通过朋友张某联系，报名参加了职工国旅总社组织的台湾环岛八日游，出行时间为 2 月 11 日至 18 日，伊女士通过向张某转账，支付了团费总计 23100 元。2 月 6 日 23 时 50 分，台湾花莲县附近海域发生 6.5 级地震，并提示后续可能发生大级别余震。

2月7日下午，原国家旅游局在官网发布《国家旅游局提示游客近期暂勿前往台湾花莲及相邻地区》的公告。考虑到安全问题，伊女士三人决定放弃此次行程。但告知旅行社后，对方表示退团需承担全部损失。伊女士主张，按照航空公司的通知，旅行社为自己购买的机票可以全额退款，因此旅行社应当退还这部分费用。

伊女士认为，在发生不可抗力事件且其已明确表示终止台湾行程的情况下，职工国旅总社违背游客意愿，放任损失扩大。因此尹女士将对方诉至法院，要求确认双方签订的旅游合同解除，判令旅行社全额退还旅游款23100元。

职工国旅总社辩称，当伊女士于2月7日19时35分通知取消行程时，该旅行社已明确告知取消行程将造成全额损失，并承诺保证游客安全，建议伊女士三人继续参团，以避免损失。在明确告知和提示的情况下，伊女士三人在认可全损的基础上最终选择取消行程。2月11日该团如期发团，实际发团人数15人，行程中旅游线路将花莲变更为新北。因伊女士三人未出行，出团人数低于约定的最低成团人数，地接社账单费用上涨。伊女士三人机票款10548元、保险签证费1200元、地接社费用均已实际发生。而当事航空公司退票仅针对散客，不针对团体游客。综上，不同意退款。①

【解析】

《民法典》第五百六十三条规定，因不可抗力致使不能实现合同目的，当事人可以解除合同。台湾花莲地震及可能发生的余震构成不可抗力，且伊女士三人的行程时间在相关部门提示有效期内，原告有权解除合同。旅游合同解除后，职工国旅总社应在扣除已支付且不可退还的费用后，将余款退还。

关于机票款，在机票购买前，伊女士已经提出退团的意向，在双方沟通协商过程中，旅行社仍然为伊女士三人预订机票，在一定程度上属于对损失的扩大，应对该损失承担主要责任。关于预付地接社费用，伊女士三人对合同解除无过错，职工国旅总社在不足成团最低人数的情况下仍然发团，造成地接社费用上涨，增加的成本不应由伊女士等人承担。

法院应确认双方签订的旅游合同于2月8日解除，职工国旅总社退还伊女士三人旅游费16000元。

二、旅游合同的形式

旅游合同可以通过书面形式、口头形式和其他形式订立。

书面形式的旅游合同有其明显的优势，即明确肯定、有据可查，对于防止争议和解决纠纷有积极意义。以口头形式订立旅游合同直接、简便、迅速，但发生纠纷时难以取证，不易分清责任。因此，在旅游实践中，无论是出于保护旅游者的利益，还是保护旅游经营者利益的需要，以签订书面形式的旅游合同为好。

三、旅游合同的条款

《旅行社条例》规定：旅行社为旅游者提供服务，应当与旅游者签订旅游合同并载明

---

① 孔令晗. 出发前旅游地地震，游客退团遭遇退款难. [2018-09-27]. http://trarel.people.com.cn/n1/2018/0927/c41570-30315815.html.

下列事项。

（1）旅行社的名称及其经营范围、地址、联系电话和旅行社业务经营许可证编号；

（2）旅行社经办人的姓名、联系电话；

（3）签约地点和日期；

（4）旅游行程的出发地、途经地和目的地；

（5）旅游行程中交通、住宿、餐饮服务安排及其标准；

（6）旅行社统一安排的游览项目的具体内容及时间；

（7）旅游者自由活动的时间和次数；

（8）旅游者应当交纳的旅游费用及交纳方式；

（9）旅行社安排的购物次数、停留时间及购物场所的名称；

（10）需要旅游者另行付费的游览项目及价格；

（11）解除或者变更合同的条件和提前通知的期限；

（12）违反合同的纠纷解决机制及应当承担的责任；

（13）旅游服务监督、投诉电话；

（14）双方协商一致的其他内容。

案例 6-2

小李曾参加了海南 5 日游线路，短短的几天行程中就被安排了珍珠、玳瑁、玉器、咖啡等十多个购物点，到景点游玩有时间限制，但购物却没有时间限制，经常要花费很长时间。如果旅游者没有按导游的要求购物，导游就会给旅游者脸色，甚至在住宿等方面刁难旅游者。

【解析】

旅游者出游的确有购物的需求，在行程中安排几个购物点无可厚非，但是如果购物点过多，自然就会影响正常景点的游览质量。因此，具体行程中安排多少个购物点，旅游者可以与旅行社协商，并在合同中注明。如果在实际行程中，购物点超过规定数目，旅游者则可以向旅游行政管理部门投诉。

小贴士

签订旅游合同应当注意的事项

（1）注意合同主体是否合法，即签约旅行社是不是合法的、有经营权的旅行社。合法旅行社必须具有旅游行政管理部门颁发的《旅行社业务经营许可证》，如果是出国旅游的，还要看该旅行社是否是具有经营出境游资格的国际旅行社。

（2）签订书面旅游合同，明确约定旅游合同各项内容。对于旅行社提供的格式合同范本，旅游者对其中的条款应当仔细阅读，对于一些容易引发纠纷的事项要在合同附件中明确约定，以作为合同的一部分。

（3）明确约定违约责任和纠纷处理方式。为了避免违约或在纠纷发生后出现责任不明的现象，当事人应该在合同中约定各种可能出现的违约情况及责任分担方式，还要约定发生纠纷的处理方式，防止权益受损和降低纠纷解决成本。

（4）旅游者在交纳旅游费用后，要向旅行社索要加盖旅行社单位公章或业务印章的合同、发票或收据，并妥善保存好。双方一旦发生纠纷，合同、发票或收据都是重要的证据。

《旅行社条例》规定：旅行社在与旅游者签订旅游合同时，应当对旅游合同的具体内容作出真实、准确、完整的说明。

案例 6-3

某夫妇二人去海南旅游，行程中原本安排第三天下午在亚龙湾停留半天，游客可自由在亚龙湾游泳。但是当天中午吃完饭后，海南地接导游却先带游客到了一个行程安排之外的潜水点潜水，等大家潜完水到亚龙湾时已快下午四时，结果夫妇二人在亚龙湾只停留了一个小时，就匆匆离开。

【解析】

在旅游行程中，有些地接导游为了安排购物点或是自费项目，经常压缩正常的景点游览时间，导致游客的旅游目的没有达到。而导游安排购物点或自费项目的主要原因之一是可以拿取回扣。

《旅行社条例》及新版国内旅游合同中要求旅行社详细列明旅游线路，旅游行程的途经地、目的地、游览景点，以及游客在景点实际游览的最少时间都必须一一注明，从而保障游客的出游利益。根据这一规定，案例中的地接导游的行为属于违规操作，夫妇俩人在亚龙湾的半天游览时间没有得到保证，可以向旅游管理部门投诉。

四、格式合同和旅游合同示范文本

格式条款，是指一方当事人为了重复使用而预先拟定，并在订立合同时未与对方协商的条款。合同的条款如果全部都是格式条款，这样的合同就称为格式合同。

合同的每一个条款都要经历协商的过程往往很麻烦，为了节省时间、提高效率，旅游合同多以格式合同的方式出现。格式合同的法律规定，制约着旅游合同订立的行为。

（一）对格式条款的限制

《民法典》通过规定提供格式条款一方的义务、格式条款无效的情形、对格式条款的解释规则三个方面，来制约格式条款的消极影响。

1. 提供格式条款一方的义务

根据《民法典》第四百九十六条第二款规定，采用格式条款订立合同的，提供格式条款的一方应当遵循公平原则确定当事人之间的权利和义务，并采取合理的方式提示对方注意免除或者减轻其责任等与对方有重大利害关系的条款，按照对方的要求，对该条款予以说明。提供格式条款的一方未履行提示或者说明义务，致使对方没有注意或者理解与其有重大利害关系的条款的，对方可以主张该条款不成为合同的内容。

2. 格式条款无效的情形

根据《民法典》第四百九十七条规定，格式合同内容违反法律、行政法规强制性规定的格式条款无效；提供格式条款一方不合理地免除或者减轻其责任、加重对方责任、限制对方主要权利的无效。在旅游实践中，旅游经营者与旅游者往往会签订旅游经营者自制的书面旅游合同。按照法律规定，使用自制的旅游合同具有合法性，但从总体上看，自制的合同文本主要存在两个突出的问题：一个是加重旅游者的合同义务，扩大旅行社的合同权利；另一个是对双方权利和义务的约定不明确。

对于旅游经营者自制合同条款存在的问题，首先应当遵循公平原则，认定“加重旅游者合同义务，扩大旅行社合同权利”的条款无效，以维护旅游者的合法权益。当旅游者和旅游经营者对合同条款内容理解发生歧义时，按照《民法典》对格式条款的规定，作出有利于旅游者的解释。

案例 6-4

2018 年 7 月 24 日，26 名深圳游客遭遇希腊版“人在囧途”。这些游客提前两个月预定了行程，但直至出发当日才发现希腊当地的酒店并未确定。“在希腊的三天行程，全都在拖着行李找酒店，每天都要凌晨两点才确定入住。”游客抱怨。等到游客发现“货不对版”要维权时，旅行社却以当初未签实际合同来推脱，要求用 800 元私了并签署保密协议。①

【解析】

《旅游法》第五十七条规定：旅行社组织和安排旅游活动，应当与旅游者订立合同。而该旅行团中近八成的游客并未签署书面旅游合同，显然旅行社违法了。在明显理亏的情况下，按说旅行社应该积极协商赔偿游客，然而却以当初未签实际合同来推脱责任。

《旅行社条例》规定：旅行社未与旅游者签订旅游合同，由旅游行政管理部门责令改正，处二万元以上十万元以下的罚款；情节严重的，责令停业整顿一个月至三个月。涉事游客可以向旅游行政部门举报旅行社不签旅游合同的违法行为，即便游客不举报，相关部门也应主动介入查处。只有依法处罚旅行社，才能让合同发挥规范作用。

旅行社要求用 800 元私了并签署保密协议，这显然是比较霸道的行为，如果游客不同意这样的解决方案，就有可能连 800 元赔偿款也拿不到。这反映出事发后旅行社与游客之间的地位很不平等，所以规范旅游市场必须让旅行社与游客回归平等。

3. 格式条款的解释规则

《民法典》第四百九十八规定，对格式条款的理解发生争议的，应当按照通常理解予以解释。对格式条款有两种以上解释的，应当作出不利于提供格式条款一方的解释。格式条款和非格式条款不一致时，应当采用非格式条款。

① 26 名游客遭遇希腊版“人在囧途”旅行社要求 800 元私了. [2018-07-25]. http://travel.people.com.cn/nl/2018/0725/c41570-30167996.html.

（二）旅游合同示范文本

旅游合同示范文本是指国家各级旅游管理行政部门为加强行业管理，监督旅游业者规范经营，根据实际情况制定和推行的旅游合同文本，如《中国公民出境旅游合同（示范文本）》《大陆居民赴台湾地区旅游合同（示范文本）》《国内旅游组团合同范本》《北京市国内旅游合同》《北京市出境旅游合同》《北京市“一日游”合同（示范文本）》等。

旅游合同的示范文本，是示范性的合同文件，并非强制性的签约文本。然而，由于其制定部门为旅游主管部门及工商行政主管部门，具有绝对的权威性，且示范文本对于旅游各个环节涉及的情况规定得比较完备，对于旅游合同双方权利义务的约定也较为明确，因此，参照这些示范文本订立旅游合同，可以从源头上减少和控制旅游合同争议，使旅游合同的订立更加规范，更能保护当事人的合法权益。

第二节　旅游合同的效力和履行

一、旅游合同的效力

旅游合同的效力指旅游合同具有法律约束力。

（一）旅游合同的生效

根据《民法典》第一百四十三条的有关规定，旅游合同生效的要件有以下几点。

1. 行为人具有相应的民事行为能力

签订旅游合同，缔约双方是否具备缔约主体资格，对合同效力会产生影响。主体资格表现为旅游经营者应当具有订立合同的能力。例如：旅行社应当是合法运营的旅行社，具备相关资质；签约的旅游者应当具备相应的民事行为能力。

2. 意思表示真实

旅游合同是当事人之间的合意，这种合意能否产生法律约束力，取决于当事人的意思表示是否同其真实意思相符合。

3. 不违反法律、行政法规的强制性规定，不违背公序良俗

任何有订约能力的人，都可以按照自己的意愿自由地订立旅游合同。但是法律同时规定，当事人订立的旅游合同必须合法，必须符合善良风俗与公共秩序。

4. 合同形式必须合法

当事人可以依法选择订立旅游合同的方式，但是如果法律对旅游合同的形式作出了特殊规定，当事人必须遵守法律规定。

（二）效力欠缺的旅游合同

1. 无效旅游合同

无效旅游合同是指已经订立，但因违反法律规定的生效条件而不发生法律效力，国

家不予承认和保护的旅游合同。

根据《民法典》的相关规定，下列合同无效：行为人和相对人恶意串通，损害他人合法利益的合同；行为人和相对人以虚假的意思表示实施的合同；违背公序良俗的合同；违反法律、行政法规强制性规定的合同。

2. 可撤销或可变更旅游合同

可撤销或可变更的旅游合同，是指当事人在订立合同时意思表示不真实，通过有撤销权的当事人行使撤销权，可使已经生效的合同变更或归于无效的合同。

可撤销或可变更的旅游合同包括：因重大误解订立的旅游合同；显失公平的旅游合同；一方以欺诈、胁迫的手段或乘人之危订立的旅游合同。

小贴士

《民法典》第一百五十二条规定：有下列情形之一的，撤销权消灭：

（一）当事人自知道或者应当知道撤销事由之日起一年内、重大误解的当事人自知道或者应当知道撤销事由之日起九十日内没有行使撤销权；

（二）当事人受胁迫，自胁迫行为终止之日起一年内没有行使撤销权；

（三）当事人知道撤销事由后明确表示或者以自己的行为表明放弃撤销权。

当事人自民事法律行为发生之日起五年内没有行使撤销权的，撤销权消灭。

3. 效力待定合同

效力待定的旅游合同是指旅游合同虽然已经成立，但是由于不完全符合合同生效的条件，其效力尚未确定，须经有权人表示承认才能生效的合同。在旅游实践中主要指缺乏合同能力或主体资格的人订立的主体不合格的旅游合同。

案例 6-5

李某儿子今年刚满 15 岁，暑假他瞒着父母到一家旅行社报了去云南的旅行团，并签了旅游合同，按报价交了 1000 多元的团费。后杨某知道此事，认为孩子小，一个人不安全，于是找到旅行社要求退还团费，但该旅行社坚决不同意退费。

【解析】

当事人订立旅游合同应当具有相应的民事行为能力。根据我国《民法典》的相关规定，8 周岁以上的未成年人是限制民事行为能力人，可以进行与他的年龄、智力相适应的民事活动；其他民事活动由他的法定代理人代理，或者征得他的法定代理人的同意。

李某儿子刚满 15 岁，属限制民事行为能力人，不能独立签订旅游合同，除非其父母追认这一行为，否则，该旅游合同归于无效。由于其父母不同意儿子出去旅行，因此杨某儿子与旅行社订立的旅游合同无效，旅行社应当退还团费。

二、旅游合同的履行

旅游合同的履行是指旅游合同生效后，双方当事人按照旅游合同规定的各项条款，完成各自承担的义务和实现各自享受的权利，使双方当事人的旅游合同目的得以实现的行为。根据《民法典》第五百零九条规定，旅游合同的履行应当遵循以下两大原则。

（一）全面履行原则

全面履行原则又称适当履行原则或正确履行原则是指当事人应当按照旅游合同的约定全面履行自己的义务。

旅游合同是当事人之间协商一致的结果，当事人必须全面正确地履行合同，任何一方不得擅自变更或解除合同；任何一方违反合同，必须承担相应的法律责任。

案例 6-6

王某与某旅行社签订了旅游合同，参加旅行社组织的成都、九寨沟、乐山七天游。合同附件行程表中写明第五天行程包含游览都江堰景点，门票人民币 80 元及车费 20 元自费。王某依约交纳了全部团费。但在去都江堰途中，导游以自费项目可去可不去为由要求团友举手表态，因有人反对，所以未去都江堰。

【解析】

王某与某旅行社签订的合同附件行程表中，已包含自费游览都江堰景点项目，而王某未表示同意取消，该项目应当履行。某旅游公司擅自取消游览都江堰景点项目，构成违约，应当承担违约责任。

（二）协作履行原则

协作履行原则是诚实信用原则在旅游合同履行中的要求，是指当事人在履行合同的过程中，应当诚实守信，密切配合，促进合同的顺利履行。

协作履行原则要求当事人之间要互通情况，互相照顾，及时向对方介绍履行的情况；如果因客观原因不能履行的，应及时报告对方，双方都应积极采取措施，加以补救，减少损失；当事人一方因另一方违反合同约定时，应当及时采取措施防止损失的扩大等。

案例 6-7

游客姚先生于 2017 年 10 月接到某保险公司的电话，声称自己获得了免费港澳旅游的中奖资格，于是他报名参加了“零团费港澳双卧七日游”，保险公司承诺只需交 200 元押金，回程后押金退还。但行程中，香港当地导游不仅辱骂客人，而且一直让买东西，回程后姚先生索要押金对方也不给退。①

【解析】

《旅游法》第三十五条规定，旅行社不得以不合理的低价组织旅游活动，诱骗旅游者，并通过安排购物或者另行付费旅游项目获取回扣等不正当利益。文化和旅游部相关负责人表示，零负团费是扰乱市场的不正当竞争行为，内地有关法律明确禁止旅行社开

---

① 刘佳，连品洁. “候鸟式旅游”警惕低价陷阱. http://travel.people.com.cn/n1/2017/1226/c41570-29728530.html.

展所谓的零负团费业务，一经发现必须立即查处，问题严重者甚至会被取消经营资质。

消费者在付款时，团款要汇入旅行社的对公账户，尽量避免汇入销售人员的个人账户，或者通过微信、支付宝等形式转给个人账户。交付团款后，切记索要发票，消费者切勿听信销售人员的“上车签约”“上车付款”或只能开收据之类的说法。

第三节　旅游合同的变更、转让和解除

一、旅游合同的变更

旅游合同的变更，指在旅游合同成立以后，尚未履行或者尚未完全履行前，当事人根据客观情况的变化，依照法律规定的条件和程序，对旅游合同的内容进行修改或补充。

旅游者提出合同变更，主要包括旅游者出团时间的推迟或者提前、延长在景点逗留的时间、取消或增加某些服务项目。旅行社提出的合同变更包括要求旅游者推迟或提前旅游行程，或者要求旅游者改变出团地点等；导游在旅游服务过程中，希望旅游者增加自费项目、购物活动等。

1. 协议变更

依据合同自由原则，《民法典》第五百四十三条规定：当事人双方协商一致，可以变更旅游合同。不论是旅行社还是旅游者，旅游合同变更都必须体现协商一致原则，征得对方的同意。不经过双方的协商，任何一方擅自变更合同内容就是违约，必须承担相应的法律责任。

双方协商变更旅游合同时应注意，对变更的内容应当约定明确，如果当事人对合同变更的内容约定不明确，难以判断合同内容发生变更的，推定为未变更。同时，合同变更最好以书面形式由双方签字确认。

案例 6-8

旅行社办错签证国家 出国游泡汤

2017 年 10 月份，黄女士在北京爱旅行国际旅游有限公司办理菲律宾签证，但拿到手的竟是马来西亚签证。“签证拿到后没仔细看，到机场准备登机被拒，这才恍然大悟。”黄女士称，业务员解释称对地名有误解致使签证出错，我的行程被迫取消，但提前预订的酒店、飞机是经济套餐无法退款。于是黄女士向旅行社索赔但被拒，旅行社只退还签证费用，关于其他损失，当事业务员刘某表示，正在协商中。

黄女士提供的网上交易记录显示，两个人的护照共花费了 638 元，收款账户为北京爱旅行国际旅游有限公司。

黄女士认为，签证出错一方面是自己没有核查好，但旅行社方面应该承担大部分责任。[①]

【解析】

黄女士将签证服务费汇入爱旅行，系与该旅行社之间成立合同关系，业务员刘某的行为系职务行为，相应责任应由该旅行社承担。因旅行社业务员工作疏忽造成签证错误，旅行社应该赔偿黄女士的损失，包括直接损失和间接损失。当然，如果业务员提前将签证电子版发给黄女士并明确提示其核对信息，而因黄女士的疏忽未予核对，则黄女士自己也应承担次要责任。

2. 单方变更

单方变更是指在具备法律规定的变更合同的条件时，当事人单方变更合同内容的情况。当事人可以请求法院根据《民法典》的规定对重大误解或显失公平的旅游合同进行变更。根据《导游人员管理条例》，在游览过程中，遇有可能危及旅游者人身安全的紧急情况时，导游人员征得多数旅游者的同意，可以调整或者变更接待计划，但是应当立即报告旅行社。

二、旅游合同的转让

旅游合同的转让是指当事人一方依法将旅游合同的权利和义务转让给第三人的法律行为。《民法典》规定，合同权利和义务的转让，必须遵循以下原则：合同债务的转让必须取得债权人的同意；债权人转让权利的，应当通知债务人。未经通知，该转让对债务人不发生效力。

案例 6-9

某旅行社和杨先生签订了去内蒙古旅游的合同，杨先生交纳了全额团费。合同对住宿的约定是：住蒙古包一晚，住三星级酒店三晚。合同签订后的第四天，由于旅行社未能招徕到足够的游客，所以旅行社取消了团队行程。

旅行社通知杨先生，请他随另一家旅行社去内蒙古旅游，并且住宿已经变更为住蒙古包两晚，住三星级酒店两晚。杨先生拒绝了组团社的要求，并向旅游管理部门投诉。

【解析】

作为债务人，旅行社和杨先生签订合同后，假如难以成团，就必须将事实真相告知王先生，取得杨先生的谅解，在征得杨先生同意的前提下，将杨先生出游计划转让给另一家旅行社，并不能降低原合同约定的服务档次和质量。

本案例中，旅行社在两个方面违反了《民法典》的规定，即旅行社转让合同义务时，没有取得旅游者杨先生的同意；转让后的旅游合同对原合同住宿标准和档次作了实质性的改变，旅行社违约显而易见。

---

① 汪慧贤. 旅行社办错签证国家，出国游泡汤. [2017-11-13]. http://travel.people.com.cn/n1/2017/1113/c41570- 29641870.html.

三、旅游合同的解除

旅游合同的解除，指旅游合同成立后，在没有履行或没有完全履行之前，当事人依照法律规定或当事人约定的条件和程序，解除旅游合同确定的权利义务关系，从而使旅游合同归于消失。

（一）旅游合同解除的方式

旅游合同的解除分为约定解除和法定解除。

（1）约定解除指在旅游合同成立后全部履行前，当事人可以通过协议或行使约定的解除权而进行的合同解除。

（2）法定解除指在旅游合同成立后全部履行前，当事人一方在法律规定的解除条件出现时，行使解除权而使旅游合同关系消灭。根据《民法典》第五百六十三条规定，法定解除的条件包括：因不可抗力致使不能实现合同目的；在履行期限届满之前，当事人一方明确表示或以自己的行为表明不履行主要债务；当事人一方迟延履行主要债务，经催告后在合理期限内仍未履行；当事人一方迟延履行债务或者有其他违约行为致使不能实现合同目的；法律规定的其他情形。

（二）旅游合同解除的程序

当事人一方主张解除旅游合同的，应当通知对方。旅游合同自通知到达对方时解除。对方有异议的，可以请求人民法院或者仲裁机构确认解除旅游合同的效力。

（三）旅游合同解除的法律效力

旅游合同解除后，尚未履行的，终止履行；已经履行的，根据履行情况和合同性质，当事人可以要求恢复原状、采取其他补救措施，并有权要求赔偿损失。

 小贴士

《中国公民出境旅游合同（示范文本）》关于合同的解除做出了明确的规定。

（1）行程前的合同解除

旅游者和组团社在行前可以书面形式提出解除合同。在出发前 30 日(按出发日减去解除合同通知到达日的自然日之差计算，下同)以上（不含第 30 日）提出解除合同的，双方互不承担违约责任。组团社应当在解除合同的通知到达日起 5 个工作日内，向旅游者退还全部旅游费用。

组团社提出解除合同的，不得扣除签证／签注费用。

旅游者提出解除合同的，如已办理签证／签注的，应当扣除签证／签注费用。旅游者或组团社在旅游出发前 30 日以内（含第 30 日，下同）提出解除合同的，由提出解除合同的一方承担违约责任。

（2）行程中的合同解除

旅游者未按约定时间到达约定集合出发地点，也未能在出发中途加入旅游团的，视

为旅游者自愿解除合同，按照本合同第十五条第1款相关约定处理。

旅游者在行程中脱团的，组团社可以解除合同。旅游者不得要求组团社退还旅游费用，如给组团社造成经济损失的，应当承担相应的赔偿责任。

第四节 违约责任

旅游合同依法成立后，非经双方协商或者法定事由不得擅自变更或解除旅游合同，否则构成违约，当事人应该对自己的违约行为承担相应的法律责任。

一、违约责任的构成要件

违约责任，又称违反旅游合同的民事责任是指旅游合同当事人违反合同义务，依照法律规定或合同约定所应承担的法律责任。

根据《民法典》的规定，违约责任的构成要件包括：违约行为、损害事实、违约行为与损害事实之间的因果关系、违约人主观有过错。

案例 6-10

游客刘某与同事在某旅行社报名参团，参加某景区的漂流活动。该景区在游客服务中心及漂流沿途张贴、竖立着景区漂流游客须知及警示标牌，内容包括：请自觉购买门票和保险票，检票后通过检票口领取救生衣、安全帽，到码头领取船只和桨，根据工作人员的安排，有序上船，每船限坐两人；1.2米以下儿童、55岁以上老人、孕妇及心脏病、高血压、冠心病、痴呆症、骨质疏松症、癫痫等易发危险性疾病患者严禁参与漂流等。

当日，刘某与同事共同操控充气船进行漂流。漂流至第三个坡坎时，刘某感觉腰臀部因撞击疼痛难忍，便向周边工作人员求救。在工作人员的帮助下刘某将充气船停靠岸边，后检查发现船底有破损裂缝，同时景区安排车辆将刘某送至医院治疗，诊断结果为因重度骨质疏松症导致左臀部软组织挫伤。经司法鉴定中心鉴定伤残等级为十级。

刘某起诉旅行社、景区经营者，要求其承担连带责任，赔偿损失。[①]

【解析】

景区经营者作为提供漂流项目的服务者，应根据所提供的旅游项目，对游客的人身安全尽到合理限度内的安全保障义务，虽然其在游客服务中心宣传栏张贴了游客须知，并将严禁高血压、骨质疏松症等易发危险性疾病患病参与漂流的告知事项进行了公示，但在漂流入口处未见上述警示标志，工作人员也未对参加漂流活动的游客进行相应的提示。同时，景区经营者向刘某提供的充气船底部有裂缝存在缺陷，不符合漂流用船要求，未尽到安全提示及保障义务，应承担主要赔偿责任。

---

① 赵垒，王莹. 暑期漂流热，业者须履行安全保障义务. [2022-07-28]. https://finance.sina.com.cn/jjxw/2022-07-28/doc-imizmscv3812150.shtml?finpagefr=p_115.

旅行社作为本次旅游活动的组织者，对游客参与本次漂流活动缺乏相应的组织和必要的提醒，存在一定过错，亦应承担相应责任。

刘某作为完全民事行为能力人，对湍急水流中操控充气船漂流有一定危险性应当是明知的，对自身患有重度骨质疏松症缺乏认知，对于从事漂流活动游客注意事项缺乏必要的了解，导致其在漂流过程中受伤，其对自身人身安全未尽到注意义务，应承担一定责任。

法院判决，景区承担60%的赔偿责任，旅行社承担10%的赔偿责任，刘某承担30%的赔偿责任。判决是正确的。

二、承担违约责任的方式

《民法典》第五百七十七条规定：当事人一方不履行合同义务或者履行合同义务不符合约定的，应当承担继续履行、采取补救措施或者赔偿损失等违约责任。《民法典》赋予当事人可以根据旅游合同履行的不同情况，选择不同的违约救济措施。

（一）继续履行

继续履行又称实际履行，是指当事人一方不履行合同义务或者履行合同义务不符合约定时，另一方当事人可以要求其在旅游合同履行期届满后，继续按照原合同的约定履行义务。

（二）采取补救措施

采取补救措施指旅游合同当事人违反约定后，违约方主动采取措施，对违约进行补救的行为。比如，由于航空公司自身的原因，造成航班延误或取消时，航空公司采取的补救措施可以是根据旅客的要求，安排后续航班或给旅客退票。

（三）赔偿损失

赔偿损失是指因旅游合同一方当事人的违约行为而给对方当事人造成财产损失时，违约方给予对方的经济补偿。当事人违约，在继续履行义务或者采取补救措施后，对方还有其他损失的，应当赔偿损失。

1. 完全赔偿原则

由于赔偿损失的目的主要是补偿未违约方的财产损失，因此，以实际发生的损害为赔偿标准。损失赔偿额应当相当于因违约所造成的损失，包括实际损失和旅游合同履行后可以获得的利益损失。

2. 合理预见原则

损失赔偿额不得超过违反合同一方订立旅游合同时能够预见到，或者应当预见到的因违反合同可能造成的损失。

小贴士

在旅游实践中，根据现行法律，因航空公司自身的原因，例如，机务维护、航班调配、机组等造成的飞机延误，航空公司应当承担法律责任。承担法律责任的方式主要有继续履行、采取补救措施和赔偿损失。有的旅客认为因航班延误导致其错过了合同谈判，丧失了重大商机，要求航空公司赔偿损失。我国《民法典》以“合理预见规则”限制了赔偿范围的任意扩大。航空公司无法预见众多的旅客贻误了怎样的商机，因此，因飞机延误贻误了商机而造成的损失一般不予赔偿。

3. 减轻损失原则

当事人一方违约后，对方应当采取适当措施防止损失的扩大；没有采取适当措施致使损失扩大的，不得就扩大的损失要求赔偿。当事人因防止损失扩大而支出的合理费用，由违约方承担。

案例 6-11

游客王某报名参加某旅行社组织的五天四夜省内游，合同约定行程路线为太原—五台山—平遥古城—乔家大院—返程，团费 2560 元。行程中，旅行社擅自将路线更改为太原—五台山—云冈石窟—乔家大院—平遥古城—返程，并在约定行程外增加了大同云冈石窟，还向每位游客额外收取 50 元。游览云冈石窟后，导游告知游客如果继续游览需再缴纳 160 元，否则便安排返程，后续行程不再继续，王某无奈听从。

行程结束后，王某对旅行社与导游擅自更改行程并额外收费不满，投诉至当地旅游投诉处理机构，要求旅行社与导游退还额外收取的费用。经当地旅游投诉处理机构调解，旅行社按王某要求退还了相关费用。同时，针对旅行社与导游的违法违规行为，当地文化和旅游行政部门对旅行社做出了罚款、停业整顿的行政处罚，对导游做出相应行政处罚。[①]

【解析】

《旅游法》第七十条第一款规定：“旅行社不履行包价旅游合同义务或者履行合同义务不符合约定的，应当依法承担继续履行、采取补救措施或者赔偿损失等违约责任；造成旅游者人身损害、财产损失的，应当依法承担赔偿责任。”

本案中，游客王某报名时与旅行社明确约定了行程路线，旅行社应严格按照旅游合同的约定行程为游客提供服务。旅行社及导游未征得游客王某同意，擅自变更旅游行程，额外收取费用，严重损害了旅游者权益，属于严重的违约行为及违法违规行为，应依法向游客承担赔偿责任，并接受文化和旅游行政部门作出的行政处罚。

（四）支付违约金

违约金是指当事人在旅游合同中预先约定的在一方违约时应当向对方支付的一定数额的金钱。旅游合同当事人既可以约定违约金的数额，也可以约定违约损失赔偿额的计

① 文化和旅游部旅游质量监督管理所.旅行社不得擅自变更旅游行程. http://www.ctnews.com.cn/lyfw/content/2022-03/24/content_121031.html.

算方法。

当约定的违约金低于造成的损失时，旅游合同当事人可以请求人民法院或者仲裁机构予以增加；约定的违约金过分高于造成的损失时，旅游合同当事人可以请求人民法院或者仲裁机构予以适当减少。通过变动违约金数额，保持与受害方的损失大体相当，体现了违约金的补偿性。

（五）定金

定金是指当事人一方为了担保旅游合同的履行而预先向对方支付的一定数额的金钱。定金具有双重功能：一方面，定金由债务人向债权人预先支付，债务人履行债务后，定金抵作价款或收回，这就表明定金是一种担保方式，起着保证债务履行的作用。另一方面，按照定金罚则，给付定金的一方不履行约定的债务的，无权要求返还定金；收受定金的一方不履行约定的债务的，应当双倍返还定金，这又表明定金是一种违约责任形式。

《民法典》第五百八十八条规定，当事人在订立合同时，既可以约定违约金，又可以约定定金，一方违约时，对方可以选择适用违约金条款或者定金条款，即二者不能同时适用。当事人执行定金条款后，不足以弥补所受损害的，仍可以请求赔偿损失。

小贴士

《中国公民出境旅游合同（示范文本）》关于旅游者的违约责任做出了明确的规定。

（1）旅游者出发前 30 日以内（含第 30 日）提出解除合同的，应当按下列标准向组团社支付业务损失费：出发前 30 日至 15 日，按旅游费用总额的 5%；出发前 14 日至 7 日，按旅游费用总额的 15%；出发前 6 日至 4 日，按旅游费用总额的 70%；出发前 3 日至 1 日，按旅游费用总额的 85%；出发当日，按旅游费用总额的 90%；如上述支付比例不足以赔偿组团社的实际损失的，旅游者应当按实际损失对组团社予以赔偿，但最高额不得超过旅游费用总额。组团社在扣除上述业务损失费后，应当在旅游者退团通知到达日起 5 个工作日内向旅游者退还剩余旅游费用。

（2）因不听从组团社及其领队的劝谕而影响团队行程，给组团社造成损失的，应当承担相应的赔偿责任。

（3）旅游者超出本合同约定的内容进行个人活动所造成的损失，由其自行承担。

（4）由于旅游者的故意或过失，使旅行社遭受损害的，应由旅游者赔偿损失。

（5）与组团社出现纠纷时，旅游者应当采取积极措施防止损失扩大。否则，应当就扩大的损失承担责任。

三、违约责任的免除

在旅游实践中，由于天气（如台风、冰雪灾害等）等不可抗力因素导致旅游合同无法按约履行，使得旅游服务纠纷案件时有发生。

（一）不可抗力的概念

不可抗力是指当事人在订立旅游合同时不能预见，对其发生和后果不能避免并且不能克服的客观事件。一般而言，不可抗力包括：自然灾害，如火山爆发、地震、台风、海啸、泥石流、雪崩、洪水、滑坡等；政府行为，如政府征用、发布新政策法规等；社会异常事件，如罢工、战争等。

（二）不可抗力的法律后果

因不可抗力不能履行旅游合同的，根据不可抗力的影响，可以全部或部分免除当事人的违约责任。但是当事人迟延履行后发生不可抗力的不能免责。

在旅游实践中，旅游合同签订后，由于不可抗力发生在旅游合同履行的不同阶段，所以给旅游合同履行造成的影响不尽相同，给旅行社和旅游者带来的消极后果甚至是损害也是情况各异。

在旅游团出团前发生不可抗力。发生不可抗力的一方有义务通知对方，并在合理的期限内提供相关证明，其目的是尽可能减轻可能给对方造成的损失。这种情形发生时，处理办法之一：解除旅游合同。旅游者可以要求旅行社全额返还旅游团款，旅游者不得要求旅行社赔偿；旅行社不得扣除旅游者的团款，以弥补旅行社业务操作的损失。处理办法之二：重新签订旅游合同。经过旅游者与旅行社的协商，可以推迟旅游行程，或者重新确定旅游线路。

在旅游团准备出团时发生不可抗力。 即当旅游者按约定来到机场、车站，不可抗力突然降临。假如不可抗力可以在短时间内消除，但对旅游行程有一定的影响。处理办法之一：解除旅游合同。任何一方不可以要求对方赔偿损失，或者承担违约责任。处理办法之二：等到不可抗力消除后，继续旅游行程。旅游者不得要求旅行社赔偿行程缩短的损失。

在旅游团行程中发生不可抗力。在旅游活动进行中，不可抗力的发生，不可避免地会阻断行程。导致旅游团提早结束旅游行程，不能完全按照原计划履行合同；或者延长旅游行程，不可能按时返回，对旅游者和旅行社来说都有损失。一般情况下，旅游者在滞留期间产生的餐饮、住宿等额外费用，其承担应当由旅行社与旅游者共同协商解决。由于旅游者与旅行社都没有过错，按照《民法典》公平原则，由旅行社与旅游者各承担一半为好。

（三）当事人的义务

遭遇不可抗力的一方当事人同时负有两项义务：一项是及时通知义务，遭遇不可抗力的一方当事人，应当向对方通报自己不能履行合同的情况和理由，使对方及时采取措施，防止和减少损失，否则应赔偿扩大的损失部分；另一项是提供证明义务，遭遇不可抗力的一方当事人，应当在合理期限内向对方提供有关机构的书面证明，以证明不可抗力事件的发生及影响当事人履行合同的具体情况。

实训课堂

【基本案情】

张某和某旅行社签订了赴某地的旅游合同。出团前 1 天，张某突然生病，希望旅行社取消旅游行程，全额退还交纳的旅游团款。旅行社表示，机票已经购买了，如果张某临时取消行程必须承担机票损失，并承担相应的违约责任。经测算，张某将损失 80% 的旅游团款。

【课堂讨论题】

1. 旅游合同解除的方式如何？

2. 当事人一方提出解除合同的条件有哪些？

3. 在本案中，当事人应该怎样做？

【答案要点】

1. 旅游合同解除的方式分为约定解除和法定解除。

2. 当事人一方提出解除合同的条件包括：因不可抗力致使不能实现合同目的；在履行期限届满之前，当事人一方明确表示或以自己的行为表明不履行主要债务；当事人一方迟延履行主要债务，经催告后在合理期限内仍未履行；当事人一方迟延履行债务或有其他违约行为致使不能实现合同目的；法律规定的其他情形。

3. 旅游合同签订后，双方当事人应当严格遵守约定，任何一方需要解除合同，都必须和对方协商并达成一致，否则就必须承担违约责任。在本案中，由于旅行社购买的机票为团体机票，虽能获得较为优惠的折扣，但团体机票不得退票，也不得转签。所以，当旅行社购买了团体机票而旅游者又临时取消行程，机票损失会不可避免地产生。违约责任由旅行社与张某双方事先在合同中约定。旅行社可以向张某收取实际损失的费用和违约金。

实训案例

【基本案情】

一批中国游客参加了一个以“北极光”为卖点的旅游团，但到达芬兰之后却因天气原因没看到北极光，于是游客不满并找到当地导游理论。北极光这种特定的自然现象是否出现，确实不以人的主观意志为转移，然而经常以“北极光”“雾凇”甚至“云海日出”等特定自然现象为“卖点”的旅行社，如果实现不了卖点承诺，是否需要承担责任呢？①

【案例点评】

1. 正常天气变化不属不可抗力

在生活中，常有因为天气等自然原因导致航班取消、游轮无法出海从而致使旅行无法实现的情况，旅行社常以自然原因并非人力所能控制为由抗辩，认为这属于合同履行中的不可抗力，旅行社不应为此担责。

我国《民法典》第一百八十条规定，因不可抗力不能履行民事义务的，根据不可抗力的影响，部分或者全部免除责任，但法律另有规定的除外。我国《民法典》明确

① “极光旅游”看不到极光能维权吗？ [2017-04-05]. http://travel.people.com.cn/n1/2017/0405/c41570-29190132. html.

规定“不可抗力”是指“不能预见、不能避免、不能克服的客观情况”。一般认为，不可抗力包括自然灾害（如台风、洪水）、政府行为（如征收、征用）、社会异常事件（如罢工、骚乱）。

可见，自然原因造成的不可抗力大多要达到自然灾害的级别，而导致游客无法看到极光、雾凇、日出等景观的，大多是阴晴雨雪的正常天气变化，并非不可预见，也远没有达到自然灾害的程度。因此，不应算做不可抗力，旅行社作为旅游服务的提供方不能因此而免责。

2. 旅行社是否担责，看有无过错

虽然正常的天气变化不以人的意志为转移，但也不属于不可抗力这样的法定免责事由，而应该属于合同履行中正常的风险，这样的原因导致合同目的不能实现既不是旅行社导致的，也不是游客的责任。

我国《旅游法》第六十七条规定：因不可抗力或者旅行社、履行辅助人已尽合理注意义务仍不能避免的事件，影响旅游行程的，按照下列情形处理：

（一）合同不能继续履行的，旅行社和旅游者均可以解除合同。合同不能完全履行的，旅行社经向旅游者作出说明，可以在合理范围内变更合同；旅游者不同意变更的，可以解除合同。

（二）合同解除的，组团社应当在扣除已向地接社或者履行辅助人支付且不可退还的费用后，将余款退还旅游者；合同变更的，因此增加的费用由旅游者承担，减少的费用退还旅游者。

在本次事件中，如果不是因为旅行社的原因导致“看不到极光”，旅行社也尽到了合理注意提示义务，则不必为游客承担赔偿责任。但如果因为旅行社没有履行义务导致合同遭遇不可抗力或者风险，则可以认为旅行社存在过错。如果旅行社未能按约定时间将旅客送到观赏极光的地点，导致游客无法观看极光，旅行社就要为此承担责任，赔偿游客损失。

3. 游客应该如何维权

一是看合同中是否约定了“看不到极光”的风险承担。阴晴雨雪的天气变化虽然不属于自然灾害，不属于不可抗力这种法定免责事由，但可以由游客和旅行社约定风险的承担方式，旅客在与旅行社签订旅游合同时可以要求明确旅行中因为这种风险发生而导致旅游主要目的无法实现时，双方如何分担由此产生的损失。

二是看旅行社是否尽到了旅游服务者的义务。旅行社首先不得迟延履行或擅自变更根据合同为游客安排食宿、导游、门票、出行等合同主要义务，如需按约定时间将游客送到约定地点，不得擅自改变行程或改变旅游项目等。

除此之外，对于旅行中可能产生的风险，旅行社应尽到合理注意和风险提示义务。例如，旅行社应事先告知游客有哪些风险需要防范和注意，及时关注并避免有可能引发风险的因素。以本次新闻报道的事件为例，旅行社应事先明确告知旅客因天气影响可能使其无法观赏极光，并且及时关注当地的天气状况，及时与游客沟通，必要时改变行程尽力确保旅行目的实现。如果旅行社未尽到上述义务，游客则可以根据旅行社过错的大小要求旅行社赔偿损失。

三是游客可以采取投保的方式转移风险。很多保险公司除了针对旅游过程中人身财产意外受损的保险以外，还推出了针对不是因为游客和旅行社原因导致的旅行目的不能实现的保险。例如，在本次事件中，部分游客因为投了相关保险，可以在明年这个时间段免费再来旅游一次。

【思考讨论题】

1. “极光旅游”看不到极光能维权吗？
2. 旅行社是否担责看有无过错？
3. 游客应该如何维权？

即测即练

自学自测　扫描此码

第七章

旅游资源管理法律制度

【学习要点及目标】

1. 了解国家风景名胜资源管理机构的设置和职责及管理的基本原则。
2. 了解国家的《文物保护法》《风景名胜区条例》的管理规定。
3. 了解国家自然保护区管理机构的职责和有关管理规定。
4. 了解历史文化名城的保护原则、掌握对历史文化名城应当采取的保护措施。
5. 树立遵守保护旅游资源的法律法规的意识。

引导案例

2021 年 9 月 2 日，最高检发布一批指导性案例，江西省上饶市人民检察院诉张某某等三人故意损毁三清山巨蟒峰民事公益诉讼案入选。三人打岩钉攀爬巨蟒峰，造成不可修复的严重损毁，被判赔偿 600 万元环境资源损失。

2017 年 4 月 15 日，张某某、毛某某、张某前往三清山风景名胜区攀爬巨蟒峰，采用电钻钻孔、打岩钉、布绳索的方式先后攀爬至巨蟒峰顶部。经现场勘查，张某某等在巨蟒峰自下而上打入岩钉 26 枚。

张某某等三人因涉嫌故意损毁名胜古迹罪被公安机关移送刑事公诉，上饶中院认定张某某、毛某某、张某犯故意损毁名胜古迹罪，分别判处张某某、毛某某有期徒刑一年、六个月，处罚金人民币十万元、五万元，张某免于刑事处罚。

另外，上饶市人民检察院认为，自然遗迹、风景名胜是环境的组成部分，三清山巨蟒峰属于世界级地质地貌，承载着特殊的遗迹价值和广泛的公共利益。张某某等三人的损害行为侵害了生态环境和不特定社会公众的环境权益，本案属于生态环境民事公益诉讼的案件范围。上饶市人民检察院向上饶中院提起民事公益诉讼。

2019 年 12 月 27 日，上饶中院作出一审判决，判令三被告连带赔偿环境资源损失 600 万元，连带承担专家评估费 15 万元，并在全国性媒体上刊登公告向社会公众赔礼道歉。上诉后，二审判决，驳回上诉，维持原判。[①]

【案例导学】

三人打岩钉攀爬巨蟒峰，造成不可修复的严重损毁，三人被追究刑事责任，同时在

---

① 最高检指导案例 114 号：江西省上饶市人民检察院诉张某某等三人故意损毁三清山巨蟒峰民事公益诉讼案. http://new.qq.com/rain/a/20210906AOEPAHOO.

民事公益诉讼中，被判赔偿600万元环境资源损失等。三清山巨蟒峰的世界级地质地貌，也是风景名胜的重要组成部分，受到《风景名胜区条例》的法律保护。

《风景名胜区条例》第二十四条第一款规定，风景名胜区内的景观和自然环境，应当根据可持续发展的原则，严格保护，不得破坏或者随意改变。第三款规定，风景名胜区内的居民和游览者应当保护风景名胜区的景物、水体、林草植被、野生动物和各项设施。第二十六条规定，在风景名胜区内禁止进行下列活动……（三）在景物或者设施上刻画、涂污。因此，对三人追究法律责任，主要证据充分，适用法律正确，程序合法。

第一节　风景名胜旅游资源管理制度

一、风景名胜旅游资源的概念

根据国家标准《旅游资源分类、调查与评价》，旅游资源是指自然界和人类社会中凡能对旅游者产生吸引力，可以为旅游业开发利用，并可产生经济效益、社会效益和环境效益的各种事物和因素。旅游资源与传统的土地、水和矿产等资源不同，旅游资源具有多样性、独特性、变异性和永续性等特点。

风景名胜区是指具有观赏、文化或者科学价值，自然景观、人文景观比较集中，环境优美，可供人们游览或进行科学、文化活动的区域。

《风景名胜区条例》规定了风景名胜区的设立、规划、保护、利用和管理，并突出了对风景名胜资源的严格保护和合理利用。

二、风景名胜资源管理的原则

（一）科学规划的原则

科学规划原则要求风景名胜区的各项建设管理活动都必须严格按照规划进行。在制定规划时，必须充分考虑生态环境、社会、经济等方面的综合效益。

（二）统一管理的原则

国家建立统一的监督管理制度，明确主管部门和其他部门的职责分工，各负其责，并加强各部门之间的有效配合；建立健全统一的管理制度，统一行使职权。

（三）严格保护的原则

有关部门对风景名胜区内的景观和自然环境应严格保护，不得破坏或者随意改变。任何单位和个人都有保护风景名胜资源的义务，并有权制止、检举破坏风景名胜资源的行为。

（四）永续利用的原则

风景名胜区管理机构应当根据风景名胜区规划，合理利用风景名胜资源，改善交通、服务设施和游览条件。对于风景名胜资源的开发和经营活动，应当适应可持续发展的需要，严格管理，实现对名胜资源的永续利用。

三、风景名胜区的设立

（一）风景名胜区的分级

风景名胜区划分为国家级风景名胜区和省级风景名胜区。

自然景观和人文景观能够反映重要自然变化过程和重大历史文化发展过程，基本处于自然状态或者保持历史原貌，具有国家代表性的，可以申请设立国家级风景名胜区；具有区域代表性的，可以申请设立省级风景名胜区。

（二）申请设立风景名胜区的程序

《风景名胜区条例》规定，申请设立风景名胜区应当遵循严格的审批程序。

1. 国家级风景名胜区的设立

设立国家级风景名胜区的基本程序。

1）提出申请

设立国家级风景名胜区，应当由省、自治区、直辖市人民政府提出申请。

2）组织论证审查

由国务院建设主管部门会同国务院环境保护主管部门、林业主管部门、文物主管部门等有关部门组织论证，提出审查意见。

3）审定公布

经过有关部门论证审查，报国务院批准公布。

2. 省级风景名胜区的设立

《风景名胜区条例》规定，设立省级风景名胜区，由县级人民政府提出申请。省、自治区人民政府建设主管部门或直辖市人民政府风景名胜区主管部门，会同其他有关部门组织论证，提出审查意见，报省、自治区、直辖市人民政府批准公布。

四、风景名胜区的规划

（一）风景名胜区的总体规划和详细规划

1. 风景名胜区总体规划

风景名胜区应当自设立之日起两年内编制完成总体规划。总体规划的规划期一般为20 年。风景名胜区总体规划的规划期届满前两年，规划的组织编制机关应当组织专家对规划进行评估，做出是否重新编制规划的决定。在新规划批准前，原规划继续有效。

2. 风景名胜区详细规划

风景名胜区详细规划应当符合风景名胜区总体规划的要求，根据核心景区和其他景区的不同要求编制，确定基础设施、旅游设施、文化设施等建设项目的选址、布局与规模，并明确建设用地范围和规划设计条件。

（二）国家级风景名胜区规划和省级风景名胜区规划

1. 国家级风景名胜区规划

国家级风景名胜区规划由省、自治区人民政府建设主管部门或者直辖市人民政府风景名胜区主管部门组织编制，经省、自治区、直辖市人民政府审查后，报国务院审批，其详细规划由省、自治区人民政府建设主管部门或者直辖市人民政府风景名胜区主管部门报国务院建设主管部门审批。

2. 省级风景名胜区规划

省级风景名胜区规划由县级人民政府组织编制，经省、自治区、直辖市人民政府审批，报国务院建设主管部门备案，其详细规划由省、自治区人民政府建设主管部门或者直辖市人民政府风景名胜区主管部门审批。风景名胜区规划应当依照国家有关法律、法规和技术规范编制，经批准后，应当向社会公布，不得擅自修改。

五、风景名胜区的管理与保护

（一）风景名胜区的管理机构与职责

1. 风景名胜区的管理机构

国务院建设主管部门负责全国风景名胜区的监督管理工作。国务院其他有关部门按照国务院规定的职责分工，负责风景名胜区的有关监督管理工作。

省、自治区人民政府建设主管部门和直辖市人民政府风景名胜区主管部门，负责本行政区域内风景名胜区的监督管理工作。省、自治区、直辖市人民政府其他有关部门按照规定的职责分工，负责风景名胜区的有关监督管理工作。

风景名胜区所在地县级以上地方人民政府设置的风景名胜区管理机构，负责风景名胜区的保护、利用和统一管理工作。

2. 风景名胜区管理机构的职责

（1）风景名胜区管理机构应当建立健全风景名胜资源保护的各项管理制度。

（2）风景名胜区管理机构应当对风景名胜区内的重要景观进行调查、鉴定，并制定相应的保护措施。

（3）风景名胜区管理机构应当根据风景名胜区的特点，保护民族民间传统文化，开展健康有益的游览观光和文化娱乐活动，普及历史文化和科学知识。

（4）风景名胜区管理机构应当根据风景名胜区规划，合理利用风景名胜资源，改善交通、服务设施和游览条件。国务院建设主管部门应当对国家级风景名胜区的规划实施情况、资源保护状况进行监督检查和评估。对发现的问题，应当及时纠正、处理。

（5）风景名胜区管理机构应建立健全安全保障制度，加强安全管理，保障游览安全。

（6）国家建立风景名胜区管理信息系统，对风景名胜区规划实施和资源保护情况进行动态监测。

（7）国家级风景名胜区所在地的风景名胜区管理机构应当每年向国务院建设主管部门报送风景名胜区规划实施和土地、森林等自然资源保护的情况。

（8）风景名胜区管理机构应当与经营者签订合同，依法确定双方的权利义务，并督促风景名胜区内的经营单位接受有关部门依据法律、法规进行的监督检查。

（9）风景名胜区管理机构应当依法履行职责，不得从事以营利为目的的经营活动，不得将规划、管理和监督等行政管理职能委托给企业或者个人行使。

（二）风景名胜区的保护

（1）在风景名胜区内禁止进行下列活动：①开山、采石、开矿、开荒、修坟立碑等破坏景观、植被和地形地貌的活动；②修建储存爆炸性、易燃性、放射性、毒害性、腐蚀性物品的设施；③在景物或者设施上刻画、涂污；④乱扔垃圾。

（2）禁止违反风景名胜区规划，在风景名胜区内设立各类开发区和在核心景区内建设宾馆、招待所、培训中心、疗养院，以及与风景名胜资源保护无关的其他建筑物；已经建设的，应当按照风景名胜区规划，逐步迁出。

（3）在风景名胜区内进行下列活动，应当经风景名胜区管理机构审核后，依照有关法律、法规的规定报有关主管部门批准。①设置、张贴商业广告；②举办大型游乐等活动；③改变水资源、水环境自然状态的活动；④其他影响生态和景观的活动。

（4）在国家级风景名胜区内修建缆车、索道等重大建设工程，项目的选址方案应当报国务院建设主管部门核准。

（5）风景名胜区内的建设项目应当符合风景名胜区规划，并与景观相协调，不得破坏景观、污染环境、妨碍游览。

在风景名胜区内进行建设活动，施工建设单位应当制定污染防治和水土保持方案，并采取有效措施，保护好周围的景物、水体、林草植被、野生动物资源和地形地貌。

六、违反《风景名胜区条例》的法律责任

（一）在风景名胜区内损毁景观、林木植被、地形地貌的行为及其法律责任

在风景名胜区内进行开山、采石、开矿等破坏景观、植被、地形地貌的活动的，以及在风景名胜区内修建储存爆炸性、易燃性、放射性、毒害性、腐蚀性物品的设施的；由风景名胜区管理机构责令停止违法行为、恢复原状或者限期拆除，没收违法所得，并处 50 万元以上 100 万元以下的罚款。

违反《风景名胜区条例》的规定，个人在风景名胜区内进行开荒、修坟立碑等破坏景观、植被、地形地貌的活动的，由风景名胜区管理机构责令停止违法行为、限期恢复原状或者采取其他补救措施，没收违法所得，并处 1000 元以上 1 万元以下的罚款。

施工单位在施工过程中，对周围景物、水体、林草植被、野生动物资源和地形地貌造成破坏的，由风景名胜区管理机构责令停止违法行为、限期恢复原状或者采取其他补救措施，并处 2 万元以上 10 万元以下的罚款；逾期未恢复原状或者采取有效措施的，由风景名胜区管理机构责令停止施工。

（二）在风景名胜区内进行违章建设的行为及其法律责任

违反《风景名胜区条例》的规定，在风景名胜区内从事禁止范围以内的建设活动，未经风景名胜区管理机构审核的，由风景名胜区管理机构责令停止建设、限期拆除，对个人处2万元以上5万元以下的罚款，对单位处20万元以上50万元以下的罚款。

在核心景区内建设宾馆、招待所、培训中心、疗养院，以及与风景名胜资源保护无关的其他建筑物的。由风景名胜区管理机构责令停止违法行为、恢复原状或者限期拆除，没收违法所得，并处50万元以上100万元以下的罚款。

违反《风景名胜区条例》的规定，在国家级风景名胜区内修建缆车、索道等重大建设工程，项目的选址方案未经国务院建设主管部门核准，县级以上地方人民政府有关部门核发选址意见书的，对直接负责的主管人员和其他直接责任人员依法给予处分；构成犯罪的，依法追究刑事责任。

（三）破坏风景名胜区游览秩序和安全制度的行为及其法律责任

违反《风景名胜区条例》的规定，在景物、设施上刻画、涂污，或者在风景名胜区内乱扔垃圾的，由风景名胜区管理机构责令恢复原状或者采取其他补救措施，处50元的罚款；刻画、涂污或者以其他方式故意损坏国家保护的文物、名胜古迹的，按照治安管理处罚法的有关规定予以处罚；构成犯罪的，依法追究刑事责任。

违反《风景名胜区条例》的规定，未经风景名胜区管理机构审核，在风景名胜区内设置、张贴商业广告的，举办大型游乐等活动的，进行改变水资源、水环境自然状态的活动的，或者进行其他影响生态和景观活动的，由风景名胜区管理机构责令停止违法行为、限期恢复原状或者采取其他补救措施，没收违法所得，并处5万元以上10万元以下的罚款；情节严重的，并处10万元以上20万元以下的罚款。

（四）风景名胜区管理机构破坏风景名胜区的行为及其法律责任

违反《风景名胜区条例》规定，风景名胜区管理机构有下列行为之一的，由设立该风景名胜区管理机构的县级以上地方人民政府责令改正；情节严重的，对直接负责主管人员和其他直接责任人员给予降级或者撤职的处分；构成犯罪的，依法追究刑事责任。

（1）超过允许容量接纳游客，或者在没有安全保障的区域开展游览活动的。

（2）未设置风景名胜区标志和路标、安全警示等标牌的。

（3）从事以营利为目的的经营活动的。

（4）将规划、管理和监督等行政管理职能委托给企业或者个人行使的。

（5）允许风景名胜区管理机构的工作人员在风景名胜区内的企业兼职的。

（6）审核同意在风景名胜区内进行不符合风景名胜区规划的建设活动的。

（7）发现违法行为不予查处的。

（五）有关主管部门的违法行为及其法律责任

县级以上地方人民政府及其有关主管部门批准实施在风景名胜区内进行开山、采石、开矿等破坏景观、植被、地形地貌的活动的，对直接负责的主管人员和其他直接责任人员依法给予降级或者撤职的处分；构成犯罪的，依法追究刑事责任。

国务院建设主管部门、县级以上地方人民政府及其有关主管部门有违反法律规定的行为的，对直接负责的主管人员和其他直接责任人员依法给予处分；构成犯罪的，依法追究刑事责任。

案例 7-1

2022 年 8 月 7 日，在九寨沟景区内游览的 4 名游客随意离开游览栈道、步道，下滩踩水嬉笑打卡拍照。事发后，九寨沟风景名胜区管理局高度重视，联合相关执法机关依法开展调查，并在松潘县境内将 4 名游客找到，对其依法进行了行政处罚。4 名游客认识到事情的严重性，深刻反省，接受处罚，并以书面形式进行了道歉。

为什么九寨沟不能下滩踩水和水下拍摄，九寨沟管理局曾于 2017 年作出解释。因九寨沟主要是水景钙华景观，钙华的沉积速度不到 1 毫米/年，人为的物体进入水体，会对钙华造成不可逆的破坏，并且无法自然修复；九寨沟的湖泊（海子）是贫营养水质，水体非常敏感，人为物体进入水体，将会使水体富营养化，导致藻类大量繁殖，水体沼泽化。①

【解析】

为保护风景名胜区内的景观，对于游客随意离开游览栈道、步道践踏植被、下滩踩水的行为，违反了《阿坝藏族羌族自治州风景名胜区条例》第二十七条第（七）项规定，依据《阿坝藏族羌族自治州风景名胜区条例》第四十六条，九寨沟风景名胜区管理局有权依法进行行政处罚，违规游客应承担相应的法律责任。

第二节　文物保护管理制度

一、文物与《中华人民共和国文物保护法》

文物是人文旅游资源的主要组成部分是指人类社会历史发展中遗留下来的，由人类创造或者与人类活动有关的一切有价值的物质遗产的总称。文物具有直观形象性、历史真实性、不可再生性等特点。

我国《中华人民共和国文物保护法》（以下简称《文物保护法》）于 1982 年 11 月 19 日公布实施，分别于 1991 年修正、2002 年修订、2007 年修正、2013 年修改、2015 年修正、2017 年修正。《文物保护法》的立法宗旨是：为了加强对文物的保护，继承中华民族优秀的历史文化遗产，促进科学研究工作，进行爱国主义和革命传统教育，建设社会主

① 综合中国青年报、封面新闻、红星新闻、九寨沟等.游客九寨沟光脚下水嬉笑拍照？4 人被罚，并公开道歉！[2022-08-10]. https://baijiahao.baidu.com/s?id=1740749827368331686&wfr=spider&for=pc.

义精神文明和物质文明。

小贴士

《文物保护法》规定，在中国境内，下列文物受国家保护。

（1）具有历史、艺术、科学价值的古文化遗址、古墓葬、古建筑、石窟寺和石刻、壁画。

（2）与重大历史事件、革命运动或者著名人物有关的，以及具有重要纪念意义、教育意义或者史料价值的近代现代重要史迹、实物、代表性建筑。

（3）历史上各时代珍贵的艺术品、工艺美术品。

（4）历史上各时代重要的文献资料，以及具有历史、艺术、科学价值的手稿和图书资料等。

（5）反映历史上各时代、各民族社会制度、社会生产、社会生活的代表性实物。

（6）具有科学价值的古脊椎动物化石和古人类化石同文物一样受国家保护。

二、文物保护的原则

文物工作贯彻保护为主、抢救第一、合理利用、加强管理的原则，一切机关、组织和个人都有依法保护文物的义务。

三、文物管理机构

国务院文物行政部门主管全国文物保护工作。地方各级人民政府负责本行政区域内的文物保护工作。

四、文物资源的管理

（一）文物所有权的法律保护

1. 属于国家所有的文物

中华人民共和国境内地下、内水和领海中遗存的一切文物，属于国家所有。

在不可移动的文物中，古文化遗址、古墓葬、石窟寺属于国家所有。

国家指定保护的纪念建筑物、古建筑、石刻、壁画、近代现代代表性建筑等不可移动文物，除国家另有规定的以外，属于国家所有。

在可移动文物中，属于国家所有的有：中国境内出土的文物，国家另有规定的除外；国有文物收藏单位及其他国家机关、部队和国有企业、事业组织等收藏、保管的文物；国家征集、购买的文物；公民、法人和其他组织捐赠给国家的文物；法律规定属于国家所有的其他文物。

国有不可移动文物的所有权不因其所依附的土地所有权或者使用权的改变而改变。

属于国家所有的可移动文物的所有权不因其保管、收藏单位的终止或者变更而改变。

国有不可移动文物不得转让、抵押。建立博物馆、保管所或者辟为参观游览场所的国有文物保护单位，不得作为企业资产经营。

2. 属于集体所有的文物和属于个人所有的文物

属于集体所有和私人所有的纪念建筑物、古建筑和祖传文物及依法取得的其他文物，其所有权受法律保护。文物的所有者必须遵守国家有关文物保护的法律、法规的规定。

非国有不可移动文物，不得转让、抵押给外国人。国家禁止出境的文物，不得转让、出租、质押给外国人。

（二）文物的分级管理

古文化遗址、古墓葬、古建筑、石窟寺、石刻、壁画、近代现代重要史迹和代表性建筑等不可移动文物，根据它们的历史、艺术、科学价值，可以分别确定为全国重点文物保护单位，省级文物保护单位，市、县级文物保护单位。

历史上各时代的重要实物、艺术品、文献、手稿、图书资料、代表性实物等可移动文物，分为珍贵文物和一般文物。其中，珍贵文物分为一级文物、二级文物、三级文物。

（三）施工管理

在文物保护单位的保护范围和建设控制地带内，不得建设污染文物及其环境的设施，不得进行可能影响文物安全及其环境的活动。对已有的污染文物及其环境的设施，应当限期治理。

建设工程选址，应当尽可能避开不可移动文物；因特殊情况不能避开的，对文物保护单位应当尽可能实施原址保护。实施原址保护的，建设单位应当事先确定保护措施，根据文物保护单位的级别报相应的文物行政部门批准，并将保护措施列入可行性研究报告或者设计任务书。无法实施原址保护，必须迁移异地保护或者拆除的，应当报省、自治区、直辖市人民政府批准；迁移或者拆除省级文物保护单位的，批准前须征得国务院文物行政部门同意。

全国重点文物保护单位不得拆除。需要迁移的，须由省、自治区、直辖市人民政府报国务院批准。依照规定拆除的国有不可移动文物中具有收藏价值的壁画、雕塑、建筑构件等，由文物行政部门指定的文物收藏单位收藏。

（四）修缮与重建管理

国有不可移动文物由使用人负责修缮、保养；非国有不可移动文物由所有人负责修缮、保养。非国有不可移动文物有损毁危险，所有人不具备修缮能力的，当地人民政府应当给予帮助；所有人具备修缮能力而拒不依法履行修缮义务的，县级以上人民政府可以给予抢救修缮，所需费用由所有人负担。

对文物保护单位进行修缮，应当根据文物保护单位的级别报相应的文物行政部门批准；对未核定为文物保护单位的不可移动文物进行修缮，应当报登记的县级人民政府文物行政部门批准。

对不可移动文物进行修缮、保养、迁移，必须遵守不改变文物原状的原则。

不可移动文物已经全部毁坏的，应当实施遗址保护，不得在原址重建。但是，因特殊情况需要在原址重建的，由省、自治区、直辖市人民政府文物行政部门报省、自治区、直辖市人民政府批准；全国重点文物保护单位需要在原址重建的，由省、自治区、直辖市人民政府报国务院批准。

文物保护单位的修缮、迁移、重建，由取得文物保护工程资质证书的单位承担。

（五）考古发掘管理

（1）一切考古发掘工作，必须履行报批手续；从事考古发掘的单位，应当经国务院文物行政部门批准。地下埋藏的文物，任何单位或者个人都不得私自发掘。

（2）从事考古发掘的单位，为了科学研究进行考古发掘，应当提出发掘计划，报国务院文物行政部门批准；对全国重点文物保护单位的考古发掘计划，应当经国务院文物行政部门审核后报国务院批准。国务院文物行政部门在批准或者审核前，应当征求社会科学研究机构及其他科研机构和有关专家的意见。

（3）进行大型基本建设工程，建设单位应当事先报请省、自治区、直辖市人民政府文物行政部门，组织从事考古发掘的单位在工程范围内有可能埋藏文物的地方进行考古调查、勘探。

（4）在进行建设工程，或者在农业生产中，任何单位或者个人发现文物，应当保护现场，立即报告当地文物行政部门，文物行政部门接到报告后，应当在 24 小时内赶赴现场。所发现的文物属于国家所有的，任何单位或者个人不得哄抢、私分、藏匿。

（5）考古调查、勘探、发掘的结果，应当报告国务院文物行政部门和省、自治区、直辖市人民政府文物行政部门。对于考古发掘的文物，应当妥善保管，任何单位或者个人不得侵占。

（6）非经国务院文物行政部门报国务院特别许可，任何外国人或者外国团体不得在中华人民共和国境内进行考古调查、勘探、发掘。

（六）馆藏文物管理

文物收藏单位应根据馆藏文物的保护需要，按照国家规定建立、健全管理制度。

文物收藏单位应当充分发挥馆藏文物的作用，通过举办展览、科学研究等活动，加强对中华民族优秀的历史文化和革命传统的宣传教育。

国有文物收藏单位之间因举办展览、科学研究等需借用馆藏文物的，应当报主管的文物行政部门备案；借用馆藏一级文物的，应当经省、自治区、直辖市人民政府文物行政部门批准，并报国务院文物行政部门备案。文物收藏单位之间借用文物的最长期限不得超过三年。

非国有文物收藏单位和其他单位举办展览需借用国有馆藏文物的，应当报主管的文物行政部门批准；借用国有馆藏一级文物，应当经国务院文物行政部门批准。禁止国有文物收藏单位将馆藏文物赠与、出租或者出售给其他单位、个人。修复馆藏文物，不得改变馆藏文物的原状；复制、拍摄、拓印馆藏文物，不得对馆藏文物造成损害。

（七）民间收藏文物的管理

文物收藏单位以外的公民、法人和其他组织收藏的文物属于民间收藏文物。民间收藏的文物可以依法流通。

小贴士

公民、法人和其他组织可以收藏通过下列方式取得的文物：①依法继承或者接受赠与；②从文物商店购买；③从经营文物拍卖的拍卖企业购买；④公民个人合法所有的文物相互交换或依法转让；⑤国家规定的其他合法方式。

公民、法人和其他组织对于下列文物不得买卖：①国有文物，但是国家允许的除外；②非国有馆藏珍贵文物；③国有不可移动文物中的壁画、雕塑、建筑构件等，但是依法拆除的国有不可移动文物中的壁画、雕塑、建筑构件等不属于《文物保护法》规定的应由文物收藏单位收藏的除外；④来源不符合《文物保护法》规定的文物。

国家鼓励文物收藏单位以外的公民、法人和其他组织将其收藏的文物捐赠给国有文物收藏单位或者出借给文物收藏单位展览和研究。国有文物收藏单位应当尊重并按照捐赠人的意愿，对捐赠的文物妥善收藏、保管和展示。

文物商店应当由国务院文物行政部门或者省、自治区、直辖市人民政府文物行政部门批准设立，依法进行管理。不得从事文物拍卖经营活动，不得设立经营文物拍卖的拍卖企业。文物商店购买、销售文物，拍卖企业拍卖文物，应当按照国家有关规定作出记录，并报原审核的文物行政部门备案。文物商店销售的文物，在销售前应当经省、自治区、直辖市人民政府文物行政部门审核；对允许销售的，省、自治区、直辖市人民政府文物行政部门应当作出标识。

小贴士

2022 年 7 月，国家文物局出台了《关于鼓励和支持社会力量参与文物建筑保护利用的意见》(以下简称《意见》)。其中，《意见》中所提到的上述文物建筑具体是指“县级文物保护单位及尚未核定公布为文物保护单位的文物建筑”。《意见》明确提出了社会力量可利用文物建筑开办民宿、客栈、茶社等旅游休闲服务场所。

《意见》指出，社会力量参与文物建筑保护利用，坚持保护第一、政策引导、试点先行、价值导向，充分发挥文物建筑在推动经济社会发展中的重要作用。《意见》明确，社会力量可以参与文物建筑本体保护修缮、历史风貌维护、旅游文创开发、文化传承发展等文物保护利用全过程，并通过社会公益基金、全额出资、与政府合作等方式，获得文物建筑一定时限的管理使用权，管理使用期限最长一般不超过 20 年，并由县级文物主管部门定期组织对文物建筑保护利用状况开展评估。

《意见》强调，社会力量利用文物建筑，不得违背社会主义核心价值观、违反社会公序良俗，不得开设私人会所、高档娱乐场所，不得对文物建筑本体造成破坏，不得将文物建筑转让或者抵押、质押等。

案例 7-2

江某拥有产权的一幢三层房屋为某市某区文物保护单位。2019 年 3 月 22 日，该区文化市场综合执法人员到该幢房屋的二楼、三楼检查，发现房屋内的地板砖已打碎，室内部分木门窗和木板隔墙有破损，该行为涉嫌违反《文物保护法》第二十一条第二款关于未经批准擅自对文物保护单位进行修缮的规定。执法人员现场发出《责令改正通知书》要求立即停止施工，并开具《调查询问通知书》通知当事人江某到某区文化广电新闻出版局协助进一步调查。

当事人江某拒绝配合执法工作，没有按通知要求到某区文化广电新闻出版局作进一步调查，并长期锁闭该幢房屋的大门，执法人员无法进入查看。4 月 9 日，该区文化广电旅游体育局向江某发函要求其停止施工，并进行整改，同时对该幢房屋进行常态化巡查监控，之后一段时间没有发现施工现象，但江某也没有整改。执法人员通过各种渠道设法联系当事人江某，但始终无法联系。

2019 年 9 月 2 日，该区文化市场综合执法人员巡查发现，江某对该幢房屋二楼、三楼又进行修缮施工，二楼、三楼的地板砖全部铲除，屋内间隔墙、隔板全部拆除，室内全部拆空，只剩第三层室内有一面间隔墙。经进一步调查，发现该幢房屋二楼、三楼分属两个产权，权属人均为当事人江某。

2019 年 8 月 5 日，江某将该幢房屋三楼卖给了当事人张某，并于 8 月 15 日将房屋移交张某，张某于 9 月 2 日对该幢房屋三楼进行了修缮施工；2019 年 8 月 8 日，江某又将该幢房屋二楼卖给了谭某，并于 8 月 15 日将房屋移交谭某，谭某于 8 月 29 日对该幢房屋二楼进行了修缮施工。

2019 年 9 月 9 日、10 月 9 日，江某的委托代理人配合调查询问，承认江某 2019 年 3 月未经文物行政部门许可擅自对该幢房屋二楼、三楼进行修缮施工的事实。2019 年 9 月 23 日，张某通过委托代理人承认未经文物行政部门许可擅自对该幢房屋三楼进行了修缮施工的事实。同日，谭某也承认其未经文物行政部门许可擅自对该幢房屋二楼进行了修缮施工的事实。

2019 年 9 月 11 日，文物专家对上述修缮行为进行了鉴定，认为上述擅自修缮行为对文物本体造成严重损坏，明显改变文物原状。2019 年 11 月 26 日，该区文化市场综合执法机构责令当事人改正违法行为，依法办理报批手续，按文物行政主管部门意见进行整改，并拟对上述三人处以 30 万元人民币的行政处罚。考虑到当事人积极主动整改，且通过整改总体恢复了破坏前文物原状，该区文化市场综合执法机构最终给与江某等罚款人民币 10 万元的行政处罚。[①]

---

① 广东省文化和旅游厅发布文化市场综合执法典型案例. http://whly.gd.gov.cn/news_newzwhd/content/post_3803559.html.

【解析】

《文物保护法》第二十一条第一款规定："国有不可移动文物由使用人负责修缮、保养；非国有不可移动文物由所有人负责修缮、保养。非国有不可移动文物有损毁危险，所有人不具备修缮能力的，当地政府应当给予帮助；所有人具备修缮能力而拒不依法履行修缮义务的，县级以上人民政府可以给予抢救修缮，所需费用由所有人负担。"

第二款规定："对文物保护单位进行修缮，应当根据文物保护单位的级别报相应的文物行政部门批准；对未核定为文物保护单位的不可移动文物进行修缮，应当报登记的县级人民政府文物行政部门批准。"第三款规定："文物保护单位的修缮、迁移、重建，由取得文物保护工程资质证书的单位承担。"第四款规定："对不可移动文物进行修缮、保养、迁移，必须遵守不改变文物原状的原则。"

因此，不可移动文物修缮必须遵循不得改变文物原状的原则，应当保存文物建筑的原形制、原结构、原材料、原工艺。江某等三人的修缮行为违反了《文物保护法》第二十一条第二款的规定，依据《文物保护法》第六十六条第一款第(四)项的规定，属于擅自修缮不可移动文物，且明显改变了文物原状，因此应当依法予以处罚。

（八）文物出境管理

国家对文物的出境实行严格管理。文物出境应当经国务院文物行政部门指定的文物进出境审核机构审核。国有文物、非国有文物中的珍贵文物，以及国家规定禁止出境的其他文物，不得出境。

经审核允许出境的文物，由国务院文物行政部门发给文物出境许可证，从国务院文物行政部门指定的口岸出境。

任何单位或者个人运送、邮寄、携带文物出境，都应当向海关申报；海关凭文物出境许可证放行。

五、违反文物保护的法律责任

（一）民事责任

对于违反《文物保护法》的规定，造成文物灭失、损毁的，依法承担民事责任。

（二）行政责任

违反《文物保护法》的规定，构成违反治安管理行为的，由公安机关依法给予治安管理处罚。违反《文物保护法》的规定，构成走私行为，尚不构成犯罪的，由海关依照有关法律、行政法规的规定给予处罚。

违反《文物保护法》的规定，尚不构成犯罪的，由县级以上人民政府文物主管部门责令改正，没收违法所得，没收非法经营的文物，并根据情节的轻重，处以罚款、吊销资质证书。

（三）刑事责任

违反《文物保护法》的规定，有下列行为之一，情节严重，构成犯罪的，应当依法追究刑事责任：①盗掘古文化遗址、古墓葬的；②故意或过失损毁国家保护的珍贵文物的；③擅自将国有馆藏文物出售或私自送给非国有单位或个人的；④将国家禁止出境的珍贵文物私自出售或送给外国人的；⑤以牟利为目的倒卖国家禁止经营的文物的；⑥走私文物的；⑦盗窃、哄抢、私分或非法侵占国有文物的；⑧应当追究刑事责任的其他妨害文物管理行为。

案例 7-3

被告人刘某等三人使用铁锹、铁镐等作案工具盗掘古墓，经国家文物部门鉴定，被盗掘的系一座大型汉代墓葬，该墓相当于省市级文物保护单位。被告等人的盗掘行为，已到达墓室的外回廊，破坏了部分封土和保护墓室的白膏泥、木炭层，破坏了墓葬的完整性。本案被告人的盗掘行为破坏了古墓的完整性，使珍贵文物遭到了破坏。

请问：（1）被告的行为触犯了我国什么法律的规定？

（2）被告的行为是否已构成犯罪？

【解析】

被告的行为已经触犯了《刑法》的规定，已经构成了犯罪。

我国《刑法》明确规定，盗窃公私财物，数额较大或者多次盗窃的，处三年以下有期徒刑、拘役或者管制，并处或者单处罚金；数额巨大或者有其他严重情节的，处三年以上十年以下有期徒刑，并处罚金；数额特别巨大或者有其他特别严重情节的，处十年以上有期徒刑或者无期徒刑，并处罚金或者没收财产；盗窃珍贵文物，情节严重的，处无期徒刑或者死刑，并处没收财产。

第三节　相关旅游资源的管理制度

一、自然保护区的保护管理

（一）自然保护区的概念

自然保护区是指对有代表性的自然生态系统、珍稀濒危野生动植物物种的天然集中分布区、有特殊意义的自然遗迹等保护对象所在的陆地、陆地水体或者海域，依法划出一定面积予以特殊保护和管理的区域。

（二）自然保护区的等级

国家级自然保护区是指在国内外有典型意义、在科学上有重大国际影响或者有特殊科学研究价值的自然保护区。

地方级自然保护区是指除列为国家级自然保护区的外，其他具有典型意义或者重要科学研究价值的自然保护区。

（三）自然保护区的建立

自然保护区的建立必须符合一定的条件。国家级自然保护区和地方自然保护区的建立必须由自然保护区所在的人民政府或者国务院有关自然保护区行政主管部门提出申请，并报省、自治区、直辖市人民政府或国务院批准。

（四）自然保护区的管理机构与职责

我国对自然保护区实行综合管理与分部门管理相结合的管理体制。国务院环境保护行政主管部门负责全国自然保护区的综合管理。国务院林业、农业、地质矿产、水利、海洋等有关行政主管部门在各自的职责范围内，主管有关的自然保护区。县级以上地方人民政府负责自然保护区管理的部门设置和职责，由省、自治区、直辖市人民政府根据当地具体情况确定。

自然保护区的管理机构的主要职责有：贯彻执行国家有关自然保护的法律、法规和方针、政策；制定自然保护区的各项管理制度，统一管理自然保护区；调查自然资源并建立档案，组织环境监测，保护自然保护区内的自然环境和自然资源；组织或者协助有关部门开展自然保护区的科学研究工作；进行自然保护的宣传教育；在不影响自然保护区的自然环境和自然资源的前提下，组织开展参观、旅游等活动。

（五）自然保护区的开发、利用管理

国务院环境保护行政主管部门组织国务院有关自然保护区行政主管部门制定全国自然保护区管理的技术规范和标准。

自然保护区管理机构应当对在自然保护区内的单位、居民和经批准进入自然保护区的人员，依据自然保护区的各项管理制度进行管理。禁止在自然保护区内进行砍伐、放牧、狩猎、捕捞、采药、开垦、烧荒、开矿、采石、挖沙等活动。

自然保护区分为核心区、缓冲区和实验区的，应当依照有关规定进行管理。在自然保护区的核心区和缓冲区内，不得建设任何生产设施。在自然保护区的实验区内，不得建设污染环境、破坏资源或者景观的生产设施。在自然保护区的外围保护地带建设的项目，不得损害自然保护区内的环境质量。

案例 7-4

某自然保护区为发展旅游业，违反国家河道管理的有关规定，在自然保护区内一条主要河流的上游河段拦河修建综合旅游馆，迫使河流改道，造成水质严重污染，导致水土流失严重，给保护区内的自然景观造成一定的破坏。

【解析】

为保护自然保护区内的景观，国家法律禁止在自然保护区内违反规划，盲目兴建旅游设施，否则要承担相应的法律责任。

在国家级自然保护区的实验区开展参观、旅游活动的，由自然保护区管理机构提出方案，经省、自治区、直辖市人民政府有关自然保护区行政主管部门审核后，报国务院

有关自然保护区行政主管部门批准。

在地方级自然保护区的实验区开展参观、旅游活动的，由自然保护区管理机构提出方案，经省、自治区、直辖市人民政府有关自然保护区行政主管部门批准。

在自然保护区组织参观、旅游活动的，必须按照批准的方案进行，并加强管理；进入自然保护区参观、旅游的单位和个人，应当服从自然保护区管理机构的管理。

对于开设与自然保护区保护方向不一致的参观、旅游项目的，应当严格禁止。

（六）法律责任

1. 行政责任

违反《自然保护区条例》的规定，擅自移动或者破坏自然保护区界标；未经批准进入自然保护区，或者在自然保护区内不服从管理机构管理；经批准在自然保护区的缓冲区内从事科学研究、教学实习和标本采集的单位和个人，不向自然保护区管理机构提交活动成果副本的，由自然保护区管理机构责令其改正，并可以根据不同情节处以 100 元以上 5000 元以下的罚款。

违反《自然保护区条例》的规定，在自然保护区进行砍伐、放牧、狩猎、捕捞、采药、开垦、烧荒、开矿、采石、挖沙等活动的单位和个人，由县级以上人民政府有关自然保护区行政主管部门或者其授权的自然保护区管理机构没收违法所得，责令停止违法行为，限期恢复原状或者采取其他补救措施；对自然保护区造成破坏的，可以处以 300 元以上 1 万元以下的罚款。

自然保护区管理机构违反《自然保护区条例》的规定，未经批准在自然保护区开展参观、旅游活动，开设与自然保护区保护方向不一致的参观、旅游项目的，不按照批准的方案开展参观、旅游活动的，由县级以上人民政府有关自然保护区行政主管部门责令限期改正。对直接责任人员，由其所在单位或者上级机关给予行政处分。

2. 刑事责任

妨碍自然保护区管理人员执行公务，情节严重，构成犯罪的，依法追究刑事责任。

违反《自然保护区条例》的规定，造成自然保护区重大污染或者破坏事故，导致公私财产遭受重大损失或者人身伤亡的严重后果，构成犯罪的，对直接负责的主管人员和其他直接责任人员依法追究刑事责任。

二、历史文化名城、名镇、名村的保护管理

（一）历史文化名城、名镇、名村的概述

历史文化名城、名镇、名村是我国历史文化遗产的重要组成部分。保护好这些历史文化遗产，是保持民族文化传承、增强民族凝聚力的重要文化基地，为此，《文物保护法》确立了历史文化名城、名镇、名村保护制度。

《文物保护法》第十四条规定：保存文物特别丰富并且具有重大历史价值或者革命纪念意义的城市，由国务院核定公布为历史文化名城。保存文物特别丰富并且具有重大历

史价值或者革命纪念意义的城镇、街道、村庄，由省、自治区、直辖市人民政府核定公布为历史文化街区、村镇，并报国务院备案。历史文化名城和历史文化街区、村镇所在地的县级以上地方人民政府应当组织编制专门的历史文化名城和历史文化街区、村镇保护规划，并纳入城市总体规划。

为了加强历史文化名城、名镇、名村的保护与管理，继承中华民族优秀历史文化遗产，2008 年 4 月 22 日，国务院以《文物保护法》为依据，制定并发布了《历史文化名城名镇名村保护条例》，2017 年修正该条例。该条例由总则、申报与批准、保护规划、保护措施、法律责任、附则六部分组成。《历史文化名城名镇名村保护条例》的实施标志着我国政府对历史文化名城、名镇、名村的保护开发工作的重视程度，也标志着我国历史文化名城、名镇、名村的保护工作又上了一个台阶，使得保护工作更加有法可依，有章可循。

（二）历史文化名城、名镇、名村的申报与批准

申报历史文化名城、名镇、名村的城市、镇、村庄，应当具有法律规定的条件。

由省、自治区、直辖市人民政府提出申报历史文化名城的申请，经国务院建设主管部门会同国务院文物主管部门组织有关部门、专家进行论证，提出审查意见，报国务院批准公布。

申报历史文化名镇、名村，由所在地县级人民政府提出申请，经省、自治区、直辖市人民政府确定的保护主管部门会同同级文物主管部门组织有关部门、专家进行论证，提出审查意见，报省、自治区、直辖市人民政府批准公布。

（三）历史文化名城名镇名村的保护规划与原则

《文物保护法》规定，历史文化名城和历史文化街区、村镇所在地的县级以上地方人民政府应当组织编制专门的历史文化名城和历史文化街区、村镇保护规划，并纳入城市总体规划。

《历史文化名城、名镇、名村保护条例》规定，历史文化名城、名镇、名村的保护应当遵循科学规划、严格保护的原则，保持和延续其传统格局和历史风貌，维护历史文化遗产的真实性和完整性。

（四）历史文化名城名镇名村的保护措施

历史文化名城、名镇、名村应当整体保护，保持传统格局、历史风貌和空间尺度，不得改变与其相互依存的自然景观和环境。由历史文化名城、名镇、名村所在地县级以上地方人民政府根据当地经济社会发展水平的具体情况，按照保护规划，控制历史文化名城、名镇、名村的人口数量，改善历史文化名城、名镇、名村的基础设施、公共服务设施和居住环境。

在历史文化名城、名镇、名村保护范围内从事建设活动，应符合保护规划要求，不得损害历史文化遗产的真实性和完整性，不得对传统格局和历史风貌构成破坏性影响。

对历史文化街区、名镇、名村核心保护范围内的建筑物、构筑物，应当区分不同情

况，采取相应措施，实行分类保护。历史文化街区、名镇、名村核心保护范围内的历史建筑，应当保持原有的高度、体量、外观形象及色彩等。在历史文化街区、名镇、名村核心保护范围内，一般不得进行新建、扩建活动。

城市、县人民政府应当在历史文化街区、名镇、名村核心保护范围的主要出入口设置标志牌。任何单位和个人不得擅自设置、移动、涂改或者损毁标志牌。

城市、县人民政府应当对历史建筑设置保护标志，建立历史建筑档案。

历史建筑的所有权人应当按照保护规划的要求，负责历史建筑的维护和修缮。县级以上地方人民政府可以从保护资金中对历史建筑的维护和修缮给予补助。

建设工程选址，应当尽可能避开历史建筑；因特殊情况不能避开的，应当尽可能实施原址保护。

对于已批准公布的历史文化名城、名镇、名村应当依法给予严格保护。因保护不力使其历史文化价值受到严重影响的，批准机关应当将其列入濒危名单，予以公布，并责成所在地城市、县人民政府限期采取补救措施，防止情况继续恶化，并完善保护制度，加强保护工作。

案例 7-5

2021 年 3 月 25 日，贵州铜仁，江口县人民法院依法公开开庭审理了被告陈某某梵净山金顶刻字一案。据法院查明，2021 年 7 月 11 日，被告陈某在贵州梵净山排队等通行过程中，使用登山手杖在金顶摩崖石壁上刻“丽水陈国 ”四字。该摩崖石壁属于国家级自然保护区的人文景观、贵州省省级文物保护单位。

2022 年 3 月 25 日，江口县人民法院依法公开开庭审理被告陈某某在梵净山世界自然遗产地破坏生态环境民事公益诉讼一案。法院经审理，当庭作出一审判决，被告陈某某在本判决生效后三十日内支付文物修复费人民币 60952.08 元、修复方案设计费 38000 元、环境损害惩罚性赔偿金 25000 元，并在国家级新闻媒体上向社会公众赔礼道歉。①

【解析】

该摩崖石壁属于国家级自然保护区的人文景观、贵州省省级文物保护单位。被告陈某某使用登山手杖在金顶摩崖石壁上刻“丽水陈国”四字，破坏了生态环境，其行为已构成民事侵权行为。法院对于江口县人民检察院提起的民事公益诉讼予以支持。被告陈某某应该承担文物修复费、修复方案设计费、环境损害惩罚性赔偿金，并在国家级新闻媒体上向社会公众赔礼道歉等民事责任。

小贴士

《民法典》中环境污染和生态破坏责任的亮点

《民法典》第一千二百三十二条，侵权人违反法律规定故意污染环境、破坏生态造成

① 男子梵净山上刻四字被判赔近 12 万元：石壁属国家级自然保护区的人文景观. [2022-03-26]. http://finance.sina.cn/app/article/?d=mcwipii0677415&finpagefr=p_104_s.

严重后果的，被侵权人有权请求相应的惩罚性赔偿。第一千二百三十四条，违反国家规定造成生态环境损害，生态环境能够修复的，国家规定的机关或者法律规定的组织有权请求侵权人在合理期限内承担修复责任。侵权人在期限内未修复的，国家规定的机关或者法律规定的组织可以自行或者委托他人进行修复，所需费用由侵权人负担。

第一千二百三十五条，违反国家规定造成生态环境损害的，国家规定的机关或者法律规定的组织有权请求侵权人赔偿下列损失和费用：（一）生态环境受到损害至修复完成期间服务功能丧失导致的损失；（二）生态环境功能永久性损害造成的损失；（三）生态环境损害调查、鉴定评估等费用；（四）清除污染、修复生态环境费用；（五）防止损害的发生和扩大所支出的合理费用。

实训课堂

【基本案情】

某省拥有丰富的旅游资源，其中，某风景名胜区内高山、河流、湖泊组成风景优美的自然景观，并且有大面积的原始林区，是该省重要的旅游胜地之一。为了本地的经济发展，该风景名胜区被选定为水库建设地，景区内的河流上游将建起拦河大坝，建设一系列的水利设施。

【课堂讨论题】

1. 根据我国法律的相关规定，风景名胜区指的是什么？

2. 我国法律确定对风景名胜资源管理的原则是什么？

3. 修建水利设施，对风景名胜区的自然景观有不可挽回的损害。我国法律对在风景名胜区内建设项目有什么规定？

【答案要点】

1. 风景名胜区，指具有观赏价值、文化价值或者科学价值，自然景观、人文景观比较集中，环境优美，可供人们游览或者进行科学活动、文化活动的区域。

2. 我国法律规定，对风景名胜区资源管理实行科学规划、统一管理的原则，严格保护、永续利用的原则。

3. 我国法律规定，风景名胜区内的景观和自然环境，应当根据可持续发展的原则，严格保护，不得破坏或者随意改变。

风景名胜区内的建设项目应当符合风景名胜区规划，法律规定必须审批的，应当严格按照法律规定办理相关的审批手续，并且不得破坏景观、污染环境。如有违反法律规定进行建设的，应当按照风景名胜区规划，逐步迁出。

在风景名胜区内进行建设活动的，建设单位、施工单位应当制定污染防治和水土保持方案，并采取有效措施，做好保护周围景物、水体、林草植被、野生动物资源和地形地貌的各项工作。

实训案例

【基本案情】

贵州省黔东南州有409个村入选《中国传统村落名录》，包括榕江县栽麻镇宰荡侗寨、归柳侗寨。2018年3月，黔东南州检察机关部署开展传统村落保护专项行动，榕江县人民检察院在专项行动中发现，栽麻镇宰荡、归柳两个侗寨的村民私自占用农田、河道、溪流新建住房，违规翻修旧房，严重破坏了中国传统村落的整体风貌，损害了国家利益和社会公共利益。

2018年4月，榕江县人民检察院对本案决定立案并进行调查核实。通过现场勘验，询问村民及政府工作人员，查阅相关文件资料等，查明：栽麻镇宰荡、归柳两个侗寨部分村民未批先建砖混、砖木结构房屋的情况比较严重，导致大量修建的水泥砖房取代了民族传统木质瓦房；此外，加装墙壁瓷砖、铝合金门窗等新型建筑材料、加盖彩色铁皮瓦等现象，严重破坏了中国传统村落的整体格局和原始风貌，影响了侗寨这一民族文化遗产的保护和传承。

贵州省颁布的《贵州省传统村落保护和发展条例》《黔东南苗族侗族自治州民族文化村寨保护条例》明确规定，乡镇人民政府负责本行政区域内传统村落保护和发展的具体工作。栽麻镇人民政府作为栽麻镇宰荡侗寨、归柳侗寨保护和发展工作的法定主体，未依法落实传统村落保护发展规划和控制性保护措施，未开展传统村落保护宣传、管理工作，对村民擅自新建、改建、扩建建（构）筑物等行为未及时予以制止和引导，导致传统村落格局和整体风貌遭到严重破坏。

2018年12月28日，经贵州省人民检察院批准，榕江县人民检察院根据行政诉讼集中管辖的规定，向黎平县人民法院提起行政公益诉讼，请求确认榕江县栽麻镇人民政府对中国传统村落宰荡侗寨和归柳侗寨不依法履行监管职责的行为违法；判令榕江县栽麻镇人民政府对破坏中国传统村落宰荡侗寨、归柳侗寨整体风貌的违法行为依法履行监管职责。[①]

【案例点评】

2019年2月27日，黎平县人民法院公开审理了本案。榕江县人民检察院出示了现场调查图片、走访当地村民以及政府工作人员的调查笔录，提供了《中国传统村落名录》等相关书证，证实宰荡侗寨和归柳侗寨已被列为“中国传统村落”，因违章建筑致使整体风貌受到严重破坏的客观事实。

榕江县人民检察院认为，依据《贵州省传统村落保护和发展条例》等规定，栽麻镇人民政府对本行政区域内传统村落的保护和发展负有法定监管职责，检察机关发出诉前建议后，其仍未采取积极有效的监管、保护措施，使传统村落整体风貌始终处于遭受破坏的状态中。诉讼过程中，榕江县人民政府下发了《榕江县传统村落保护管理办法（试行）》，对本地传统村落保护的具体措施、发展规划、法律责任进行了详细规定。黎平县

---

① 贵州省榕江县人民检察院督促保护传统村落行政公益诉讼案（检例第 115 号）. http://www.gzpeace.gov.cn/info/1314/47902.htm.

人民法院当庭作出判决，支持检察机关的全部诉讼请求，栽麻镇人民政府当庭表示不上诉。

判决生效后，榕江县人民检察院督促栽麻镇人民政府加大监管力度，对宰荡侗寨和归柳侗寨采取相应的保护措施，逐步拆除破坏中国传统村落风貌的违章建筑。2019 年 5 月，榕江县人民检察院在跟进监督时发现，违章建筑已经全部拆除。

【思考讨论题】

根据《中华人民共和国行政诉讼法》第二十五条第四款、《中华人民共和国环境保护法》第二条、《中华人民共和国城乡规划法》第六十五条、《贵州省传统村落保护和发展条例》第二条和第四条、《最高人民法院、最高人民检察院关于检察公益诉讼案件适用法律若干问题的解释》第二十一条的规定，分析如下。

1. 贵州省第十二届人民代表大会常务委员会通过的《贵州省传统村落保护和发展条例》是地方性法规吗？

2. 乡镇人民政府是否负责本行政区域内传统村落保护和发展的具体工作，参与传统村落保护和发展规划编制并组织实施，指导村民委员会开展传统村落保护和发展工作？

3. 本案检察机关行政公益诉讼的法律效果如何？

即测即练

自学自测　扫描此码

第八章

旅游交通管理法律制度

【学习要点及目标】

1. 了解航空运输企业的经营准则，熟悉民用航空禁运规定，掌握承运人对旅客、托运行李的责任及国内航空运输承运人的赔偿限额。

2. 了解铁路运输企业的义务，熟悉铁路运输合同中旅客的权利和义务，掌握旅客乘车条件的规定及铁路旅客运输损害赔偿的规定。

3. 熟悉公路客运合同中旅客和承运人的基本义务，掌握公路货运合同中承运人、托运人和收货人的违约责任。

引导案例

2021 年 2 月 10 日，博益公司与联邦公司签订联邦快递服务协议书，协议包括："3.乙方（联邦公司）定期向甲方（博益公司）寄送账单，账单一经发送成功即视为甲方收到……甲方应及时审阅账单，对账单内容如有异议（包括对账单金额、托运事实之异议），应在账单日起 15 天内向乙方书面提出，逾期则视为对账单内容无异议。5.若甲方所交运之货件的体积重量超过实际重量，则运费按照体积重量收取……体积重量和实际重量以乙方测量的数值为准。10.乙方运费、附加费等费率牌价和相关计算方式以乙方网站或乙方印制之费率牌价表公布……如甲乙双方间无相关有效书面折扣协议的，则应当适用乙方公布之费率牌价。13.乙方网站上公布的价目表、燃油附加费、服务附加费和其他注意事项、《联邦快递标准货运条款》(特别提醒申报价值及责任限制、免责条款)《个人信息保护政策》等内容，自动成为协议的组成部分。"

"甲方应在货件交运前查询了解前述网站公布的相关信息，甲方将货件交由乙方运输，即为甲方明知并接受前述网站公布的相关信息。" 2021 年 2 月至 3 月，博益公司作为托运人，多次委托联邦公司将货物航空快递至国外以及将国外货物航空快递至国内，联邦公司认为博益公司不按协议的约定支付运输费、附加费，应承担违约责任，并根据《协议书》，航空货运单要求博益公司按 6 份账单（账单日期 2021 年 3 月 10 日至 2021 年 4 月 7 日）支付欠款 36078.09 元，而博益公司认为运费中的基础价格及提单中货物重量的认定不符合合同约定，且与实际不符。联邦公司遂起诉博益公司，博益公司败诉后上诉。两起裁判争议的焦点均为双方合同约定的价款与实际应付价款是否相符，以及博益公司是否在约定期间内提出异议、应诉时提出异议是否有效。[①]

【案例导学】

1. 博益公司与联邦公司之间签订的《联邦快递服务及安全协议书》系各方当事人的真实意思表示，且未违反国家法律、行政法规的强制性规定，合同有效。各方当事人均应按照合同履行各自义务。

2. 双方合同中明确约定博益公司对账单持有异议，应在账单日起 15 天内向联邦公司书面提出，逾期则视为对账单内容无异议。博益公司虽提供电话录音及邮件等证据证明其对账单提出异议，但未能就其已经按照合同约定的方式在规定期限内提出书面异议进行举证。据此，博益公司对账单金额及标准提出之上诉意见法院均不予采纳。

3. 博益公司虽提供证据用以证明账单重量与实际货物质量不符，但双方合同约定体积重量超过实际重量则按体积重量收取。博益公司主张重量有误之账单均单独收取体积附加费。但博益公司仅以货物重量主张费用计算有误缺乏依据，对其上诉主张法院不予采纳。博益公司上诉称实际支付部分运费。现联邦公司已提与博益公司存在关联的视界新材（北京）科技有限公司的运费为 4525.37 元的账单。结合庭审中，博益公司认可其运费交纳方式为通过扫描账单二维码支付的事实，可以认定上述 4525.37 元并非针对本案诉争博益公司的运费而支付。

4. 最终二审法院驳回博益公司上诉请求，维持原判。

第一节　航空运输管理制度

航空运输是指使用飞机、直升机及其他航空器运送人员、货物的一种运输方式，具有快速、机动的特点。世界各国都设立专门机构进行管理，如中国的民用航空总局、美国的联邦航空局等。

《中华人民共和国民用航空法》对民用航空器、航空人员、民用机场、空中航行、航空运输、搜寻援救、事故调查、赔偿损失和法律责任等作出了具体规定，是我国民用航空运输的基本法。《民用航空安全保卫条例》和《国内航空运输承运人赔偿责任限额规定》等法律、法规的颁布与实施，对调整我国民用航空运输的秩序起到了非常大的促进和完善作用。

小贴士

航空运输分为国内航空运输和国际航空运输。国内航空运输是指根据运输合同，出发地点、经停地点和目的地均在中国境内的航空运输。国际航空运输是指根据航空运输合同，无论运输有无间断或者有无转运，出发地点、经停地点和目的地至少有一个不在中国境内的航空运输。

---

① 北京市第三中级人民法院民事判决书（2022）京 03 民终 1142 号.

一、航空运输企业的经营准则

航空运输包含飞行安全、航班正常和优质服务三方面内容。航空运输企业应当以保证飞行安全和航班正常，提供良好服务为准则，采取有效措施，以文明礼貌、热情周到的服务态度，认真做好空中和地面的旅客运输各项工作。

航空运输企业应当教育和要求本企业职工严格履行职责，旅客运输航班延误的，应当在机场内及时通告有关情况。在航空运输过程中，旅客发生疾病时，承运人应当积极采取措施，尽力救护。空中飞行过程中，承运人应当根据飞行时间向旅客提供饮料或餐食。由于机务维护、航班调配、商务或者机组等原因，造成航班延误或者取消，承运人应当在机场内及时进行动态报告，告知旅客并妥善安排旅客的食宿等有关事宜。

二、航空运输的禁运规定

航空运输企业不许运输法律、行政法规规定的禁运物品。禁止旅客随身携带法律、行政法规规定的禁运物品乘坐民用航空器。禁止旅客随身携带危险品乘坐民用航空器。除因执行公务并按照国家规定经过批准外，禁止旅客携带枪支、管制刀具乘坐民用航空器。禁止违反国务院民用航空主管部门的规定将危险品作为行李托运。

航空运输的禁运品是指毒品、淫秽音像制品、反动宣传品和伪钞。航空运输的危险品是指对运输安全构成威胁的易燃、易爆、剧毒、易腐蚀、易污染和放射性物品。从事航空运输的民用航空器及其所载人员、行李和货物都应当接受边防、海关、检疫等部门的检查。航空运输企业不得运输拒绝安全检查的旅客，不得运输未经安全检查的行李。

对旅客及其行李物品进行安全检查，禁止旅客携带禁运品和危险品乘坐航空器，不仅是航空器安全的保障，同时也是广大旅客生命和财产安全的保障。所有旅客都必须无条件配合有关部门的安全检查，拒绝安全检查的旅客，航空运输企业有权拒绝运输。

案例 8-1

2019 年 5 月 7 日，何某乘坐南航公司承运的 CZ312 航班由加拿大飞往中国广州。根据机上突发事件交接报告单记载，当日 16 时 25 分，何某自述在右 3 门洗手间发生摔倒，撞伤手臂，其后何某自行返回座位就座，飞机乘务员得知情况后，现场广播找医生，何某的丈夫刘先生及周围几名旅客均是医生。

经检查，判断何某手臂有骨折现象，乘务员取急救箱协助处置，医生用急救箱内的绷带、三角巾、夹板进行固定包扎；16 时 40 分，何某服用同行人员提供的止痛膏药；16 时 50 分将何某调至公务舱休息，全程监控，何某后期状态平稳；何某的丈夫刘先生表示飞机落地后不需要救护车及专业医生的医疗救护，但需协助尽快转机至海口。次日，何某到海南医学院第一附属医院进行住院治疗，共计支付医疗费 27258.33 元；经海南医学院第一附属医院诊断，何某右侧肱骨干骨折、重度骨质疏松。[①]

① 海南省海口市美兰区人民法院民事判决书(2020)琼 0108 民初 2360 号.

【解析】

一、关于被告南航公司、南航海南分公司是否应承担违约责任的问题。根据原告何某提供的登记牌及机上突发事件交接报告单，可认定原告何某与被告南航公司航空旅客运输合同成立。依照《中华人民共和国民用航空法》第一百二十四条规定："因发生在民用航空器上或者在旅客上、下民用航空器过程中的事件，造成旅客人身伤亡的，承运人应当承担责任；但是，旅客的人身伤亡完全是由于旅客本人的健康状况造成的，承运人不承担责任。"本案中，原告在南航公司承运的CZ312航班上受伤，被告南航公司未举证证明原告摔倒受伤系其本人健康状况造成的，故被告南航公司存在违约行为，未将原告安全送达目的地，应承担违约责任，被告南航海南分公司并非本案实际承运人，原告要求其承担违约责任缺乏事实依据，本院不予支持。

二、关于被告南航公司赔偿范围的问题。根据《民法典》第五百八十四条规定：当事人一方不履行合同义务或者履行合同义务不符合约定，造成对方损失的，损失赔偿额应当相当于因违约所造成的损失，包括合同履行后可以获得的利益；但是，不得超过违约一方订立合同时预见到或者应当预见到的因违约可能造成的损失。

本案中，原告何某作为完全民事行为能力人，其本身患有重度骨质疏松症，根据一般医学常识可知，重度骨质疏松症患者较常人更容易发生骨折，甚至会引发更严重的后果。原告在乘机时理应向承运人告知其身体状况，以便被告提供相应的协助义务。原告摔倒受伤后，被告南航公司履行了积极救助义务，并对原告进行了妥善安置。

事后，原告丈夫表示落地后不需要救护车及专业医生的医疗救护。由于原告存在过失，被告不可能预见原告患有重度骨质疏松症，更不可能预见到一般人摔倒后会产生如此严重的后果。故原告去河南洛阳治疗的费用及后续治疗所需费用、交通费、护理费、住院伙食费、营养费，属于被告订立合同时无法预见的损失，被告对此不应承担责任，被告仅须赔偿原告在海南医学院第一附属医院的治疗费。至于原告主张的精神损害赔偿费 50000 元，因本案属于合同纠纷，而精神损害赔偿属于民事侵权责任范畴，故原告对于该项诉请于法无据，本院不予支持。

三、航空运输的凭证管理

（一）客票

客票是民航与旅客订立运输合同的凭证。客票为记名式，只限客票上所载姓名的旅客本人使用，不得转让和涂改。客票是航空运输合同订立和运输合同条件的初步证据。承运人运送旅客，必须向旅客签发客票。旅客乘坐民用航空器，必须向承运人交验有效客票。

旅客应当在承运人或者销售代理人的售票处购票。旅客购票须凭本人有效身份证件，填写《旅客订座单》。航空运输客票必须在有效期内，按照客票上列明的航路和座位等级，用于从始发地点机场到目的地机场的运输。旅客购票后，如果要求变更航班、日期、舱位等级，承运人及销售代理人应当根据实际情况积极办理。

由于航班取消、提前、延误、航班改变、衔接失误或者民航部门不能提供原订座位，旅客要求变更乘机航班、日期的，民航部门应当按照旅客要求，优先安排旅客乘坐后续航班或者其他航班抵达目的地。

由于承运人或者旅客的原因，旅客不能在客票有效期内完成部分或者全部航程，旅客可以在客票有效期内要求退票。退票只限在售票地、航班始发地、终止旅行地的承运人或者销售代理人的售票处办理。如果是因为承运人的原因导致旅客要求退票的，票款应当全部退还，不收退票费；如果是因为旅客自身原因退票的，民航有权收取一定的退票费，但退票费最多不得超过客票价款的 20%。

（二）行李票

行李是指与航空运输旅客旅行有关的穿用舒适与方便所必需的物品及个人财物，包括随身携带物品、自理行李和托运行李。

1. 随身携带物品

随身携带物品的重量，每位旅客以 5 千克为限。头等舱旅客每人可携带两件随身物品，公务舱或者经济舱旅客每人只能随身携带一件物品。每件随身携带物品的体积不得超过 20 厘米 × 40 厘米 × 55 厘米。

2. 自理行李

自理行李是指经承运人同意由旅客自行负责照管的行李。自理行李的重量不能超过 10 千克，体积不得超过 20 厘米 × 40 厘米 × 55 厘米，超过重量或者体积限制的自理行李，应当作为托运行李进行托运。

3. 托运行李

托运行李的重量每件不能超过 50 千克，体积不得超过 40 厘米 × 60 厘米 × 100 厘米，超过重量或体积限制的托运行李，须事先征得承运人同意才能托运，并以每公斤按经济舱票价的 1.5%交逾重行李费。每位旅客的免费行李额（包括自理行李和托运行李）为：头等舱旅客 40 千克，公务舱旅客 30 千克，经济舱旅客 20 千克。

四、航空运输承运人的责任

（一）承运人对旅客的责任

因发生在民用航空器上或者在旅客上、下民用航空器过程中的事件，造成旅客人身伤亡的，承运人应当承担责任；但是，旅客人身伤亡完全是旅客本人健康状况造成的，承运人不承担责任。

承运人承担责任的原因是“事件”。对事件的理解必须符合民事法律关于事件的解释。通常情况下，事件总是被归结为不可抗力而免除有关当事人的责任，而《民用航空法》要求承运人对“事件”承担责任，充分保护了旅客的权益。

（二）承运人对旅客随身携带物品的责任

因发生在民用航空器上或者在旅客上、下民用航空器过程中的事件，造成旅客随身携带物品毁灭、遗失或者损坏的，承运人应当承担责任。旅客随身携带物品的毁灭、遗失或者损坏完全是由物品本身的自然属性、质量或者缺陷造成的，承运人不承担责任。

（三）承运人对旅客托运行李的责任

因发生在航空运输期间的事件，造成旅客托运行李毁灭、遗失或者损坏的，承运人应当承担责任。旅客托运行李的毁灭、遗失或者损坏完全是由行李本身的自然属性、质量或者缺陷造成的，承运人不承担责任。

（四）承运人对延误运输的责任

承运人应当完全、正确地履行航空运输合同。对于旅客、行李或者货物在航空运输中因延误造成的损失，承运人应当承担责任；但是，如果承运人证明本人或者其受雇人、代理人为避免损失发生已经采取了一切必要措施或者不可能采取此种措施的，不承担责任。

 小贴士

承运人必须举证证明自己为避免损失发生已经采取了一切必要措施，才能不承担责任。例如，由于机械原因发生航班延误，承运人将旅客安排在后面最近的航班上运输，对于此种延误，承运人不承担责任，因为承运人在当日即采取了一切必要措施将旅客运输到目的地。承运人能够举证自己不可能采取此种措施，也不承担责任。

例如，由于天气原因发生航班延误，承运人将旅客安排在机场休息，等天气好转再运输，对于此种延误运输，承运人不承担责任。

（五）承运人责任的减轻或者免除

在旅客、行李运输过程中，经承运人证明，损失是由索赔人的过错造成或者促成的，应当根据造成或者促成此种损失的过错的程度，相应减轻或者免除承运人的责任。旅客以外的其他人就旅客死亡或者受伤提出赔偿请求时，经承运人证明，死亡或者受伤是旅客本人过错造成或者促成的，同样应当根据造成或者促成此种损失的过错的程度，相应减轻或者免除承运人的责任。

五、航空运输的损失赔偿

（一）航空运输索赔的期限和形式

航空运输托运行李或者货物发生损失的，旅客或者收货人应当在发现损失后立即向承运人提出异议。托运行李发生损失的，至迟应当自收到托运行李之日起 7 日内提出异议；货物发生损失的，至迟应当自收到货物之日起 14 日内提出异议。

航空运输托运行李或者货物发生延误的，至迟应当自收到托运行李或者货物交付旅客，或者收货人处置之日起 21 日内提出异议。旅客或者收货人收受托运行李或者货物未提出异议，为托运行李或者货物已经完好交付并与运输凭证相符的初步证据。

旅客或者收货人提出任何异议都应当在规定期间以书面形式提出。超过期限提出异

议的，除承运人有欺诈行为外，旅客或者收货人不能向承运人提起索赔诉讼。航空运输的诉讼时效为 2 年，自民用航空器到达目的地、应当到达目的地或者运输终止之日起计算。如果旅客在该期限内未行使权利，则丧失了请求法院保护其权利的诉讼权利。

（二）航空运输赔偿限额的规定

1. 国内航空运输承运人的赔偿责任

根据《国内航空运输承运人赔偿责任限额规定》，国内航空运输承运人应当在下列规定的赔偿责任限额内按照实际损害承担赔偿责任，但是《民用航空法》另有规定的除外。

（1）对每名旅客的赔偿责任限额为人民币 40 万元。

（2）对每名旅客随身携带物品的赔偿责任限额为人民币 3000 元。

（3）对旅客托运行李和运输的货物的赔偿责任限额，为每公斤人民币 100 元。

旅客自行向保险公司投保航空旅客人身意外保险的，此项保险金额的给付，不免除或者减少航空运输承运人应当承担的赔偿责任。

2. 国际航空运输承运人的赔偿责任

（1）对每名旅客的赔偿责任限额为 16600 计算单位；但是，旅客可以同航空运输承运人书面约定高于本项规定的赔偿责任限额。

（2）对托运行李或者货物的赔偿责任限额，以每千克为 17 计算单位。

（3）对每名旅客随身携带物品的赔偿责任限额为 332 计算单位，办理声明价值的行李，以声明价值为限。

赔偿责任限额的规定有利于促进航空运输业和航空保险业的发展，公平维护航空运输合同各方当事人的合法权益。但赔偿责任限额并不是在任何情况下都适用，如果航空运输中的损失是由于承运人或者其受雇人、代理人的故意，或者明知可能造成损失而轻率地作为或者不作为造成的，承运人无权援用有关赔偿责任限额的规定。

第二节　铁路运输管理制度

铁路运输是利用铁路线路、运输设备进行运输生产活动，使旅客、货物发生空间上的位移。国务院铁路主管部门主管全国铁路工作，对国家铁路实行高度集中、统一指挥的运输管理体制，对地方铁路、专用铁路和铁路专用线进行指导、协调、监督和帮助。国家铁路运输企业行使法律和行政法规授予的行政管理职能。

《中华人民共和国铁路法》对铁路运输、铁路建设、铁路安全与保护等作出了具体规定，铁道部颁布实施《铁路旅客运输办理细则》和《铁路货物运输规程》，对承运人和旅客的权利和义务作出了明确规定，这些是铁路运输管理的重要法律依据。

一、铁路运输企业的义务

铁路运输企业必须坚持社会主义经营方向和为人民服务的宗旨，改善经营管理，切实改进路风，提高运输服务质量。铁路运输企业应当保证旅客和货物运输的安全，做到列车正点到达。

铁路运输企业的义务是为旅客、托运人和收货人提供服务，因此，铁路运输企业应当始终把提供良好的运输生产服务，切实做好各项工作放在首位。应当不断改进铁路的服务方式、提高服务质量、加强企业管理，真正做到优质、高效、全面地为旅客、托运人和收货人提供服务。

1. 保证旅客乘车安全

承运人必须把保证旅客的生命和财产安全放在首位，确保旅客列车运行安全。

2. 保证货物和行李安全与完好

铁路运输企业运送货物和行李的主要义务是要保证这些物品的完整和安全。

3. 保证列车安全正点到达目的地

承运人应按照车票载明的日期、车次等要求将旅客安全、准点送达目的地，不能误点或取消车次。否则，承运人应退还旅客全部票款或为其办理改乘其他列车。

4. 做好旅客运输服务工作

旅客购买车票，就和铁路运输企业建立了运输合同关系，承运人有义务为旅客提供优质服务，做到文明礼貌、热情周到，为旅客提供良好的旅行环境和服务设施。

5. 对旅客伤害和行李损失予以赔偿

因承运人过错造成旅客身体伤害或物品损失，承运人应承担责任、履行赔偿义务。

案例 8-2

刘某某于 2019 年 10 月 8 日通过创旅公司的同程手机客户端购买北京站至上海站的火车票一张（以下简称“涉案车票”），金额 293 元，车次 D701，2019 年 10 月 15 日 19:22 于北京站发车。该购票界面要求购票前需选中《火车票信息服务协议》《火车票购票须知》选项。其中《火车票信息服务协议》中以粗体标注以下内容：您通过网络页面点击“确认”或“同意”或开始使用本公司提供的服务，即表示您同意接受本协议的全部约定内容，以及与本协议有关的已经发布或将来可能发布的各项规则、页面展示、操作流程、公告或通知。

《同程购票协议》第四条载明：退票及改签说明（以铁路客运机构规定、要求和服务说明为准）1. 在线申请退票须同时满足以下条件。服务时间：6:02—22:55；发车时间外 30 分钟；未取纸质票……3. 支持在线改签，一张车票只能改签一次，且须同时满足以下条件。服务时间：6:02—22:55；发车时间外 30 分钟；未取纸质票。开车前 48 小时（不含）以上，可改签预售期内的其他列车；开车前 48 小时以内，可改签至票面日期当日 24:00 之间的列车；不办理票面日期次日及以后的改签。

2019 年 10 月 15 日 19:22，D701 次列车于北京站准时发车。刘某某因工作原因未能赶上该次列车。经询，其当日亦未前往北京站或在线上办理退票或改签业务。

刘某某主张其曾于次日前往北京站服务窗口要求将涉案车票改签，但该工作人员告知车票作废。后其咨询 12306 被告知可以改签，随后其再次前往窗口要求改签被拒绝，而铁路北京局认为其已就改签及退票业务尽到了告知义务。①

【解析】

一审法院认为，客运合同自承运人向旅客交付客票时成立。本案中，刘某某通过手机客户端购买火车票，从而与铁路北京局形成铁路旅客运输合同关系，该合同约定系双方真实意思表示，亦不违反法律、行政法规的强制性规定，应属合法有效。双方应依约履行合同义务。旅客因自己的原因不能按照客票记载的时间乘坐的，应当在约定的时间内办理退票或变更手续。逾期办理的，承运人可以不退票款，并不再承担运输义务。

本案中，刘某某称其未能按照火车票载明时间乘坐火车，系因其在法院开庭，即系刘某某的自身工作原因导致。该延误原因属刘某某自身原因，非可归责于铁路北京局、创旅公司的原因。在此情况下，刘某某应依约及时办理退票或变更手续。逾期办理的，铁路北京局及创旅公司可以不退票款。关于刘某某在 10 月 16 日前往火车站办理改签是否属于逾期办理的问题，刘某某主张其系老年人，不熟悉线上操作，系委托他人完成本次线上购票，不应适用现已公示的改签、退票规定。对此法院认为，刘某某作为完全行为能力人，其虽主张因年龄问题无法进行线上操作，系委托他人购买案涉火车票。但对委托他人购票事宜未提交相应证据。

另外，其在购票时可通过 12306 手机客户端、12306 官方网站公示信息、同程客户端自行查询到关于退票、改签的相关信息。若因年龄问题不熟悉线上操作，亦可通过线下方式，如向他人咨询、电话咨询、前往火车站咨询等方式了解该内容。但其在 10 月 15 日因工作原因知晓无法及时乘坐 D701 次列车的情况下，在当日并未及时通过官方网站、手机客户端、电话客服或前往火车站等多渠道确认相关退票、改签信息并提出改签、退票申请，而是在第二日才前往火车站申请办理改签，构成逾期办理改签及退票。

综上，刘某某主张的火车票损失并非因铁路北京局、创旅公司存在违约行为导致，而是自身原因导致损失产生，其要求退还购票款的诉讼请求没有依据，法院不予支持。

二审法院认为，本案中，刘某某通过网络购买涉案火车票，购票时刘某某勾选同意的协议内容及《铁路旅客运输规程》已对车票的改签和退票作出了约定。刘某某因自身原因未能按时乘坐，且未在约定的时间办理改签和退票，依照法律规定，作为承运人的铁路北京局可以不退票，并且不再承担运输义务。刘某某既然选择网络购票，即应当接受网络服务的运作方式。且铁路北京局也提供现场窗口办理退、改签车票的方式以满足不同人群的需求。故刘某某以互联网购票、退票、改签业务不适合老年人，一审判决未依据《中华人民共和国铁路法》及铁路北京局尚未兑现规程中有关改善铁路运输服务规定为由，要求铁路北京局、创旅公司承担购票费 293 元，二审法院不予支持。

---

① 北京市第一中级人民法院民事判决书（2020）京 01 民终 7024 号.

二、铁路运输合同

铁路运输合同是明确铁路运输企业与旅客、托运人之间权利义务关系的协议。旅客的车票、行李票、包裹票和货物托运单是铁路运输合同的组成部分。铁路运输合同从售出车票时成立，至按票面规定运输结束，旅客出站时止。正确理解和认识铁路运输合同，对搞好铁路运输生产，依法维护合同双方的合法权益十分有利。

（一）铁路运输合同中旅客的权利

1. 依据车票票面记载的内容乘车

旅客对承运人未能按车票载明的日期、车次、条件安排乘车，如火车晚点或取消，软卧安排硬卧等，有权要求承运人退还全部票款或安排改乘到达相同目的地的其他列车。

2. 要求承运人保障旅行安全舒适

旅客有权要求承运人提供与车票等级相适应的服务并保障旅行安全。火车票等级有软硬卧、软硬座，车速有特快、普快等，不同等级有不同标准条件；旅客有权要求承运人提供相应服务，以达到旅途舒适。

3. 有权要求承运人对损害进行赔偿

旅客对承运人造成其身体伤害、物品损失或逾期到达，有权要求承运人赔偿损失。

（二）铁路运输合同中旅客的义务

1. 支付运输费用，持有效车票乘车

旅客必须购买车票乘车，无票或持无效车票乘车应当补票，并交付按规定加收的票款。铁路企业以身高为买票标准，对学生、军人等特殊人员实行半票或其他优惠政策。

2. 遵守铁路法律法规

旅客应遵守《铁路法》及铁路运输规章制度，接受铁路工作人员的验票及安全检查。

3. 维护公共秩序和运输安全

旅客应当爱护列车设备和设施，维护公共秩序和运输安全。

4. 及时领取托运行李

托运行李的旅客应当及时领取行李，逾期领取的，应按规定支付保管费。

三、铁路运输的乘车条件

旅客乘车应当持有效车票。旅客无票乘车或者持失效车票乘车，应当补交票款，并按照规定交付加收的票款；拒不交付的，铁路运输企业可以责令其下车。有效车票是铁路车站出售的、有规定乘车期限、上下车站和票面指定乘车车次的车票。无票乘车是没有购买有效车票而混入列车或者持站台票乘车。

持失效车票乘车是持涂改的过期车票或者假票乘车。旅客无票乘车或者持失效车票乘车，铁路运输企业可以根据有关规定补收票款，并加收一定票款。对违章乘车拒绝补交票款的人员，列车工作人员可以责令其下车。

小贴士

铁路旅客车票是铁路运输的基本凭证，包括客票和附加票两部分。客票分为软座票和硬座票。附加票分为加快票、卧铺票和空调票，是客票的补充，除儿童外，不能单独使用。旅客购买卧铺票须有软座票或者硬座票，乘坐快车时还应有加快票。

铁路运输承运人一般不接受儿童单独旅行。随同成人旅行且身高为 1.1～1.4 米的儿童，享受半价客票、加快票和空调票，超过 1.4 米时应购买全价票。每一成人旅客可免票携带一名身高不足 1.1 米的儿童，超过一名时，超过人数应购买儿童票。

没有工资收入的学生，家庭居住地和学校不在同一城市的，凭附有加盖院校公章的减价优待证的学生证，每年可享受四次家庭至院校之间的半价硬座票、加快票和空调票。新生凭录取通知书、毕业生凭学校书面证明可购买一次学生票。因伤致残的军人，凭“革命伤残军人证”享受半价的软座票、硬座票和附加票。

旅客须按票面载明日期、车次、席别乘车，并在票面规定有效期内到站。旅客如在票面指定日期、车次于中途站下车，所乘区间票价不退。旅客可以在列车中途停车站下车，也可以在车票有效期间恢复旅行，但中途下车后，车票即失效。中途换车和中途下车旅客继续旅行时，应当先到车站办理车票签证手续。

旅客在乘车途中客票有效期终了，要求继续乘车时，应当自有效期终了站或者最近前方停车站起，另行补票，核收手续费。

乘坐卧铺旅客的车票由列车员保管并发给卧铺证，下车前交换。卧铺只能由持票者本人使用，成人带儿童或者两个儿童可以共用一个卧铺。

传染病患者、精神病患者或者健康状况危及他人安全的旅客，车站、列车可以不予运送，已购车票按旅客退票的有关规定处理。

四、铁路运输企业的赔偿责任

（一）逾期违约

铁路运输企业应当按照合同约定的期限或者国务院铁路主管部门规定的期限，将货物、包裹或者行李运到目的站，逾期运到的，铁路运输企业应当支付违约金。铁路运输企业逾期 30 天仍未将货物、包裹或者行李交付收货人或者旅客的，托运人、收货人或者旅客有权按货物、包裹或者行李灭失向铁路运输企业要求赔偿。

（二）损毁赔偿

铁路运输企业应当对承运的货物、包裹或者行李自接受承运时起到交付时止发生的灭失、短少、变质、污染或者损坏承担赔偿责任。旅客或者托运人在办理行李或者货物运输时，一般会根据行李或者货物的贵重程度，决定是否办理保价运输和货物运输保险。发生赔偿责任时，铁路运输企业应依照旅客或者托运人运输前办理的手续，给予相应的赔偿。旅客或者托运人有决定采取何种运输方式的自由，铁路运输企业不得强迫。

（三）免责事由

因旅客、托运人或者收货人的责任给铁路运输企业造成财产损失的，由旅客、托运人或者收货人承担赔偿责任。因铁路行车事故及其他铁路运营事故造成人身伤亡的，铁路运输企业应当承担赔偿责任；如果人身伤亡是因不可抗力或者由于受害人自身的原因造成的，铁路运输企业不承担赔偿责任。

铁路运输企业不承担赔偿责任的情形包括：不可抗力；损失由货物、包裹、行李中的物品本身的自然属性造成，或者属于合理损耗；旅客、托运人或者收货人的过错。

（四）铁路交通事故赔偿

《铁路交通事故应急救援和调查处理条例》，该条例对铁路交通事故赔偿制度重新作了规定。

1. 适用范围

对于铁路机车车辆在运行过程中与行人、机动车、非机动车、牲畜及其他障碍物相撞导致的事故，或者铁路机车车辆在运行过程中发生冲突、脱轨、火灾、爆炸等影响铁路正常行车的事故，都应当严格按照条例规定开展应急救援和调查处理工作。

2. 赔偿原则

事故造成人身伤亡的，铁路运输企业应当承担赔偿责任；但是人身伤亡是因不可抗力或者受害人自身原因造成的，铁路运输企业不承担赔偿责任。

3. 赔偿限额

事故造成铁路旅客人身伤亡和自带行李损失的，铁路运输企业对每名铁路旅客人身伤亡的赔偿责任限额为人民币 15 万元，对每名铁路旅客自带行李损失的赔偿责任限额为人民币 2000 元。铁路运输企业与铁路旅客可以书面约定高于前款规定的赔偿责任限额。

4. 救济途径

事故当事人对事故损害赔偿有争议的，可以通过协商解决，或者请求组织事故调查组的机关或者铁路管理机构组织调解，也可以直接向人民法院提起民事诉讼。

第三节　公路运输管理制度

公路运输是指在公路上运送旅客和货物的运输方式，主要承担短途客货运输。在我国，交通部公路运输管理部门是代表政府主管公路运输的职能部门，《公路法》是公路运输管理的基本法律规范，《民法典》《道路运输条例》也适用于公路运输管理。

一、公路客运合同概念

公路客运合同又称公路旅客运输合同是指公路运输承运人在一定期间内将旅客及其

行李安全运输到约定地点，旅客按规定支付票款或者运费的合同。公路客运合同自承运人向旅客交付客票时成立，但当事人另有约定或者另有交易习惯的除外。

二、公路客运合同的成立

《民法典》第八百一十四条规定：客运合同自承运人向旅客出具客票时成立，但当事人另有约定或者另有交易习惯的除外。这是对客运合同成立的规定。

（1）客运合同的订立，一般是先由购票人向承运人支付票价，后由承运人发售给客票。购票人支付票价的行为为要约，发给客票的行为为承诺。因此，在一般情况下，自承运人向旅客交付客票或者旅客取得客票时起，双方的意思表示一致，合同即告成立。

（2）“当事人另有约定或者另有交易习惯的”主要包括以下两种情形：一是在包租运输中，该客运合同一般自双方当事人合同签订时成立（并不需要承运人交付客票）；二是旅客先乘车后补票，自旅客上车时合同成立。此时当事人之间的合同形式为非书面的，其后旅客补票不过是将合同改为书面合同而已。

（3）在客运合同的订立中，一般情况下，旅客一方提出坐车要求的意思表示为要约，承运人同意运输的意思表示为承诺，但对于旅客的要约，承运人除去正当理由外，不得拒绝。如果承运人拒载，旅客可以依有关规定向有关部门投诉，有关部门应依有关规定对拒载的承运人给予处罚。

（4）客运合同应当执行统一规定的票价。承运人收取的票价不得违反国家的规定。承运人对各种客票的价款应予公告，并按照公告的价目表收费，不得加收其他费用。

三、公路客运合同中旅客的义务

1. 凭票乘车

旅客应当持有效客票，按票面指定的乘车日期、班次、座别乘车。旅客无票乘运、超程乘运、越级乘运或者持失效客票乘运的，应当补交票款，承运人可以按照规定加收票款。旅客不交付票款的，承运人可以拒绝运输。旅客因自己的原因不能按照客票记载的时间乘坐的，应当在约定的时间内办理退票或者变更手续。逾期办理的，承运人可以不退票款，并不再承担运输义务。

2. 支付票款及行李运费

旅客应以公路运输承运人公告的票价标准支付票款、行李费。

3. 接受乘务人员检、验票

对无票乘运、超程乘运、越级乘运或者持失效客票乘运的，应当补交票款，否则，承运人可以拒绝运输。

4. 按要求携带行李

旅客在运输中应当按照约定的限量携带行李。超过限量携带行李的，应当办理托运手续。旅客不得随身携带或者在行李中夹带易燃、易爆、有毒、有腐蚀性、有放射性，以及有可能危及运输工具上人身和财产安全的危险物品或者其他违禁物品。

旅客违反规定的，承运人可以将违禁物品卸下、销毁或者送交有关部门。旅客坚持携带或者夹带违禁物品的，承运人应当拒绝运输。

5. 爱护运输工具与设备

爱护运输工具与设备，保证运输工具和设备安全也是保护乘客自身安全的需要。

6. 遵守公共安全和公共卫生

良好的公共卫生条件和顺畅的公共秩序有助于乘客平安、愉快地抵达目的地。

四、公路客运合同中承运人的义务

1. 告知重要事项

承运人应及时向旅客告知有关不能正常运输的重要事由和安全运输的注意事项。

2. 按时运输旅客

承运人迟延或不能按约定运输的，旅客可解除合同，变更运输路线以到达目的地，或改乘其他班次，或退票。还可要求承运人将其运回始发地，并请求承运人赔偿损失。

3. 善管旅客行李包裹

承运人应对旅客自带行李妥善保管，若出现毁损、灭失，承运人应承担赔偿责任。

4. 提供必要生活服务

承运人在运输过程中，应当提供必要的生活服务，尽力抢救遇险旅客，照顾和医治发生急病、分娩的旅客，帮助老、残、孕、幼旅客。

5. 对旅客安全负责

承运人应调配良好的客运设备和合格的驾驶员，保证运输安全。运输途中，因承运人防范措施不当或事故发生后处理不及时造成旅客伤亡的，承运人要承担赔偿责任。但伤亡是旅客自身健康原因造成的，或者承运人证明伤亡是因旅客故意、重大过失造成的除外。该规定也适用于按照规定免票、持优待票或者经承运人许可搭乘的无票旅客。

案例 8-3

2020 年 12 月 1 日，胡某某在临澧县停弦渡镇青山村村部公交站点乘坐杨某驾驶的大型普通客车前往临澧县城，并支付了 5 元车票款。同日，王某某驾驶重型自卸货车自临澧县氮肥厂驶往石门县白洋湖镇，11 时 45 分许，行驶至临澧县，遇杨某驾驶的车辆（载胡昌九等乘客）在道路前方停车上客，起步行驶后再次停车上客，王某某驾车在相对方向有来车时欲超越客车，致使重型自卸货车右前部与客车尾部左侧相撞，造成胡某某等乘客受伤和两车不同程度受损的道路交通事故。该事故经临澧县某局交通警察大队认定，王某某负事故的主要责任，杨某负事故的次要责任，胡某某等乘客无责任。

2020 年 12 月 1 日 14 时 04 分，胡某某被送入临澧县第三人民医院（又名临澧县血防院）住院治疗，同年 12 月 9 日 12 时出院，共计住院 8 天，花费住院医疗费 5803.48 元。

本案交通事故中，杨某所驾驶的客车登记在临澧公交公司名下，杨某系临澧公交公司聘请的驾驶员。[①]

【解析】

（1）公民的财产权受法律保护。胡某某购票后乘坐临澧公交公司所有的客车，双方形成公路旅客运输合同关系。杨某系临澧公交公司聘请的驾驶员，其驾车行为属于职务行为，相应后果应由临澧公交公司承担，胡某某在乘车过程中受到伤害，临澧公交公司作为承运人在本案中构成违约，应对运输过程中被告胡某某受到的伤害承担赔偿责任。

（2）根据《民法典》第八百二十三条规定：承运人应当对运输过程中旅客的伤亡承担损害赔偿责任；但是，伤亡是旅客自身健康原因造成的或者承运人证明伤亡是旅客故意、重大过失造成的除外。前款规定适用于按照规定免票、持优待票或者经承运人许可搭乘的无票旅客。

胡某某因案涉交通事故所造成的相关损失，根据《最高人民法院关于审理人身损害赔偿案件适用法律若干问题的解释》（法释［2003］20号）规定的计算办法和湖南省相关统计数据予以核算后认定如下。

①医疗费5803.48元。

②住院伙食补助费480元（60元／天×8天）。

③营养费240元（30元／天×8天）。

④护理费，因胡某某未提交护理人员及其收入状况证明，故参照湖南省城镇私营居民服务、维修和其他服务业从业人员上一年度平均工资标准计算，其金额为922.32元（42081元／年÷365天×8天）。

⑤交通费，一审根据胡某某的就医时间长短、往返距离及司法鉴定所需等因素酌定为500元。

⑥鉴定费，一审根据常德市倚天司法鉴定所出具的鉴定费票据认定为800元，合计8745.80元。

上述①～⑤项损失共计7945.80元，已通过临澧公交公司联系并由王某某所驾驶车辆交强险、三责险的保险公司，即临澧中联财保公司于2020年12月28日全额进行了赔偿（实际已赔偿8303.48元），胡某某本案所诉请的护理费、营养费、交通费等损失均已包含在上述已赔偿的额度内，胡某某诉请的各项损失中实际未获得赔偿的损失仅为鉴定费800元，故临澧公交公司只需对该未获得赔偿的损失承担赔偿责任。

二审法院对以上判赔数额予以认可，驳回胡某某增加赔偿数额的上诉请求。

实训课堂

【基本案情】

山东户外联盟国际旅行社股份有限公司寿光一米阳光服务网点（以下简称“阳光服务网点”）经营旅游服务业务，寿光神州汽车服务有限公司（以下简称“神州公司”）多

① 湖南省常德市中级人民法院民事判决书（2022）湘07民终409号.

次承揽阳光服务网点的旅客运输业务。2019 年 7 月 31 日，阳光服务网点、神州公司双方口头订立旅客运输协议，约定由神州公司承运阳光服务网点 38 名旅客至青岛流亭机场乘坐 2019 年 8 月 2 日上午 8 点飞往韩国仁川的飞机。

在运输途中因神州公司司机失误发生交通事故，致旅客延误登机。山东航空股份有限公司对其中 30 名旅客的机票作废处理。阳光服务网点出资 67680 元为 30 名旅客重新购买当天青岛流亭—韩国仁川机票并安排登机。后阳光服务网点要求神州公司赔偿，神州公司支付 6000 元费用，余款 61680 元拒付。

处理意见：法院认定阳光服务网点与神州公司之间形成运输合同关系。对于阳光服务网点重购机票损失，阳光服务网点为旅客重新购买机票系因神州公司未能按约将旅客按时运送至青岛机场所致，阳光服务网点在运输合同履行过程中并无过错，神州公司作为违约方应当依法承担赔偿责任。①

【课堂讨论题】

1. 公路客运合同中旅客的义务是什么？

2. 公路客运合同中承运人的义务是什么？

3. 公路货运合同中承运人如何承担赔偿责任？

【答案要点】

1. 公路客运合同中旅客的义务是：凭票乘车；支付票款及行李运费；接受乘务人员检、验票；按要求携带行李；爱护运输工具与设备；遵守公共安全和公共卫生。

2. 公路客运合同中承运人的义务是：告知重要事项；按时运输旅客；善管旅客行李包裹；提供必要生活服务；对旅客安全负责。

3. 公路货运合同承运人的违约责任如下。

（1）承运人过错造成货物逾期到达应按合同的规定支付违约金。

（2）从货物装运时起，至货物运抵到达地交付完毕时止，承运人应对货物的灭失、短少、变质、污染、损坏负责，并按货物实际损失赔偿。

（3）货物错运到达地或收货人，由承运人无偿运到规定地点，交给指定的收货人，由此造成的货物逾期到达，按规定处理。

（4）货物赔偿价格，按实际损失价格赔偿。如货物部分损失，应按损坏货物所减低的金额或按修理费用赔偿。赔偿费用应专账支付，不得在运费内扣抵。

实训案例

【基本案情】

吴某某通过中国铁路 12306 平台为自己及其同事购买了 2021 年 7 月 21 日 11：24 由温州南开往杭州东的 G7334 次列车票 2 张，以及 2021 年 7 月 21 日 14：30 由杭州东开往周口的 G3118 次列车票 2 张，合计支付车费 1651 元。2021 年 7 月 21 日 08：17 至

① 山东省潍坊市中级人民法院民事判决书（2021）鲁 07 民终 2175 号.

08：19 分左右，吴某某通过网络平台就上述 4 张车票办理了退票手续，退款 1321 元。

2021 年 7 月 21 日 10：47，上海铁路局高铁命令第 11840 号载明：2021 年 7 月 21 日郑州东开 G3117 次、杭州东宁杭甬场开 G3118 次停运。命令来源：国铁集团 6581-6。

受河南省暴雨的影响，导致途经宣城站的较多列车停运。宣城发布记者了解到，截至 7 月 21 日上午 11 时，7 月 21 日开行的 G3118 等 35 趟高铁动车停运。

吴某某认为郑州“7·20”特大暴雨导致 G3118 次列车无法行驶，中铁公司应当退还退票手续费 330 元。[①]

【案例点评】

合同解除权作为形成权，自通知到达对方时解除。吴朋理以铁路公司在之后发布的列车停运命令，反证其办理退票系基于同样原因，缺乏依据，对于涉案的暴雨天气对铁路运行的影响是否足以达到列车停运的程度，需经铁路部门综合各方面因素后，经过严密的论证，并由中铁集团公司作出审批。吴某某系基于自身原因单方行使合同解除权，而铁路承运人系基于不可抗力行使解除权，故两者的法律后果各不相同。

【思考讨论题】

1. 鉴于中国铁路总公司代各铁路承运人收取、退还运输费用，并未实际参与铁路旅客运输；全国铁路运输不同车次的实际承运人的划分是铁路运输工作的内部分工，单个车次在运输的过程中会经过多个铁路公司的管理范围。谁为铁路旅客运输合同的承运人？

2. 铁路运输企业的义务是什么？

即测即练

自学自测　扫描此码

① 上海市第三中级人民法院民事判决书（2022）沪 03 民终 39 号.

第九章

食品安全管理法律制度

【学习要点及目标】

1. 了解食品安全的含义、食品安全监督的职责。
2. 熟悉食品安全管理制度的主要内容，理解食品安全的法律责任。
3. 学会分析有关食品安全的一般案例。

引导案例

全国导游人员资格考试模拟试题中的案例分析题：旅游者出现食物中毒现象

导游员小洪带领一个团队乘飞机来到某个海滨城市，他们到达后马上被接到某个餐馆用晚餐。客人们大吃海鲜，大饱口福。餐后，客人们直接赶赴所下榻的饭店。小洪分完房间，把分房名单拿到后，就向客人告别并进房休息了。后半夜总台服务人员用电话把小洪叫醒，告诉他有几个旅游者突然感到腹痛，有的还伴有腹泻、呕吐等症状。小洪赶紧起床前去查看。据小洪分析可能是客人当晚食用了不新鲜的海鲜而导致食物中毒。小洪马上打电话给地接社和地陪。在地接社的安排下，客人被送往医院。由于抢救及时，没有产生更严重的后果。不过大部分客人已元气大伤，后面的行程安排只能取消。①

【案例导学】

食物中毒事故属于旅游安全事故，如果处理不当，不但给旅游者本身造成重大伤害，而且会给旅行社带来严重的经济和名誉损失。本案例中的食物中毒事故，虽没有造成严重后果，但也给旅游者带来了一定的肉体伤害和精神伤害，使旅游活动不能继续进行下去，给旅行社也带来了经济损失。本案例中的导游人员在客人用餐时没有采取预防措施，没有检查餐厅卫生情况，没有对旅游者进行及时提醒，因此，对事故负有一定的责任。

当客人产生食物中毒现象后，导游小洪是事故的第一知情者，理应采取果断措施，阻止事态的扩大，而他却先报告当地旅行社后再送病人去医院，耽误了医治的时间。事后，导游小洪也没有向其他客人说明情况，安抚其他旅游者，最后造成旅游活动中断。

---

① 旅游案例分析：旅游者出现食物中毒现象. https://www.woyaosouti.com/w_ask/106160286.html.

第一节　食品安全管理制度

一、食品安全

（一）食品安全的含义

食品是人们生活的必需品，但如果处置不当，食品也可能给人带来危害。食品对人身的危害分为两种情况：一种情况是食品本身含有毒素；另一种情况是食品在生长、制造、存储、运输及销售等过程中，被有害物质污染。这些有毒的或被污染的食品被人食用后，将会造成不良后果甚至是难以挽回的后果。

食品安全是指食品无毒、无害，符合应当有的营养要求，对人体健康不造成任何急性、亚急性或慢性危害。

小贴士

《食品安全法》正式实施后，原来的《食品卫生法》同时废止。从“食品卫生”到“食品安全”，虽然只有两字之差，内涵却相差巨大，表明我国食品安全从立法观念到监管模式的全方位重大转变。

“食品安全”，不仅包括原“食品卫生”所要求的“食品无毒、无害、符合应当有的营养要求”等内容，而且更要求“对人体健康不造成任何急性、慢性和潜在性的危害”。食品安全指食品的种植、养殖、加工、包装、贮藏、运输、销售、消费等活动符合国家强制标准和要求，不存在可能损害或威胁人体健康的有毒害物质，不存在可能导致消费者病亡或危及消费者及其后代的隐患。

《食品安全法》将食品生产和加工，食品流通和餐饮服务纳入调整范围，从生产、流通、消费三个环节保证食品“从农田到餐桌”全过程的安全性。

（二）食品安全标准

食品安全标准是指为了保证食品安全，对食品生产经营过程中影响食品安全的各种要素及各关键环节所规定的统一技术要求。食品安全国家标准由国务院卫生行政部门负责制定、公布，国务院标准化行政部门提供国家标准编号。

食品安全标准应当包括下列内容。

1. 食品、食品相关产品中危害人体健康物质的限量规定

食品、食品相关产品中危害人体健康的物质包括致病性微生物、农药残留、兽药残留、重金属、污染物质及其他危害人体健康的物质。上述物质禁止人为添加到食品中，但由于生产过程或环境污染等原因进入人体，超过一定含量就会危害人体健康。因此，必须规定食品、食品相关产品中各种危害物质的限量。

案例 9-1

2016 年，吕某某等人合伙成立陕西某商贸公司，通过购入来源不明、含有西药成分盐酸二甲双胍的“三无”保健品，自行包装后，采用组织人员假冒厂家推广中心向客户寄送体验品、冒充“指导老师”跟进回访并推销等方式，虚假宣称该产品为纯中药且具有化糖疗效，诱骗众多高血糖患者购买，销售金额共计 98 万元。

2021 年 3 月，浙江省绍兴市柯桥区人民检察院（以下简称“柯桥区院”）在办理吕某某等人涉嫌销售有毒有害食品罪刑事案件过程中，认为案涉行为可能侵犯了众多不特定高血糖病患的身体健康权，遂于 3 月 29 日以民事公益诉讼立案。柯桥区院在调查过程中发现违法销售数额在卷证据不足，通过引导公安机关侦查和自行调查，补充调取了网上交易记录、转账记录等电子数据、业绩表、作案工具等客观性证据，查明了违法销售数额。此外，柯桥区院通过自行补充侦查，查明吕某某等人通过网络等途径非法获取众多高血糖病患个人信息的违法事实。

柯桥区院在发布公告且公告期满后没有法律规定的机关和社会组织提起诉讼的情况下，于 2021 年 6 月 28 日向柯桥区人民法院依法提起刑事附带民事公益诉讼，诉请判令吕某某等人共同支付有毒有害食品销售价款十倍的惩罚性赔偿金共计 980 万元，并就销售有毒、有害食品和侵犯公民个人信息的行为在国家级媒体上公开赔礼道歉。2021 年 12 月 6 日，柯桥区人民法院作出一审判决，支持检察机关的全部诉讼请求。吕某某不服提起上诉后，2022 年 1 月 28 日，绍兴市中级人民法院裁定驳回上诉，维持原判。

【解析】

将非法添加药品成分的“三无”保健品向患者群体推销并进行虚假宣传，侵害了消费者的合法权益，损害了社会公共利益。检察机关在办案中注重全面调查，依法补充调查查明违法销售数额和食药安全领域违法犯罪背后病患个人信息遭受侵害的事实。对此类违法行为依法追究刑事责任的同时，通过提起附带民事公益诉讼，提出惩罚性赔偿诉讼请求，能够有效加大违法者的违法成本，对其他潜在违法者形成震慑。

2. 食品添加剂的品种、使用范围、用量

食品添加剂，是指为改善食品品质和色、香、味，以及为防腐、保鲜和加工工艺的需要而加入食品中的人工合成或者天然物质。由于滥用食品添加剂会严重危害人体健康，因此必须制定标准，严格限定食品添加剂的品种、使用范围、用量。

3. 特定人群的主辅食品的营养成分要求

专供婴幼儿的主辅食品的营养成分有特殊要求，因为其不仅关系到食品的营养，还关系到婴幼儿的身体健康和生命安全。其他特定人群的主辅食品的营养成分也有特殊要求，需要制定相关标准。

案例 9-2

2019 年 10 月 4 日，钟某在童某某经营的贵溪市某保健用品店购买了 8 盒黄金玛卡、

7盒绿色伟哥和10盒蓝金伟哥，合计1150元。此后，钟某分别于2020年8月28日、11月23日在童某某处又购买上述保健品，共支付了950元。上述款项合计3050元，钟某均通过支付宝账户支付。钟某对购买行为进行了录像。

2021年4月，钟某以购买的黄金玛卡、绿色伟哥出品单位美国辉腾生物科技有限公司为虚构，生产企业吉隆市宏安生物制品有限公司为虚构，批准文号：藏卫食准字（2008）第684号、藏卫食准字（2008）第655号为虚构，外包装无食品生产许可证编号、联系方式。以所购买的蓝金伟哥制造商深圳凯旋门生物科技有限公司为虚构，批准文号：卫进特健字（2008）第1368号为虚构，外包装无食品生产许可证编号、联系方式。以所购买的卡宴外包装无生产厂家、企业地址、批准文号、联系方式、生产日期、食品生产许可证编号、产品标准代号、联系方式为由，提起诉讼，要求十倍惩罚性赔偿。

【解析】

《中华人民共和国食品安全法》（以下简称《食品安全法》）第二十六条第（四）项规定：食品安全标准应当包括与卫生、营养等食品安全要求有关的标签、标志、说明书的要求。童某某出售的保健品外包装存在虚构出品单位、批准文号，无食品生产许可证编号、联系方式、生产厂家、企业地址、生产日期、食品生产许可证编号等，属于不符合食品安全国家标准的产品。

《中华人民共和国食品安全法》第一百四十八条第二款规定：生产不符合食品安全标准的食品或者经营明知是不符合食品安全标准的食品，消费者除要求赔偿损失外，还可以向生产者或者经营者要求支付价款十倍或者损失三倍的赔偿金。

《最高人民法院关于审理食品药品纠纷案件适用法律若干问题的规定》第十五条第一款规定：生产不符合安全标准的食品或者销售明知是不符合安全标准的食品，消费者除要求赔偿损失外，依据《食品安全法》等法律规定向生产者、销售者主张赔偿金的，人民法院应予支持。从立法本意来看，《食品安全法》等法律规定了“十倍赔偿”条款，是为了保护为生活需要而购买、使用商品的正当消费者，保证食品安全。

从原告钟某有众多的索赔经历、并对购买过程进行录像分析，其行为明显有营利性质，不属于为正常生活所需而购物的消费者，若支持了原告钟臣的十倍请求，则与食品安全法及相关司法解释的立法目的相悖，故对原告钟臣要求给予十倍的赔偿请求依法不予支持。①

4. 对与食品安全、营养有关的标签、标识、说明书的要求

由于标签、标识、说明书的许多内容，如生产日期、保质期、储存条件，所使用的食品添加剂等，会关系到消费者食用时的安全，因此需要制定标准，规定统一的要求。

5. 食品生产经营过程的卫生要求

由于食品生产经营过程是保证食品安全的重要环节，其中的每一个流程都要符合一定的卫生要求，因此需要制定标准，规定统一的要求。

---

① 江西省鹰潭市中级人民法院民事判决书（2022）赣06民终238号.

6. 与食品安全有关的质量要求

质量要求涉及食品安全的，也属于制定食品安全标准的内容。

7. 食品检验方法与规程

食品检验方法与规程包括检测或实验的原理、类别、取样、操作、仪器、设备或实验条件、方法、步骤、数据计算、结果分析、合格标准及复验规则等方面的统一规定。

8. 其他需要制定为食品安全标准的内容

进口的食品、食品添加剂，以及食品相关产品应当符合我国食品安全国家标准。

案例 9-3

2017 年 7 月 16 日，徐某从学远公司在天猫经营的仁果果旗舰店购买涉案食品（莲子）100 罐，每罐净含量 240 克，每罐 39.9 元，共计支付货款 3990 元。涉案食品外包装营养成分表载明：每 100 克含有能量 344 千焦，每 100 克含有蛋白质 17.2 克、脂肪 0.0 克、碳水化合物 67.2 克、钠 5.1 毫克。徐某主张，涉案食品外包装营养成分表标注的能量值，与实际能量值不符，形成本诉。[①]

【解析】

徐某从学远公司在天猫经营的仁果果旗舰店购买涉案食品，并支付价款，双方之间形成事实上的买卖合同关系。该买卖合同系双方当事人的真实意思表示，且内容不违反法律、行政法规的强制性规定，应属合法有效。

徐某与学远公司就合同解除达成一致意见。合同解除后，学远公司应当退还徐旭货款，徐某亦应当退还学远公司涉案食品，如不能如数退还，应当折价赔偿。本案所涉商品均为预包装食品，《预包装食品营养标签通则》（GB28050—2011）属于对预包装食品标签的规范性要求。该通则问答第二十三条规定：能量指食品中蛋白质、脂肪、碳水化合物等产能营养素在人体代谢中产生的能量的总和。并规定了各产能营养素的能量折算系数，其中蛋白质的折算系数为 17 千焦/克、脂肪的折算系数为 37 千焦/克、碳水化合物的折算系数为 17 千焦/克。根据该标准系数折算，涉案食品的能量值为 1434.8 千焦，与涉案食品预包装所标注的能量值 344 千焦明显不符，违反了《预包装食品营养标签通则》的规定，涉案食品属于不符合食品安全标准的食品。

学远公司作为销售者，应当认识到其销售的食品的标签标识记载内容必须具备真实性，其在出售涉案食品时，未对涉案食品外包装粘贴的食品标签标识进行核准，且此次出售前已知标签能量标注错误，仍旧向徐旭销售涉案食品，因此可以认定其主观上明知，现徐旭要求学远公司十倍赔偿的诉讼请求，于法有据。

依照《合同法》第九十三条、第九十七条、《食品安全法》第二十六条、第七十一条、第一百四八条之规定：第一，解除徐某与上海学远科技发展股份有限公司于 2017 年 7 月 16 日形成的买卖合同；第二，上海学远科技发展股份有限公司于判决生效之日起 10 日内退还徐某货款 3990 元；徐某于判决生效之日起 10 日内退还上海学远科技发展股份有限

① 北京市第二中级人民法院民事判决书（2017）京 02 民终 11853 号.

公司仁果果莲子一百罐；第三，上海学远科技发展股份有限公司于判决生效之日 10 日内给付徐某赔偿金 39990 元。如果未按判决指定的期间履行给付金钱义务，应当依照《民事诉讼法》第二百五十三条之规定，加倍支付迟延履行期间的债务利息。

《民法典》实施后，《合同法》第九十三条、第九十七条的内容被《民法典》第五百六十二条、第五百六十六条取代。

二、食品生产经营

小贴士

《食品安全法》规定，在中国境内从事下列活动，应当遵守本法：（一）食品生产和加工（以下称“食品生产”），食品流通和餐饮服务（以下称“食品经营”）；（二）食品添加剂的生产经营；（三）用于食品的包装材料、容器、洗涤剂、消毒剂和用于食品生产经营的工具、设备（以下称“食品相关产品”）的生产经营；（四）食品生产经营者使用食品添加剂、食品相关产品；（五）食品的储存和运输；（六）对食品、食品添加剂和食品相关产品的安全管理。

（一）食品生产经营安全要求

1. 食品生产经营的环境卫生要求

食品生产经营部门应具有与生产经营的食品品种、数量相适应的食品原料处理和食品加工、包装、贮存等场所，保持该场所环境整洁，并与有毒、有害场所及其他污染源保持规定的距离。

2. 食品生产经营中应当具备的卫生设施

食品生产经营部门应具有与生产经营的食品品种、数量相适应的生产经营设备或者设施，有相应的消毒、更衣、盥洗、采光、照明、通风、防腐、防尘、防蝇、防鼠、防虫、洗涤，以及处理废水、存放垃圾和废弃物的设备或者设施。

3. 保证食品安全的相关规章制度的要求

食品生产经营应当有专职或兼职的食品安全专业技术人员、管理人员和保证食品安全的规章制度。

4. 食品生产经营设备布局和工艺流程的卫生要求

食品生产经营部门应具有合理的设备布局和工艺流程，防止待加工食品与直接入口食品、原料与成品交叉污染，避免食品接触有毒物、不洁物。

5. 餐具等的消毒要求

餐具、饮具和盛放直接入口食品的容器，使用前应当洗净、消毒，炊具、用具用后应当洗净，保持清洁。

6. 食品贮存、运输和装卸中的卫生要求

贮存、运输和装卸食品的容器、工具和设备应当安全、无害，保持清洁，防止食品污染并符合保证食品安全所需的温度湿度等特殊要求，不得将食品与有毒、有害物品一同储存、运输。

7. 食品包装的卫生要求

食品生产经营直接入口的食品应当有小包装或者使用无毒、清洁的包装材料、餐具。

8. 食品生产经营人员的卫生要求

食品生产经营人员应当保持个人卫生，生产经营食品时，应当将手洗净，穿戴清洁的工作衣、帽；销售无包装的直接入口食品时，应当使用无毒、清洁的售货工具。

9. 食品用水的卫生要求

食品生产经营用水应当符合国家规定的生活饮用水卫生标准。

10. 洗涤剂、消毒剂的卫生要求

食品生产经营使用的洗涤剂、消毒剂应当对人体安全、无害。

11. 法律、法规规定的其他要求

由于食品生产经营种类繁多，上述十项要求难以全面涵盖实践中所有食品生产经营的卫生要求，因此法律、法规规定的其他要求，食品生产经营者同样应当遵循。

（二）禁止生产经营的食品

根据我国《食品安全法》第三十四条的规定，下列食品禁止生产经营。

①用非食品原料生产的食品或者添加食品添加剂以外的化学物质和其他可能危害人体健康物质的食品，或者用回收食品作为原料生产的食品；

②致病性微生物，农药残留、兽药残留、生物毒素、重金属等污染物质及其他危害人体健康的物质含量超过食品安全标准限量的食品、食品添加剂、食品相关产品；

③用超过保质期的食品原料、食品添加剂生产的食品、食品添加剂；

④超范围、超限量使用食品添加剂的食品；

⑤营养成分不符合食品安全标准的专供婴幼儿和其他特定人群的主辅食品；

⑥腐败变质、油脂酸败、霉变生虫、污秽不洁、混有异物、掺假掺杂或者感官性状异常的食品、食品添加剂；

⑦病死、毒死或者死因不明的禽、畜、兽、水产动物肉类及其制品；

⑧未按规定进行检疫或者检疫不合格的肉类，或者未经检验或者检验不合格的肉类制品；

⑨被包装材料、容器、运输工具等污染的食品、食品添加剂；

⑩标注虚假生产日期、保质期或者超过保质期的食品、食品添加剂；

⑪无标签的预包装食品、食品添加剂；

⑫国家为防病等特殊需要明令禁止生产经营的食品；

⑬其他不符合法律、法规或者食品安全标准的食品、食品添加剂、食品相关产品。

（三）食品生产经营安全管理

1. 对食品生产经营过程的安全管理

1）建立企业的食品安全管理制度

食品生产经营企业应当建立健全本单位的食品安全管理制度，加强对职工食品安全知识的培训，配备专职或者兼职食品安全管理人员，做好对所生产经营食品的检验工作，依法从事食品生产经营活动。

2）食品生产的进货查验记录制度

食品生产者采购食品原料、食品添加剂、食品相关产品，应当查验供货者的许可证和产品合格证明文件；对无法提供合格证明文件的食品原料、食品添加剂、食品相关产品，应当依照食品安全标准进行检验；不得采购或使用不符合食品安全标准的食品原料、食品添加剂、食品相关产品。

食品生产企业应当建立食品原料、食品添加剂、食品相关产品进货查验记录制度，如实记录食品原料、食品添加剂、食品相关产品的名称、规格、数量、供货者名称及联系方式、进货日期等内容。食品原料、食品添加剂、食品相关产品的进货查验记录应当真实，保存期限不得少于两年。

3）食品出厂检验及记录制度

食品、食品添加剂和食品相关产品的生产者，应当依照食品安全标准对所生产的食品、食品添加剂和食品相关产品进行检验，检验合格后方可出厂或者销售。

食品生产企业应当建立食品出厂检验记录制度，查验出厂食品的检验合格证和安全状况，并如实记录食品的名称、规格、数量、生产日期、生产批号、检验合格证号、购货者名称及联系方式、销售日期等内容。食品出厂检验记录应当真实，保存期限不得少于两年。

4）食品经营的进货查验记录制度

食品经营者采购食品，应当查验供货者的许可证和食品合格的证明文件。

食品经营企业应当建立食品进货查验记录制度，如实记录食品的名称、规格、数量、生产批号、保质期、供货者名称及联系方式、进货日期等内容。食品进货查验记录应当真实，保存期限不得少于两年。

从事食品批发业务的经营企业销售食品，应当如实记录批发食品的名称、规格、数量、生产日期或生产批号、保质期、购货者名称、地址及联系方式、销售日期等内容，或者保留载有相关信息的销售票据。记录、票据的保存期限不得少于两年。

5）食品经营者贮存食品的要求

食品经营者应当按照保证食品安全的要求贮存食品，定期检查库存食品，及时清理变质或超过保质期的食品。

食品经营者贮存散装食品，应当在贮存位置标明食品的名称、生产日期、保质期、生产者名称及联系方式等内容。食品经营者销售散装食品，应当在散装食品的容器、外包装上标明食品的名称、生产日期、保质期、生产经营者名称及联系方式等内容。

6）餐饮服务提供者的安全管理

餐饮服务提供者应当制定并实施原料采购控制要求，确保所购原料符合食品安全标准。餐饮服务提供者在制作加工过程中应当检查待加工的食品及原料，发现有腐败变质或其他感官性状异常的，不得加工或使用。

餐饮服务提供者应当定期维护食品加工、贮存、陈列等设施、设备；定期清洗、校验保温设施及冷藏、冷冻设施。餐饮服务提供者应当按照要求对餐具、饮具进行清洗、消毒，不得使用未经清洗和消毒的餐具、饮具。

2. 食品生产经营人员的健康管理

食品生产经营者应当建立并执行从业人员健康管理制度。患有痢疾、伤寒、病毒性肝炎等消化道传染病的人员，以及患有活动性肺结核、化脓性或者渗出性皮肤病等有碍食品安全的疾病的人员，不得从事接触直接入口食品的工作。

食品生产经营人员每年应当进行健康检查，取得健康证明后方可参加工作。

案例 9-4

陈某于 2017 年 3 月 1 日在帝亚公司天猫网店帝亚食品专营店下单购买了“一份吧海之脆海带海唇菜 200g 即食小包海带”100 袋，其中泡椒味 30 袋、原味 30 袋、川香味 40 袋，支付价款 970 元，同月 5 日陈某签收该批货物；其后陈雷又于同月 7 日、25 日下单购买该食品原味 200 袋、150 袋，分别支付价款 1891.20 元、1420.90 元，先后于同月 18 日、同年 4 月 1 日签收货物。帝亚公司向陈某发送的货物标签标注的食品名称分别为“海之脆（原味）”“海之脆（泡椒味）”“海之脆（川香味）”；产品类型为酱腌菜；配料为海唇菜、芝麻、食用盐、白砂糖、食用植物油、味精（含谷氨酸钠）、香辛料、食品添加剂（柠檬酸、脱氢乙酸钠、苯甲酸钠、山梨酸钾）；并标注有贮藏方法、产品标准号、食品生产许可证编号、保质期、食用方法、生产日期、致敏物质及监制商（温州瓯鲜食品有限公司，以下简称温州“瓯鲜公司”）的信息、生产者（安徽瓯鲜食品有限公司，以下简称“安徽瓯鲜公司”）的信息、营养成分表、商品条形码等内容。

陈某收货后，以该食品不符合食品安全为由，诉至一审法院要求判令帝亚公司按商品价款的 10 倍赔偿。[①]

【解析】

陈某通过天猫网站在帝亚公司开设的网店订购食品海之脆脆海带，陈某与帝亚公司间形成合法的网络购物合同关系，双方均应全面履行合同义务，并遵守《食品安全法》的规定。

《食品安全法》第二十五条规定，食品安全标准是强制执行的标准；第二十七条规定，食品安全国家标准由国务院卫生行政部门会同国务院食品安全监督管理部门制定、公布，国务院标准化行政部门提供国家标准编号；第三十四条规定，禁止生产经营超范围、超限量使用食品添加剂的食品。中华人民共和国卫健委发布的《食品安全国家标准 预包装食品标签通则》（GB7718—2011）第 3.4 条规定，预包装食品标签应真实、准确，

① 北京市第二中级人民法院民事判决书（2017）京 02 民终 10511 号.

不得以虚假、夸大，使消费者误解或欺骗性的文字、图形等方式介绍食品。该案所涉食品海之脆脆海带的标签正面印有“来自夏威夷深海的”文字，属于对食品原料来源的说明，帝亚公司未提供证据证明该食品原料确实来源于该食品标签所宣称的夏威夷，陈某主张涉诉食品虚假宣传原料产地的理由成立。

涉诉食品主要原料为海唇菜，按照国家标准《裙带菜》（GB/T25166—2010）之 3.2 及 4.1、《藻类及其制品》（GB19643—2016）之 2.1 的划分属于藻类，该食品标签标注的食品添加剂中有苯甲酸钠，国家标准《食品添加剂使用标准》（GB2760—2014）表 A.1 中苯甲酸及其钠盐可添加的商品种类中不包含腌渍的藻类，陈某主张涉诉食品超范围使用添加剂的理由成立；陈某认为帝亚公司出售的海之脆脆海带食品不符合食品安全标准，要求退货退款的诉讼请求成立，法院予以支持。

《食品安全法》第一百四十八条规定：消费者因不符合食品安全标准的食品受到损害的，可以向经营者要求赔偿损失，也可以向生产者要求赔偿损失。接到消费者赔偿要求的生产经营者，应当实行首负责任制，先行赔付，不得推诿；属于生产者责任的，经营者赔偿后有权向生产者追偿；属于经营者责任的，生产者赔偿后有权向经营者追偿。

“生产不符合食品安全标准的食品或者经营明知是不符合食品安全标准的食品，消费者除要求赔偿损失外，还可以向生产者或者经营者要求支付价款十倍或者损失三倍的赔偿金；增加赔偿的金额不足一千元的，为一千元。但是，食品的标签、说明书存在不影响食品安全且不会对消费者造成误导的瑕疵的除外。”故在实际损害赔偿责任外的多倍赔偿金责任上，生产者、经营者承担多倍赔偿责任的要件不同，生产者只要有生产不符合食品安全的食品的行为即应承担多倍赔偿责任，经营者承担多倍赔偿责任的前提则是“明知”该食品不符合食品安全而予以销售，该条规定中并未将“应知”作为经营者承担多倍赔偿责任的要件。

食品添加剂的适用范围属于较为专业、精细和繁杂的核查事项，生产者在拟定食品配料和添加剂时应尽到逐项核查的义务，如果让经营者对所经营的食品一一核查各项配料组成和添加剂的使用是否符合规定在客观上难以实现，在义务分配上也颇为严苛。本案中，帝亚公司提供的食品供应商、监制商的相应资质资料表明该公司作为经营者对其经销的食品来源、生产商和供应商的生产经营资质进行了查验，现无证据证明帝亚公司明知该食品不符合食品安全标准而进行销售，且陈某在帝亚公司开设的天猫网店三次下单购买同一款食品后既未食用亦未作其他处置，随后提起诉讼要求帝亚公司按其反复下单的总价款的十倍给予赔偿，可见陈某在主观上亦不存在受到欺诈的情形。综上所述，二审法院判决陈某要求帝亚公司十倍赔偿的诉讼请求不能成立，予以驳回。

3. 食品生产经营的许可证制度

国家对食品生产经营实行许可制度。从事食品生产、食品流通、餐饮服务，应当依法取得食品生产许可、食品流通许可、餐饮服务许可。国家对食品添加剂的生产实行许可制度。

根据我国《食品安全法》关于食品生产经营的规定，各级旅游行政管理部门、各旅游景区和旅游接待单位必须高度重视旅游食品安全工作。要严格落实安全生产责任制，严把景区食品企业主体准入关，确保景区内各类食品作坊、副食品商店等食品经营者的主体经营资格；严把景区食品进货关，督促食品经营者建立进货台账制度和食品安全信息公示等制度；严把景区食品销售关，严禁景区食品经营者经销过期、变质、“三无”、有毒有害食品等，确保旅游食品安全。各旅游星级饭店应当确保为旅游者提供安全、优质的食品和服务。

第二节　食品安全监督制度

一、食品安全监督管理机构

国务院食品安全委员会作为高层次议事协调机构，将协调、指导食品安全监管工作。

国务院食品药品监督管理部门依照食品安全法和国务院规定的职责，对食品生产经营活动实施监督管理。

国务院卫生行政部门依照食品安全法和国务院规定的职责，组织开展食品安全风险监测和风险评估，会同国务院食品药品监督管理部门制定并公布食品安全国家标准。

国务院其他有关部门依照食品安全法和国务院规定的职责，承担有关食品安全工作。

县级以上地方人民政府对本行政区域的食品安全监督管理工作负责，统一领导、组织、协调本行政区域的食品安全监督管理工作及食品安全突发事件应对工作，建立健全食品安全全程监督管理工作机制和信息共享机制。

县级以上地方人民政府依照食品安全法和国务院的规定，确定本级食品药品监督管理、卫生行政部门和其他有关部门的职责。有关部门在各自职责范围内负责本行政区域的食品安全监督管理工作。县级人民政府食品药品监督管理部门可以在乡镇或者特定区域设立派出机构。

县级以上地方人民政府实行食品安全监督管理责任制。上级人民政府负责对下一级人民政府的食品安全监督管理工作进行评议、考核。县级以上地方人民政府负责对本级食品药品监督管理部门和其他有关部门的食品安全监督管理工作进行评议、考核。

小贴士

《食品安全法》明确了政府和各级监管部门的监督管理责任，为系统有序地解决食品安全问题提供了法律保证。

《食品安全法》也规定了相关行业协会的监督作用，鼓励消费者增强自我保护意识和能力，以及加强新闻媒体的舆论监督作用。

（1）食品行业协会应当加强行业自律，按照章程建立健全行业规范和奖惩机制，提供食品安全信息、技术等服务，引导和督促食品生产经营者依法生产经营，推动行业诚信建设，宣传、普及食品安全知识。

（2）国家鼓励和支持开展与食品安全有关的基础研究、应用研究，鼓励和支持食品生产经营者为提高食品安全水平采用先进技术和先进管理规范。国家对农药的使用实行严格的管理制度，加快淘汰剧毒、高毒、高残留农药，推动替代产品的研发和应用，鼓励使用高效低毒低残留农药。

（3）新闻媒体应当开展食品安全法律、法规，以及食品安全标准和知识的公益宣传，并对违反本法的行为进行舆论监督。

二、食品安全风险监测制度

《食品安全法》和《食品安全法实施条例》对食品安全风险监测都有明确的规定。为有效实施食品安全风险监测制度，规范国家食品安全风险监测工作，根据《食品安全法》和《食品安全法实施条例》的规定，卫健委、工业和信息化部、工商总局、质检总局和食品药品监管局五部门联合制定了《食品安全风险监测管理规定（试行）》，于2010年1月25日发布并实施。

2021年11月4日，卫生健康委根据《中华人民共和国食品安全法》及其实施条例的规定，经工业和信息化部、农业农村部、商务部、海关总署、市场监管总局、国家粮食和物资储备局同意，修订了《食品安全风险监测管理规定》并予以实施。

（一）食品安全风险监测的概念

食品安全风险监测，是通过系统和持续地收集食源性疾病、食品污染及食品中有害因素的监测数据及相关信息，并进行综合分析和及时通报的活动。食品安全风险监测应包括食品、食品添加剂和食品相关产品。

 小贴士

食品污染是指根据国际食品安全管理的一般规则，在食品生产、加工或流通等过程中因非故意原因进入食品的外来污染物，一般包括金属污染物、农药残留、兽药残留、超范围或超剂量使用的食品添加剂、真菌毒素及致病微生物、寄生虫等。

食品中有害因素是指在食品生产、流通、餐饮服务等环节，除了食品污染以外的其他可能途径进入食品的有害因素，包括自然存在的有害物、违法添加的非食用物质，以及被作为食品添加剂使用的对人体健康有害的物质。

食品安全风险监测的主要目的是掌握较为全面的食品安全状况，以便有针对性地对食品安全进行监管，并将监测与风险评估的结果作为制定食品安全标准、确定检查对象的科学依据。

《食品安全风险监测管理规定》第七条规定，国家食品安全风险监测计划应当征集国务院有关部门、国家食品安全风险评估专家委员会、农产品质量安全评估专家委员会、食品安全国家标准审评委员会、行业协会及地方的意见建议，并对有关意见建议认真研究吸纳。

卫健委会同国务院有关部门在综合利用现有监测机构能力的基础上，根据国家食品安全风险监测工作的需要，制定和实施加强国家食品安全风险监测能力的建设规划，建

立覆盖全国各省、自治区、直辖市的国家食品安全风险监测网络。

省、自治区、直辖市卫生行政部门会同省级有关部门，根据国家和本地区食品安全风险监测工作的需要，制定和实施本地区食品安全风险监测能力建设规划，建立覆盖各市（地）、县（区），并逐步延伸到农村的食品安全风险监测体系。

（二）食品安全风险优先监测的内容

《食品安全风险监测管理规定》第八条规定，明确将六类情形列为食品安全风险优先监测的内容。这六类情形分别是：健康危害较大、风险程度较高以及污染水平呈上升趋势的；易于对婴幼儿、孕产妇等重点人群造成健康影响的；以往在国内导致食品安全事故或者受到消费者关注的：已在国外导致健康危害并有证据表明可能在国内存在的；新发现的可能影响食品安全的食品污染和有害因素；食品安全监督管理及风险监测相关部门认为需要优先监测的其他内容。

三、食品安全风险评估制度

国家建立食品安全风险评估制度，对食品、食品添加剂中生物性、化学性和物理性危害进行风险评估。食品安全风险评估应当运用科学方法，根据食品安全风险监测信息、科学数据及其他有关信息进行。食品安全风险评估结果是制定、修订食品安全标准和对食品安全实施监督管理的科学依据。

四、食品安全法律责任

（一）食品生产经营者的社会责任

食品生产经营者应当依照法律、法规和食品安全标准从事生产经营活动，对社会和公众负责，保证食品安全，接受社会监督，承担社会责任。被吊销食品生产、流通或者餐饮服务许可证的单位，其直接负责的主管人员自处罚决定作出之日起 5 年内不得从事食品生产经营管理工作。

（二）食品生产经营者的法律责任

《食品安全法》第一百四十八条规定：对生产不符合食品安全标准的食品，经营明知是不符合食品安全标准的食品，消费者除可以要求赔偿损失外，还可以向生产者或者经营者要求支付价款 10 倍的赔偿金。《食品安全法》将赔偿标准大幅度提高，特别是针对消费者的赔偿，这种既有人身损害赔偿，又有惩罚性赔偿的处罚，加大了生产经营者的违法成本，对其将起到震慑作用。

（三）民事赔偿责任优先原则

为了保证权益受到损害的消费者优先得到赔偿，《食品安全法》规定，经营者应当承担民事赔偿责任和缴纳罚款、罚金，其财产不足以同时支付时，先承担民事赔偿责任。

案例 9-5

2017 年 2 月 8 日，孙某某在新恒生公司购买了 5 瓶冬虫夏草天赋神品 30 年，每瓶单价 188 元，共计支付 940 元。该产品生产厂家为内蒙古奈曼旗绿源酒厂，生产许可证号为 QS15×××1046，执行标准为：GB/T10781.1—2006（一级），配料为水、高粱、大麦、玉米、冬虫夏草浸泡液。孙安民购买的该产品为食品批准文号，没有保健用品的标识。

孙安民主张涉案产品包装标识配料部分明确记载添加了非食品原料冬虫夏草，而且产品名称也是冬虫夏草，冬虫夏草不能作为食品原料添加，新恒生公司未依据《中华人民共和国产品质量法》的有关规定查验涉案产品的标识，未尽到审查义务。新恒生公司主张孙安民系职业打假人，不属于法律保护的“消费者”。

【解析】

本案争议的焦点为：①新恒生公司是否明知案涉产品不符合食品安全标准；②孙安民是否为职业打假人，其请求应否支持。

关于明知问题。根据《食品安全法》第三十四条和国家质量监督检验检疫局于 2010 年 12 月 7 日下发的质检食监函〔2010〕243 号文件关于冬虫夏草不得作为普通食品原料的通知规定，冬虫夏草不得作为食品原料生产普通食品。案涉产品名称中包含冬虫夏草字样，包装标识配料成分中有冬虫夏草浸泡液，新恒生公司不可能不知道案涉产品中含有冬虫夏草成分，故可认定新恒生公司对案涉产品不符合食品安全标准是明知的。

关于职业打假人问题。首先新恒生公司没有证据证明孙安民系职业打假人，其次孙安民即使是职业打假人，《最高人民法院关于审理食品药品纠纷案件适用法律若干问题的规定》并未对食品购买人的主观动机作出限制性规定：“因食品、药品质量问题发生纠纷，购买者向生产者、销售者主张权利，生产者、销售者以购买者明知食品、药品存在质量问题而仍然购买为由进行抗辩的，人民法院不予支持。”不管孙安民是否为职业打假人，孙安民请求退回货款及十倍赔偿均应予以支持。[①]

第三节　食物中毒及处理

一、食品安全事故处置

（一）报告食品安全事故

发生食品安全事故的单位对导致或者可能导致食品安全事故的食品及原料、工具、设备等，应当立即采取封存等控制措施，并自事故发生之时起 2 小时内向所在地县级人民政府卫生行政部门报告。

《食品安全法》第一百零四条规定：“医疗机构发现其接收的病人属于食源性疾病

① 陕西省榆林市中级人民法院民事判决书（2017）陕 08 民终 4041 号.

病人或者疑似病人的，应当按照规定及时将相关信息向所在地县级人民政府卫生行政部门报告。县级人民政府卫生行政部门认为与食品安全有关的，应当及时通报同级食品安全监督管理部门。县级以上人民政府卫生行政部门在调查处理传染病或者其他突发公共卫生事件中发现与食品安全相关的信息，应当及时通报同级食品安全监督管理部门。”

县级以上人民政府质量监督、农业行政等部门在日常监督管理中发现食品安全事故或者接到事故举报，应当立即向同级食品安全监督管理部门通报。

发生食品安全事故，接到报告的县级人民政府食品安全监督管理部门应当按照应急预案的规定向本级人民政府和上级人民政府食品安全监督管理部门报告。县级人民政府和上级人民政府食品安全监督管理部门应当按照应急预案的规定上报。

任何单位和个人不得对食品安全事故隐瞒、谎报、缓报，不得隐匿、伪造、毁灭有关证据。

（二）采取相应措施

县级以上卫生行政部门在接到食品安全事故的报告后，应当立即会同有关农业行政、质量监督、工商行政管理、食品安全监督管理部门进行调查处理，并采取下列措施，防止或者减轻社会危害。

（1）开展应急救援工作，对因食品安全事故导致人身伤害的人员，卫生行政部门应当立即组织救治。

（2）封存可能导致食品安全事故的食品及其原料，并立即进行检验；对确认属于被污染的食品及其原料，责令食品生产经营者依照《食品安全法》的相关规定予以召回、停止经营并销毁。

（3）封存被污染的食品用工具及用具，并责令食品生产经营者进行清洗消毒。

（4）做好信息发布工作，依法对食品安全事故及其处理情况进行发布，并对可能产生的危害加以解释、说明。

发生重大食品安全事故的，县级以上人民政府应当立即成立食品安全事故处置指挥机构，启动应急预案，依照法律规定进行处置。

（三）调查事故责任

发生食品安全事故时，设区的市级以上人民政府食品安全监督管理部门应当立即会同有关部门进行事故责任调查，督促有关部门履行职责，向本级人民政府和上一级人民政府食品安全监督管理部门提出事故责任调查处理报告。

涉及两个以上省、自治区、直辖市的重大食品安全事故由国务院食品药品监督管理部门依照相关规定组织事故责任调查。

调查食品安全事故，除了查明事故单位的责任，还应当查明有关监督管理部门、食品检验机构、认证机构及其工作人员的责任。

食品安全事故调查部门有权向有关单位和个人了解与事故有关的情况，并要求提供相关资料和样品。有关单位和个人应当予以配合，按照要求提供相关资料和样品，不得拒绝。任何单位或者个人不得阻挠、干涉食品安全事故的调查处理。

 小贴士

在旅游途中，若旅游者发生食物中毒，导游应保持镇定，采取如下措施。①及时送往医院。旅游者就餐后发生恶心、头晕、呕吐、腹泻、腹痛等症状时，导游要及时送其去医院抢救，并请医院开具诊断证明。②采取相应的应急措施，在送旅游者去医院途中，导游可采取一些应急措施。例如，让患者多饮开水，加速排泄以缓解毒性，设法帮助患者呕吐等。

食物中毒最重要的是预防，为避免食物中毒，导游应做到以下几点：

（1）在旅游定点餐厅就餐；

（2）劝阻旅游者不要在无证小摊上买东西吃；

（3）用餐中若发现饭菜不卫生或有异味，导游应立即要求餐厅更换。

二、食物中毒及处理

食物中毒是指患者食用了被生物性、化学性有毒有害物质污染的食品或食用了含有毒有害物质的食品后出现的急性、亚急性食源性疾病。

（一）食物中毒的一般分类和常见原因

食物中毒的一般分类为：细菌性食物中毒，如沙门氏杆菌、肠炎弧菌、金黄色葡萄球菌、肉毒杆菌、仙人杆菌、病原性大肠杆菌等；天然毒素食物中毒，如食用毒贝类、毒河豚、毒菇或毒扁豆等；化学性食物中毒，如农药、有毒化学物质、有毒非法食物添加物、有害性重金属等；类过敏食物中毒，如食用不新鲜或腐败的鱼、肉类等。

引发食物中毒的常见原因有：储存及调理方式不当，使用添加物不当，食用已被污染的食物。

（二）食物中毒的处理步骤

根据《食品安全法》《食品安全法实施条例》等法律法规的规定，食物中毒的处理步骤如下。

1. 迅速送往医院急救

发现食用中毒患者或可疑患者，应立即给予4杯左右的饮料（儿童减半），牛奶最好，水也可以，也可加入蛋白。给予饮料的同时，应立即请人打电话呼叫救护车，尽快将患者送往医院，并将患者食用过的残余物及容器或身边的可疑物、容器一起送至医院，作为医师诊断施救的参考。医护人员到达之前可以考虑给予患者催吐。

催吐的方法：先给患者喝下大量的开水，以手指或汤匙压迫喉咙底部，呕吐时应使患者脸部朝下，头部压低，以免呕吐物阻塞呼吸道。

2. 报告食物中毒事故

发生食品安全事故的单位对导致或者可能导致食品安全事故的食品及原料、工具、设备等，应当立即采取封存等控制措施，并自事故发生之时起 2 小时内向所在地县级人民政府卫生行政部门报告。

3. 食物中毒的调查

（1）一般调查

调查人员应首先了解食物中毒发生的时间及经过、中毒人数、分布情况、临床特征和严重程度。需详细询问病人发病前两天和当天的食谱，并应查清在同一地点进餐而未发病者所吃食物种类，找出中毒餐次和可疑食物并做好记录，对可疑食物立即封存。

（2）采样检验

为了明确食物中毒性质，调查人员应对可疑食物的剩余部分、原料、半成品、中毒病人的排泄物、洗胃液等进行快速地采样送检，如果无可疑食品，可对炊具、食具、容器等擦拭取样送检。

（3）深入调查

在初步确定可疑食物的基础上，调查人员应进一步查明食物中毒的污染源、污染途径，以便提出有效的预防措施。应详细了解引起中毒食物的来源、运输、储存、加工和烹调的方法，加工烹调后有无再污染或生熟交叉污染的可能，检查食堂、厨房卫生情况、操作规程和卫生制度执行情况，调查食堂工作人员的健康状况等。

4. 对中毒食品进行销毁、对中毒场所进行消毒

（三）食物中毒法律责任的承担

《消费者权益保护法》规定，消费者因购买、使用商品或者接受服务受到人身、财产损害的，依法享有获得赔偿的权利。经营者提供商品或者服务，造成消费者或者其他受害人人身伤害的，应当支付医疗费、治疗期间的护理费、因误工减少的收入等费用，造成残疾的，还应当支付残疾者生活自助费、生活补助费、残疾赔偿金，以及由其扶养的人所必需的生活费等费用；构成犯罪的，依法追究刑事责任。

《最高人民法院关于审理人身损害赔偿适用法律若干问题的解释》规定，从事住宿、餐饮、娱乐等经营活动或者其他社会活动的自然人、法人、其他组织，未尽合理限度范围内的安全保障义务致使他人遭受人身损害，赔偿权利人请求其承担相应赔偿责任的，人民法院应予支持。

依据《消费者权益保护法》和《最高人民法院关于审理人身损害赔偿适用法律若干问题的解释》的规定，餐馆提供不合格菜肴导致旅游者食物中毒，侵害旅游者身体健康的，应当承担赔偿责任。旅行社未尽合理限度范围内的安全保障义务，致使旅游者遭受人身损害的，也应当承担赔偿责任。

实训课堂

【基本案情】

2021 年 6 月 23 日晚，谢某某通过饿了么平台从石河子市一日三馋椒麻鸡店处购买椒麻鸡半只及皮带面一份共计 34.80 元。谢某某在食用过程中发现饭内有一支水性笔芯，通过平台于 21:12 向商家发送食物内含有笔芯的图片。23:09 商家回复谢某某："你加下我微信，把钱给你退了，真的非常抱歉。"后双方就赔偿金额未达成一致意见。另查：商家表示其店内有监控录像，但因为保存时间短，谢某某购买椒麻鸡当天的录像已无法找到。①

【思考讨论题】

石河子市一日三馋椒麻鸡店向谢某某提供的食品是否符合卫生标准，谢某某是否可以获得其消费金额十倍的惩罚性赔偿金？

【答案要点】

《中华人民共和国食品安全法》第一百四十八条规定：消费者因不符合食品安全标准的食品受到损害的，可以向经营者要求赔偿损失，也可以向生产者要求赔偿损失。接到消费者赔偿要求的生产经营者，应当实行首负责任制，先行赔付，不得推诿；属于生产者责任的，经营者赔偿后有权向生产者追偿；属于经营者责任的，生产者赔偿后有权向经营者追偿。生产不符合食品安全标准的食品或者经营明知是不符合食品安全标准的食品，消费者除要求赔偿损失外，还可以向生产者或者经营者要求支付价款十倍或者损失三倍的赔偿金；增加赔偿的金额不足一千元的，为一千元。但是，食品的标签、说明书存在不影响食品安全且不会对消费者造成误导的瑕疵的除外。

消费者要求经营者赔偿损失的前提是食品不符合安全标准和消费者受到损害。消费者主观上不存在故意将笔芯放入椒麻鸡的行为。按照椒麻鸡的通常制作方法，制作者须将卤制好的鸡撕成小块，然后加入辅助配料，再加入椒麻汤汁，之后将椒麻鸡搅拌均匀，椒麻鸡和皮带面分别包装。制作过程中，如椒麻鸡中存在发丝、苍蝇等细小的杂物，不易被发现，但涉案椒麻鸡中有一支长约 13 厘米的笔芯，制作者在撕鸡及搅拌过程中不可能不发现该异物。另外，消费者食用椒麻鸡过程中，皮带面倒入椒麻鸡中需搅拌后食用，而通过消费者提交的照片及其陈述反映，涉案食品已几乎食用完毕，消费者在搅拌皮带面的过程中，一支长约 13 厘米的笔芯按常理应被翻出，而消费者直至椒麻鸡和皮带面快吃完后才发现笔芯，明显不符合常理。

另外，事情发生后，商家并未认可椒麻鸡中的笔芯系其放入的，且其在饿了么和 12135 调查及调解过程及本案一、二审审理过程中均否认笔芯系其放入的。消费者主张涉案椒麻鸡中的笔芯系商家放入的，其应对主张的事实承担举证责任，其提交的证据不足以证明该事实，且其提交的照片和陈述亦与常理不符，消费者提交的证据不足以证明商家提供的食品不符合食品安全标准，故应承担举证不能的不利后果。

---

① 新疆生产建设兵团第八师中级人民法院民事判决书（2021）兵 08 民终 1852 号.

实训案例

【基本案情】

2017 年 1 月 18 日，上诉人在被上诉人处购买了“三丰和包饭酱”1 个，上诉人支付货款 11 元。涉案产品为预包装进口食品，外包加贴中文标签，除品名外，还载明配料、原产国为韩国、生产日期、保质期、贮存条件、食用方法等。

上诉人主张涉案产品没有原产国的官方原产地证书、原产国的卫生证书、原产国装运到中国的联运单证，也没有被上诉人依照合法的程序向中国官方出入境检验检疫机构所提交入境货物报检单，以及随单相符的国家法律法规所规定的必要的官方单证，也没有被上诉人在入境报检时国家法律法规所规定的必须申报的内容等，存在违法违规侵权行为。

被上诉人对上诉人的上述主张不予认可，被上诉人向原审法院提交了原产地证明书、中华人民共和国海关进口货物报关单、中华人民共和国出入境检验检疫证明（其中载明：报检产品中包含三丰和包饭酱、生产日期 2016 年 6 月 4 日、保质期 2017 年 12 月 3 日、原产国韩国；证明上述货物业经检验检疫监督管理，准予进口，该批进口食品所检项目符合中华人民共和国食品安全国家标准要求，标签经检验合格，未加贴合格中文标签不得在中国境内销售）。[①]

【案例点评】

本案的争议焦点是涉案产品是否属于非法进口产品的问题。《中华人民共和国食品安全法》第九十一条规定，国家出入境检验检疫部门对进出口食品安全实施监督管理。该法第九十二条、第九十三条规定，出入境检验检疫机构按照国务院卫生行政部门的要求，对进口的食品、食品添加剂、食品相关产品进行检验。

本案中，被上诉人提交了有关涉案产品的原产地证明书、中华人民共和国海关进口货物报关单、中华人民共和国出入境检验检疫证明、海关缴税凭证等证据，可知该产品经国家进出口食品安全法定监管部门的监督检验，符合我国食品安全要求，并取得了准许入境销售的检验检疫证明。基于《中华人民共和国行政许可法》第八条确立的“信赖保护”原则，在该行政许可被依法撤销或撤回前，涉案产品不能被认定为非法进口法产品。因此，在上诉人既没有证据证明涉案产品为不合法进口，也没有证据证明其因此受到损害的情况下，其要求退回货款并赔偿的主张，缺乏事实和法律依据，法院不予支持。

【思考讨论题】

上诉人以涉案产品存在诸多违法违规侵权问题为由，主张被上诉人退货并承担赔偿责任，是否支持?

---

① 广东省广州市中级人民法院民事判决书（2017）粤 01 民终 13149 号.

即测即练

自学自测

扫描此码

第十章

旅游者出入境管理法律制度

【学习要点及目标】

1. 了解中国公民出入境管理原则和管理机关，熟悉中国公民出入境的主要证件和手续，掌握中国公民出入境的权利义务及其限制。

2. 了解外国旅游者的法律地位和外国人入出境管理原则，熟悉外国人入出境管理机关和证件，掌握外国人住宿登记和境内旅行的规定及外国人入出境的权利义务与限制。

3. 熟悉我国出入境的“一关四检”制度，熟悉中国公民出境旅游管理法律制度。

引导案例

乙旅行社作为地接社组织一起赴日本的境外旅游，游客分别通过不同的组团社报名参团。在报名参团的过程中，各游客手中拿到的行程单存在不一致的情形，其中大部分游客拿到的行程单为入住A酒店，但其中两名游客拿到的行程单为入住B酒店。

实质上这两家酒店从星级、服务质量上属于同档次酒店。但入住时，两名拿到A酒店的游客提出质疑后，多名旅客因此怀疑乙旅行社无故降低酒店档次服务标准，引发纠纷。在争执中，乙旅行社考虑到境外影响，不得已答应补偿每名游客1000～3000元损失。回国后，旅行社诉至法院，要求返还。①

【案例导学】

该案例中，旅行社看似较为冤枉，因为A酒店和B酒店确属同类型酒店，不存在旅行社降低服务标准的情形。但是究其原因，却是旅行社自己操作失当导致的，就同一个团采用了两种不同的行程单，本身就是不当的。何况旅行者在国外，对当地酒店规格、服务等均不了解，引发对旅行社的质疑也符合人之常情。

该案在审理中，曾发生两种意见：一种是旅行社存在违规行为，但不至于导致游客3000元损失，考虑到团费仅5000余元，是否可以酌情退还部分费用；另一种是3000元的补偿费虽然偏高，但是双方已经完成了协商，且旅社虽提供了当晚的协商录音，证明部分游客存在一些不理性行为，但难以认为旅行社是遭受胁迫，不应再予以调整。讨论后，大多数审判人员支持后一种意见，后经法院向旅行社释明后，旅行社撤回了该诉讼。

---

① 出游怕被合同坑？旅游电子合同来帮忙. (2018-04-27). https://www.sohu.com/a/229655560_387302.

第一节　中国公民出入境管理

一、中国公民出入境管理原则

（一）无须办理签证原则

中国公民凭国务院主管机关及其授权的机关签发的有效护照或其他有效证件出境、入境，无须办理签证。

（二）指定口岸通行检查原则

中国公民出境、入境，从对外开放或者指定的口岸通行，应当接受边防检查机关的检查。

（三）维护国家尊严原则

中国公民出境后，不得有危害祖国安全、荣誉和利益的行为。

二、中国公民出入境管理机关

因私事出境的中国公民所使用的护照由公安部或者公安部授权的地方公安机关颁发。中国公民在国外申请护照、证件，由中国驻外国的外交代表机关、领事机关或者外交部授权的其他驻外机关颁发。

三、中国公民出入境的主要证件和手续

（一）中国公民出入境的主要证件及办理

1. 护照

1）护照的分类

护照是指一国公民向本国或外国当局证明其身份的文书，中国护照是中国公民出入国境和在国外证明国籍和身份的证件，分为普通护照、外交护照和公务护照三类。

普通护照由公安部出入境管理机构或者公安部委托的、县级以上地方人民政府公安机关出入境管理机构，以及中国驻外使馆、领馆和外交部委托的其他驻外机构签发。

外交护照由外交部签发。公务护照由外交部，中国驻外使馆、领馆，或者外交部委托的其他驻外机构及外交部委托的省、自治区、直辖市和设区的市人民政府外事部门签发。

2）普通护照的申请

公民申请普通护照，应当提交本人的居民身份证、户口簿、近期免冠照片及申请事由的相关材料，由本人向户籍所在地的县级以上地方人民政府公安机关出入境管理机构申请。公安机关出入境管理机构应当自收到申请材料之日起 15 日内签发普通护照；对不

符合规定不予签发的，应当书面说明理由。旅游者申请的护照属于普通护照。

 小贴士

根据我国《护照法》的规定，公民因前往外国定居、探亲、学习、就业、旅行、从事商务活动等非公务原因出国的，由本人向户籍所在地的县级以上地方人民政府公安机关出入境管理机构申请普通护照。外交官员、领事官员及其随行配偶、未成年子女和外交信使持用外交护照。

3）普通护照的有效期

护照持有人未满 16 周岁的有效期为 5 年，16 周岁以上的有效期为 10 年。

2. 旅行证

旅行证是代替护照使用的旅行证件，旅行证需申请人亲自申办，由中国驻外的外交代表机关、领事机关或外交部授权的其他驻外机关颁发，旅行证分 1 年一次有效和 2 年多次有效两种。短期出国的公民在国外发生护照遗失、被盗或者损毁不能使用等情形，应当向中国驻外使馆、领馆或者外交部委托的其他驻外机构申请旅行证。

3. 出入境通行证

出入境通行证由公安部确定的公安机关出入境管理机构签发，是入出中国国（边）境通行的合法证件。公民从事边境贸易、边境旅游服务或者参加边境旅游等情形，可以向公安部委托的县级以上地方人民政府公安机关出入境管理机构申请出入境通行证。

4. 签证

中国公民凭有效护照或者其他有效证件出境、入境，无须办理签证。但居住国内的公民应办理所要前往国家的签证或者入境许可证件。

 小贴士

中国公民出境旅游办理签证的要求是：在出国旅游前，向目的地国驻华使领馆申请办理签证；在中国没有使领馆也没有第三国使馆代办签证业务的，则必须前往能办理该国签证的第三国办理，或者通过信签的方式向第三国外交部门提出申请；办理好签证后，要注意有效期和停留期，如需延长的，应向有关部门提出申请，并办理申请延长手续。

（二）中国公民出入境手续

1. 出境

居住在国内的公民因私事出境，须向户口所在地的市、县公安局出入境管理部门提出申请，回答有关的询问并履行下列手续：交验户口簿或者其他户籍证明；填写出境申请表；提交所在工作单位对申请人出境的意见；提交与出境事由相应的证明。就出境旅游而言，旅游者还须提交旅行所需外汇费用证明。

市、县公安局对出境申请应当在 30 天内，地处偏僻、交通不便的应当在 60 天内，

做出批准或者不批准的决定，并通知申请人。居住在国内的公民经批准出境的，由公安机关出入境管理部门发给中华人民共和国护照，并附发出境登记卡。

2. 入境

在境外的中国公民回国，凭有效的中国护照或者有效的中国旅行证，或者其他有效入境出境证件入境。

（三）内地（大陆）公民往来港、澳、台地区的管理

1. 内地公民往来香港地区或者澳门地区

内地公民因私事前往香港、澳门特别行政区，须向户口所在地的市、县公安局出入境管理部门提出申请。公安机关出入境管理部门应当在 60 天内做出批准或者不批准的决定，并通知申请人。经批准短期前往香港、澳门地区的内地公民，发给往来港澳通行证，持证人应当在规定时间内前往并按期返回。

港澳居民来内地须申请领取港澳居民来往内地通行证，申领港澳居民来往内地通行证须交验居住身份证明、填写申请表。港澳居民来往内地通行证由广东省公安厅签发，10 年内多次有效。港澳居民来往内地通行证携带方便、过关手续简便（电脑验证），是港澳居民入出内地的旅行证件和在内地住宿、居留、旅行等的身份证件。

不经常来内地的港澳居民，可申请领取入出境通行证，申领办法与申领港澳居民来往内地通行证相同。

有下列情形之一的，不发给港澳居民来往内地通行证或者入出境通行证：被认为有可能进行抢劫、盗窃、贩毒等犯罪活动的；编造情况，提交假证明的；精神病患者。

内地公民因私事前往香港、澳门地区，凭公安机关签发的前往港澳通行证或者往来港澳通行证从指定的口岸（往香港是深圳罗湖口岸，往澳门是珠海拱北口岸）通行；返回内地也可以从其他对外开放的口岸通行。港澳居民来往于香港、澳门与内地之间，凭公安机关签发的港澳居民来往内地通行证或者入出境通行证，从对外开放的口岸通行。

小贴士

持往来港澳通行证前往港澳的旅客，如果要享受个人港澳自由行，需注意签注种类。持旅游签注（L 签注）的旅客须跟旅行团出入境，只有持访问签注（F 签注）或商务签注（S 签注）的旅客才能单独往来港澳。

2. 大陆公民往来台湾

1）大陆居民前往台湾

大陆居民前往台湾，凭公安机关出入境管理部门签发的旅行证件，从开放的或者指定的出入境口岸通行。大陆公民往来台湾与大陆之间，不得有危害国家安全、荣誉和利益的行为。

大陆居民前往台湾定居、探亲、访友、旅游、接受和处理财产、处理婚丧事宜，或者参加经济、科技、文化、教育、体育、学术等活动，须向户口所在地的市、县公安局

提出申请。

大陆居民申请前往台湾，须履行下列手续：①交验身份、户口证明；②填写前往台湾申请表；③在职、在学人员须提交所在单位对申请人前往台湾的意见；非在职、在学人员须提交户口所在地公安派出所对申请人前往台湾的意见；④提交与申请事由相应的证明。大陆居民申请前往台湾旅游，须提交旅行所需费用的证明。

经批准前往台湾的大陆居民，由公安机关签发或者签注旅行证件（大陆居民往来台湾通行证和其他有效旅行证件）。经批准前往台湾的大陆居民，应当在所持旅行证件签注的有效期内前往，除定居以外，应当按期返回。

2）台湾居民来大陆

台湾居民要求来大陆的，应向下列有关机关申请办理旅行证件。

（1）从台湾地区要求直接来大陆的，向公安部出入境管理局派出的或者委托的有关机构申请；有特殊事由的，也可以向指定口岸的公安机关申请。

（2）到香港、澳门地区后要求来大陆的，向公安部出入境管理局派出的机构或者委托的在香港、澳门地区的有关机构申请。

（3）经由外国来大陆的，依据《出境入境管理法》，向中国驻外国的外交代表机关、领事机关或者外交部授权的其他驻外机关申请。

对批准来内地的台湾居民，由国家主管机关签发或者签注旅行证件（台湾居民来往大陆通行证和其他有效旅行证件）。台湾居民来内地后，除定居以外的，应当在所持证件签注的有效期之内按期离境。确有需要延长停留期限的，须提交相应证明，向市、县公安局申请办理延期手续。

小贴士

台湾居民短期来大陆，应当按照户口管理规定，办理暂住登记。在宾馆、饭店、招待所、旅店、学校等企业、事业单位或者机关、团体和其他机构内住宿的，应当填写临时住宿登记表；住在亲友家的，由本人或者亲友在 24 小时（农村 72 小时）内到当地公安派出所或者户籍办公室办理暂住登记手续。

大陆居民往来台湾，台湾居民来往大陆，均须向开放的或者指定的出入境口岸边防检查站出示证件，填交出境或入境登记卡，接受查验。

四、中国公民出入境的权利、义务及其限制

（一）中国公民出入境的权利和义务

中国公民持护照出入中国国境无须办理签证；公民对公安机关的出境审批结果有疑问的，受理部门应当做出答复；申请人认为不批准其出境不符合法律规定的，有权向上一级公安机关提出申诉，受理机关应当做出处理并答复申诉人；护照、旅行证由持证人保存、使用，非经法定事由和特定机关批准，任何单位或个人不得收缴、扣押和吊销。

中国公民出国应申办有效证件及出境登记卡；按有关规定缴纳有关证件的工本及手续费用；妥善保管有关证件；在指定的口岸通行，主动出示相关证件并接受“一关四检”的检查；遵守中国及前往国国家的法律，不得有危害祖国安全、荣誉和利益的行为。

（二）中国公民出境入境限制

依据《出入境管理法》的规定，有下列情形之一的，不准出境：

（1）未持有效出境入境证件或者拒绝、逃避接受边防检查的；

（2）被判处刑罚尚未执行完毕或者属于刑事案件被告人、犯罪嫌疑人的；

（3）有未了结的民事案件，人民法院决定不准出境的；

（4）因妨害国（边）境管理受到刑事处罚或者因非法出境、非法居留、非法就业被其他国家或者地区遣返，未满不准出境规定年限的；

（5）可能危害国家安全和利益，国务院有关主管部门决定不准出境的；

（6）法律、行政法规规定不准出境的其他情形。

五、法律责任

依据《出境入境管理法》规定，中国公民的法律责任主要有以下几种。

（1）持用伪造、变造、骗取的出境入境证件出境入境的；冒用他人出境入境证件出境入境的；逃避出境入境边防检查的；以其他方式非法出境入境的，处 1 千元以上 5 千元以下罚款；情节严重的，处 5 日以上 10 日以下拘留，可以并处 2 千元以上 1 万元以下罚款。

（2）协助他人非法出境入境的，处 2 千元以上 1 万元以下罚款；情节严重的，处 10 日以上 15 日以下拘留，并处 5 千元以上 2 万元以下罚款，有违法所得的，没收违法所得。

单位有前款行为的，处 1 万元以上 5 万元以下罚款，有违法所得的，没收违法所得，并对其直接负责的主管人员和其他直接责任人员依照前款规定予以处罚。

（3）弄虚作假骗取签证、停留居留证件等出境入境证件的，处 2 千元以上 5 千元以下罚款；情节严重的，处 10 日以上 15 日以下拘留，并处 5 千元以上 2 万元以下罚款。

单位有前款行为的，处 1 万元以上 5 万元以下罚款，并对其直接负责的主管人员和其他直接责任人员依照前款规定予以处罚。

第二节　外国人入出中国境管理

一、外国旅游者在中国的法律地位

我国《宪法》第三十二条规定：“中华人民共和国保护在中国境内的外国人的合法权利和权益，在中国境内的外国人必须遵守中华人民共和国的法律。”《民法典》第十二条规定，中华人民共和国领域内的民事活动，适用中华人民共和国法律。法律另有规定的，依照其规定。《民事诉讼法》第五条规定了在诉讼程序上给外国人以国民待遇，并采取对等原则。

上述三条法律条款是中国规定外国人法律地位的原则，体现了中国的国家主权。中国政府保护外国旅游者的合法权益，不允许外国旅游者有超越法律的特权，一旦外国旅游者在中国触犯中国法律，必将承担法律责任。外国旅游者与中国公民具有大体相同的民事法律地位，特别是在民事诉讼程序上享有国民待遇。

二、外国人入出境的管理原则

（一）中国政府主管机关许可原则

外国人入境、过境和在中国境内居留，必须经中国政府主管机关许可。

（二）按指定口岸通行和接受边防检查原则

外国人入境、出境、过境，必须从对外国人开放的或者指定的口岸通行，接受边防检查机关的检查。外国的交通工具入境、出境、过境，必须从对外国人开放的或者指定的口岸通行，接受边防检查机关的检查和监护。

（三）保护外国人合法权利和利益原则

中国政府保护在中国境内的外国人的合法权利和利益。外国人的人身自由不受侵犯，非经人民检察院批准或者决定，或者人民法院决定，并由公安机关或者国家安全机关执行，不受逮捕。

（四）在中国境内遵守中国法律原则

外国人在中国境内，必须遵守中国法律，不得危害中国国家安全、损害社会公共利益、破坏社会公共秩序。

三、外国人入境出境管理机关及有效证件

（一）外国人入境出境管理机关

中国政府在国外受理外国人入境、过境申请的机关，是中国的外交代表机关、领事机关和外交部授权的其他驻外机关。中国政府在国内受理外国人入境、过境、居留、旅行申请的机关，是公安部、公安部授权的地方公安机关和外交部、外交部授权的地方外事部门。

受理外国人入境、过境、居留、旅行申请的机关有权拒发签证、证件，对已经发出的签证、证件，有权吊销或者宣布作废。公安部和外交部在必要时，可以改变各自授权的机关所作出的决定。对非法入境、非法居留的外国人，县级以上公安机关可以拘留审查、监视居住或者遣送出境。

（二）外国人入境出境的主要证件和手续

1. 外国人入境出境的主要证件

（1）护照

护照是主权国家发给本国公民出境入境和在国外旅行居留的证件，主要用来证明护照持有者的国籍、身份和出国目的。护照一般载有“请各国军政机关对持照人予以通行的便利和必要的协助”字样，由公民所在国外交或公安机关颁发。护照是外国人出入我国国境的必备证件。

（2）签证

签证是指一国外交、领事、公安机关或由上述机关授权的其他机关，在本国或外国公民所持的护照或其他旅行证件上签注、盖印，表示准其出入本国国境。

外国人入境应当向中国的外交代表机关、领事机关或者外交部授权的其他驻外机关申请办理签证。在特定情况下，依照国务院规定，外国人也可以向中国政府主管机关指定口岸的签证机关申请办理签证。

签证分为外交签证、礼遇签证、公务签证、普通签证。普通签证的签发对象为一般持普通护照过境的普通人员。

小贴士

根据《中华人民共和国外国人入境出境管理条例》，签发普通签证时，根据外国人申请来中国的事由，在签证上标明相应的汉语拼音字母，其中：L 字签证发给来中国旅游、探亲或者因其他私人事务入境的人员，其中 9 人以上组团来中国旅游的，可以发给团体签证；G 字签证发给经中国过境的人员；C 字签证发给执行乘务、航空、航运任务的国际列车乘务员、国际航空器机组人员及国际航行船舶的海员及其随行家属等。

签证有一定的格式和内容，包括签证有效期、有效次数、停留期、入出境口岸、偕行人员等。持联程客票搭乘国际航班直接过境，在中国停留不超过 24 小时且不出机场的外国人，免办签证，要求临时离开机场的，需经边防检查机关批准。

（3）旅行证

旅行证是外国人前往不对外国人开放的地区旅行，须事先向所在市、县公安局申请许可前往的旅行证件。

2. 外国人入境出境手续

（1）入境

外国人入境须申请签证。申请签证时必须回答被询问的有关情况并履行下列手续。

①提供有效护照或者能够代替护照的证件。

②填写签证申请表，交近期 2 寸半身正面免冠照片。

③交验与申请入境、过境事由有关的证明。来中国旅游的须有中国旅游部门的接待

证明（签证通知），必要时须提供离开中国后前往国家（地区）的飞机票、车票或者船票。

外国人抵达口岸，必须向边防检查站交验本人的有效护照和签证、证件，填写入境卡，经边防检查站查验核准加盖验讫章后入境。

（2）出境

外国人应当在签证准予停留的期限内或者居留证件的有效期内出境。外国人出境须交验本人的有效护照或者其他有效证件，以及准予在中国停留的签证或者居留证件。

四、外国人住宿登记的规定

外国人在宾馆、饭店、旅店、招待所、学校等企业、事业单位或者机关、团体及其他中国机构内住宿，应当出示有效护照或者居留证件，并填写临时住宿登记表。在非开放地区住宿还要出示旅行证。

外国人在中国居民家中住宿，在城镇的，须于抵达后 24 小时内，由留宿人或者本人持住宿人的护照、证件和留宿人的户口簿到当地公安机关申报，填写临时住宿登记表；在农村的，须于 72 小时内向当地派出所或者户籍办公室申报。

外国人在中国的外国机构内或者在中国的外国人家中住宿，须于住宿人抵达后 24 小时内，由留宿机构、留宿人或者本人持住宿人的护照或者居留证件，向当地公安机关申报，并填写临时住宿登记表。

长期在中国居留的外国人离开自己的住所临时在其他地方住宿，应当按上述规定申报住宿登记。

外国人在移动性住宿工具内临时住宿，须于 24 小时内向当地公安机关申报。为外国人的移动性住宿工具提供场地的机构或者个人，应于 24 小时前向当地公安机关申报。

五、外国人在中国境内旅行的规定

（一）前往对外国人开放的地区旅行

外国人持有效的签证或者居留证件，可以前往中国政府规定的对外国人开放的地区旅行。

（二）前往不对外国人开放的地区旅行

外国人前往不对外国人开放的市、县旅行，须事先向所在市、县公安局申请旅行证，获准后方可前往。外国人申请旅行证须履行下列手续：交验护照或者居留证件；提供与旅行事由有关的证明；填写旅行申请表。

外国人旅行证的有效期最长为 1 年，但不得超过外国人所持签证或者居留证件的有效期限。外国人领取旅行证后，如要求延长旅行证有效期、增加不对外国人开放的旅行地点、增加偕行人数，必须向公安局申请延期或者变更。

外国人未经允许，不得进入不对外开放的地区旅行。

六、外国人入境出境的权利义务和限制

(一)外国人入境出境的权利和义务

中国政府保护在中国境内的外国人的合法权利和利益。外国人的人身自由不受侵犯，非经人民检察院批准或者决定或者人民法院决定，并由公安机关或者国家安全机关执行，不受逮捕。受公安机关罚款或者拘留处罚的外国人，有权向上一级公安机关提出申诉。

根据双边或多边国际条约，按照互惠原则，外国人享有免签签证的权利，以及法律、法规规定的其他权利，外国人入境、出境、过境，必须从对外国人开放的或者指定的口岸通行，接受边防检查机关的检查；外国人在中国境内，必须遵守中国法律，不得危害中国国家安全、损害社会公共利益、破坏社会公共秩序；外国人在中国居留必须持有中国政府主管机关签发的身份证件或者居留证件。

(二)外国人入境出境的限制

1. 外国人入境的限制

被认为入境后可能危害中国的国家安全、社会秩序的外国人，不准入境。有下列情形之一的外国人不准入境。

(1)被中国政府驱逐出境，未满不准入境年限的。

(2)被认为入境后可能进行恐怖、暴力、颠覆活动的。

(3)被认为入境后可能进行走私、贩毒、卖淫活动的。

(4)患有精神病、麻风病、艾滋病、性病、开放性肺结核等传染病的。

(5)不能保障其在中国期间所需费用的。

(6)被认为入境后可能进行危害我国国家安全和利益的其他活动的。

2. 外国人出境的限制

(1)有以下情形之一的外国人，不准出境：刑事案件的被告人和公安机关或者人民检察院或者人民法院认定的犯罪嫌疑人；人民法院通知有未了结民事案件不能离境的；有其他违反中国法律的行为尚未处理，经有关主管机关认定需要追究的。

(2)有以下情形之一的外国人，边防检查机关有权阻止出境，并依法处理：持用无效出境证件的，持用他人出境证件的，持用伪造或者涂改的出境证件的。

七、法律责任

违反《出境入境管理法》的规定，非法入境、出境的，在中国境内非法居留或者停留的，未持有效旅行证件前往不对外国人开放的地区旅行的，伪造、涂改、冒用、转让入境、出境证件的，县级以上公安机关可以处以警告、罚款，或者 10 日以下的拘留处罚；情节严重，构成犯罪的，依法追究刑事责任。

受公安机关罚款或者拘留处罚的外国人，对处罚不服的，在接到通知之日起 15 日内，可以向上一级公安机关提出申诉，由上一级公安机关作出最后的裁决，也可以直接向当

地人民法院提起诉讼。

外国人有上述所列行为且情节严重的，公安部可以处以限期出境或者驱逐出境的处罚。

《出境入境管理法实施细则》对外国人入境出境违法行为的法律责任作出了更为具体的规定，因篇幅限制，在此不再赘述。

第三节　出入境检查制度

一、海关检查

海关是国家的门户，中华人民共和国海关是国家的进出关（以下简称“进出境”）境监督管理机关。

海关检查主要指海关依法对进出境的运输工具、货物、行李物品、邮递物品和其他物品执行监督管理、征收关税和其他税费、查缉走私等任务时所进行的检查。

对旅游者而言，海关检查主要指的是对进出境的运输工具和个人携带的行李物品的检查。大部分国家海关设有红绿两种通道，没有要申报的物品，可以走绿色通道（无申报通道），否则要走红色通道（申报通道）。海关检查很严格，必要时需开箱检查，旅客必须严格遵守各国海关的规定。

小贴士

我国海关对旅客限制进出境的物品主要有以下几种：烟、酒；旅行自用物品；金银及其制品；外汇；人民币；文物（含已故现代著名书画家的作品）；中药材和中成药。

进出中国国境的旅游者应将个人携带的行李物品向海关如实申报，填写海关进出境旅客行李物品申报单或海关规定的其他申报单证，并接受海关查验。经海关验核签章的申报单据，旅客应妥善保管，以便回程时或进境后凭该申报单证办理有关手续。海关加封的行李物品，旅客不能擅自开拆或毁坏海关施加的封志。来我国居留不超过 6 个月的旅游者，携带海关认为必须复运出境的物品，由海关登记后放行，旅游者出境时必须将原物带出。

案例 10-1

香港旅客李某欲乘班机从北京国际机场出境返回香港，未向海关申报任何物品。首都机场海关在随机检查中发现其行李箱中有一画桶，内有一幅古画。首都机场海关将这幅古画暂扣并提请国家文物出境鉴定北京站进行鉴定。经鉴定，李某携带的古画是明代著名画家的画作，为国家禁止出境文物，首都机场海关依法将该画没收。

【解析】

李某携带国家禁止的文物出境，未按照《文物保护法》有关文物出境的规定办理文物出境许可证明，也未向海关如实申报，首都机场海关依据《海关行政处罚实施条例》第二十条的规定，依法将该画没收。

二、边防检查

边防检查是指各国为维护国家的主权、安全和社会秩序，禁止非法出入境，便利出入境人员和交通运输工具的通行而采取的检查制度。我国的出入境边防检查工作由公安部主管。我国在对外开放的港口、航空港、车站和边境通道等口岸设立出入境边防检查站，对出入境人员和交通运输工具等进行边防检查。

（一）对出入境人员的检查

出境、入境的人员必须按照规定填写出境、入境登记卡，向边防检查站交验本人的有效护照或者其他出境、入境证件，经查验核准后，方可出境、入境。

出境、入境的人员有下列情形之一的，边防检查员有权阻止其出境、入境：未持出境、入境证件的；持有无效出境、入境证件的；持用他人出境、入境证件的；持用伪造或者涂改的出境、入境证件的；拒绝接受边防检查的；未在限定口岸通行的；国务院公安部门、国家安全部门通知不准出境、入境的；法律、行政法规规定不准出境、入境的。

边防检查站认为必要时，可以对出境、入境的人员进行人身检查。人身检查应当由两名与受检查人同性别的边防检查人员进行。

（二）对交通运输工具的检查

出境、入境的运输工具抵达口岸时，必须接受边防检查。对运输工具的入境检查，在最先抵达的口岸进行；出境检查，在最后离开的口岸进行。在特殊情况下，经主管机关批准，对交通运输工具的入境、出境检查，也可以在特许的地点进行。

（三）对行李物品、货物的检查

边防检查站根据维护国家安全和社会秩序的需要，可以对出境、入境人员携带的行李物品和交通运输工具载运的货物进行重点检查。

案例 10-2

杭州海关从一名入境旅客行李物品中查到一块白木香，最长处有 61.5 厘米，最宽处有 33 厘米，足足有 3.76 千克。

【解析】

白木香，俗称“沉香”，是国家二级濒危珍稀植物，且已被列入《濒危野生动植物国际贸易公约》附录Ⅱ，为限制进境和禁止进出境物品。沉香是一种珍贵的药用植物，由于过度砍伐，天然沉香树已经十分稀少，自然也就成为很多人进出境携带的“抢手货”。

沉香、象牙、砗磲、玳瑁等都属于濒危动植物及其制品，携带、邮寄、托运濒危动植物及其制品出入境的，必须持国家濒危办或其驻各地办事处出具的允许进出口证明书，并向进出境海关申报。

小贴士

出境、入境的人员和交通运输工具不得携带、载运法律、行政法规规定的危害国家安全和社会秩序的违禁物品；任何人不得非法携带属于国家秘密的文件、资料和其他物品出境；出境、入境的人员携带或者托运枪支、弹药，必须遵守有关法律、行政法规的规定，向边防检查站办理携带或者托运手续。

三、安全检查

中国海关和边防站为保障旅游者生命和财产安全，以及确保航空器安全，严禁旅客携带枪支、弹药、管制刀具、易燃易爆、腐蚀、有毒、放射性等危险物品，采用搜身、过安全门、磁性探测器近身检查、红外线透视仪器检查、开箱检查等方法，对旅游者进行安全检查。

小贴士

安全检查是世界各国普遍采用的一种查验制度，凡是登机旅客都必须经过检查后，方能允许进入飞机。这种检查与海关和边防检查不同，不存在任何免检对象，无论是什么人，包括外交人员、政府部长和首脑，无一例外，一律要经过检查。

四、卫生检疫

国境卫生检疫是为了防止传染病由国外传入，或者由国内传出而实施的，我国在国际通航的港口、机场，以及陆地边境和国界江河的口岸等国境口岸设立国境卫生检疫机关，依法实施传染病检疫、监测和卫生监督。

国务院卫生行政部门主管全国国境卫生检疫工作，国家质量监督检验检疫总局卫生检疫监管司承担出入境卫生检疫工作，国家质量监督检验检疫总局在全国有 35 个直属出入境检验检疫局。

入境、出境的人员、交通工具、运输设备，以及可能传播检疫传染病的行李、货物、邮包等物品，都应当接受检疫，经国境卫生检疫机关许可，方准入境或者出境。

五、动植物检疫

进出境动植物检疫是为了防止动物传染病、寄生虫病和植物危险性病、虫、杂草，以及其他有害生物（以下简称“病虫害”）传入、传出国境，以保护农、林、牧、渔业生产和人体健康。国务院农业行政主管部门主管全国进出境动植物检疫工作，国务院设立动植物检疫机关，统一管理全国进出境动植物检疫工作。国家质量监督检验检疫总局动植物检疫监管司承担出入境动植物检验检疫工作。

国家动植物检疫机关在对外开放的口岸和进出境动植物检疫业务集中的地点设立口岸动植物检疫机关，对进出境的动植物、动植物产品和其他检疫物，装载动植物、动植物产品和其他检疫物的装载容器、包装物，以及来自动植物疫区的运输工具，实施进出境动植物检疫。

案例 10-3

2019 年 9 月 21 日，云南恒甲进出口有限公司委托深圳驿路运通国际货运代理有限公司以一般贸易方式申报出口商品一批，由车牌号为粤 ZYR26 港车辆承载出境。9 月 22 日，经文锦渡海关查验，从已报检货物中查获未报检的百香果 80 千克、甘蔗 150 千克。当事人报检的动植物产品与实际不符，违反了《中华人民共和国进出境动植物检疫法》第二十条第一款的规定。[①]

【解析】

云南恒甲进出口有限公司报检的动植物产品与实际不符，违反了《中华人民共和国进出境动植物检疫法》第二十条第一款的规定被行政处罚。根据《中华人民共和国进出境动植物检疫法》第四十条、《中华人民共和国进出境动植物检疫法实施条例》第五十九条第一款第（二）项的规定，当事人被行政处罚人民币 1000 元整。

小贴士

在进口板材中截获多种外来林木有害生物

2020 年 11 月，海口海关所属洋浦港海关在从赞比亚进口的一批小巴花板材中检出若干活虫。经鉴定为七种有害生物，其中两种为全国口岸首次截获，四种为海南口岸首次截获。截获的上述七种有害生物均为典型的林木害虫，可危害古夷苏木、紫檀等多种木材，在我国暂无分布报道。这些有害生物一旦传入，如遇适宜寄主，在海南定殖的可能性较高，对海南森林资源和林业生产将构成严重威胁。洋浦港海关依法对该批板材实施了检疫除害处理。[②]

---

① 违反《中华人民共和国进出境动植物检疫法》 云南恒甲进出口有限公司被处罚. https://m.cqn.com.cn/ms/content/2019-11/13/content_7766345.htm.

② 海口海关通报 10 起危害国门安全典型案例. http://www. hi.chinanews.com.cn/hnnew/2021-04-15/575910.html.

第四节　中国公民出境旅游管理法律制度

一、出国旅游目的地的审批

出国旅游目的地国家由国务院旅游行政部门会同国务院有关部门提出，报国务院批准后，由国务院旅游行政部门公布。

任何单位和个人不得组织中国公民到国务院旅游行政部门公布的出国旅游的目的地国家以外的国家旅游；组织中国公民到国务院旅游行政部门公布的出国旅游目的地国家以外的国家进行涉及体育活动、文化活动等临时性专项旅游的，须经国务院旅游行政部门批准。

二、经营出国旅游业务的组团社资质和义务

（一）旅行社经营出国旅游业务应当具备的条件

旅行社经营出国旅游业务应当具备的条件是取得国际旅行社资格满一年；经营入境旅游业务有突出业绩；经营期间无重大违法行为和重大服务问题。

（二）旅行社经营出国旅游业务的申请

申请经营出国旅游业务的旅行社，应当向省、自治区、直辖市旅游行政部门提出申请。省、自治区、直辖市旅游行政部门应当自受理申请之日起 30 个工作日内，依据上述条件对申请审查完毕，经审查同意的，报国务院旅游行政部门批准；经审查不同意的，应当书面通知申请人并说明理由。

未经国务院旅游行政部门批准取得出国旅游业务经营资格的，任何单位和个人不得擅自经营，或者以商务、考察、培训等方式变相经营出国旅游业务。

（三）组团社的主要责任和义务

1. 如实填写中国公民出国旅游团队名单表

组团社应当按照核定的出国旅游人数安排组织出国旅游团队，填写《中国公民出国旅游团队名单表》（以下简称《名单表》）。旅游者及领队首次出境或者再次出境，均应当填写在《名单表》中，经审核后的《名单表》不得增添人员。

名单表一式四联，分别为：出境边防检查专用联、入境边防检查专用联、旅游行政部门审验专用联、旅行社自留专用联。组团社应按照有关规定，在旅游团队出境、入境时及旅游团队入境后，将名单表分别交有关部门查验、留存。

2. 为出国旅游团队安排专职领队

组团社应当为旅游团队安排专职领队。领队应当经省、自治区、直辖市旅游行政部门考核合格，取得领队证。领队在带团时，应当佩戴领队证，并遵守国家相关规定。

3. 为旅游者办理出国手续

旅游团队应当从国家开放口岸整团出入境。旅游团队出入境时，应当接受边防检查站对护照、签证、名单表的查验。经国务院有关部门批准，旅游团队可以到旅游目的地国家按照该国有关规定办理签证或者免签证。

旅游团队出境前已确定分团入境的，组团社应当事先向出入境边防检查总站或者省级公安边防部门备案。

旅游团队出境后因不可抗力或者其他特殊原因确需分团入境的，领队应当及时通知组团社，组团社应当立即向有关出入境边防检查总站，或者省级公安边防部门备案。

4. 组团社应当维护旅游者的合法权益

组团社向旅游者提供的出国旅游服务信息必须真实可靠，不得作虚假宣传，报价不得低于成本。

案例 10-4

丁某夫妻二人与丙旅行社签订旅游合同，去巴厘岛进行旅游，两原告依约预付了相关费用近两万元。出发前夕，妻子突然患病，无法出行，丈夫需要照顾妻子，也不能出行，故致电旅行社要求退票取消出行，但丁某一个月后再联系旅行社时，旅行社称一切费用均不能退还。两原告遂诉至法院。①

【解析】

双方在旅游合同中约定，如果旅游行程结束前，旅游者解除合同的，旅行社应当在扣除必要款项后，将余款支付给旅游者。必要费用包括两部分：旅游费用的10%作为预期利润损失；实际发生的费用，包括飞机等交通工具、旅游汽车人均分摊的费用与住宿费等。本案中，丁某夫妻的机票为正班切位机票，无法退票，租车、保险等实际已发生，实际利润经核算不足10%，按照实际利润予以扣除，但餐费、旅游小费、落地签证费、回程离境税不应作为实际发生费用计算。

针对这个案例我们再说两个问题。

第一个问题是实际未发生的费用如何判断。由于旅行的组团社与地接社通常是两个不同的旅行社，很多组团社认为将费用支付给了地接社，即可认为已经实际发生，但是在案件审理中，该主张得不到法律支持。只有实际支付并无法退还的费用，如出行当天才要求解除的机票费用、已经订房的住宿费用等，才应当认为是实际发生的费用。其他地接成本、观光旅游费等则应当退还。

第二个问题是境外证据如何取得。2019 年 10 月 14 日，最高人民法院审判委员会第

---

① 宁波市海曙区人民法院.“游”法可依——旅游纠纷典型案例. http://hsnews.cnnb.com.cn/system/2017/06/01/011564999.shtml.

1777 次会议修改的《关于民事诉讼证据的若干规定》修正，于 2020 年 5 月 1 日实施。其第十六条规定“当事人提供的公文书证系在中华人民共和国领域外形成的，该证据应当经所在国公证机关证明，或者履行中华人民共和国与该所在国订立的有关条约中规定的证明手续。”在境外哪些费用实际产生，由于当事双方都无法举证，法院只能酌情处理。故如果在境外发生纠纷，当事人应及时通过公证、使领馆等及时固定证据。

5. 与旅游者订立书面合同

组团社经营出国旅游业务，应当与旅游者订立书面旅游合同。

旅游合同应当包括旅游起止时间、行程路线、价格、食宿、交通及违约责任等内容。旅游合同由组团社和旅游者各持一份。

案例 10-5

何某夫妇度蜜月，他们选择参加了“塞班岛 6 日游”，但在机场候机时被旅行社告知，飞机无法起飞，当天航班取消。小两口心情顿时降到冰点，随后将该旅行社告上法庭，要求返还团费和 3 倍赔偿金，总计 4 万余元。法院判处旅行社退还何某夫妇团费，并支付违约金。[①]

【解析】

两位游客依约交纳了旅游费，与旅行社签订了《出境旅游合同》，是有效的旅游合同关系。根据《旅游法》规定，旅行社应退还两人团费 1.6 万元，还要另外支付全部团费（含税）80%的违约金。

6. 按合同约定提供服务

组团社应当按照旅游合同约定的条件，为旅游者提供服务。

7. 保障旅游者人身、财产安全

组团社组织旅游者出国旅游，应当选择在目的地国家依法设立并具有良好信誉的旅行社（以下简称“境外接待社”），并与之订立书面合同后，方可委托其承担接待工作。

组团社及其旅游团队领队应当要求境外接待社按照约定的团队活动计划安排旅游活动，并要求其不得组织旅游者参与涉及色情、赌博、毒品内容的活动或者危险性活动，不得擅自改变行程、减少旅游项目，不得强迫或者变相强迫旅游者参加额外付费项目。

境外接待社违反组团社及其旅游团队领队根据前款规定提出的要求时，组团社及其旅游团队领队应当予以制止。

三、领队的职责

1. 向旅游者介绍注意事项并尊重旅游者人格

旅游团队领队应当向旅游者介绍旅游目的地国家的相关法律、风俗习惯及其他有

① 境外旅游纠纷案例 出发前航班取消小两口蜜月泡汤. https://www.sohu.com/a/315786139_120067461.

关注意事项，并尊重旅游者的人格尊严、宗教信仰、民族风俗和生活习惯。

2. 保障旅游者安全

旅游团队领队在带领旅游者旅行、游览过程中，应当就可能危及旅游者人身安全的情况，向旅游者作出真实说明和明确警示，并按照组团社的要求采取有效措施，防止危害的发生。

3. 遇到特殊困难和安全问题及时向有关部门报告

旅游团队在境外遇到特殊困难和安全问题时，领队应当及时向组团社和中国驻所在国家使领馆报告，组团社应当及时向旅游行政部门和公安机关报告。

4. 不得与境外经营者串通并收受其钱物

旅游团队领队不得与境外接待社、导游及为旅游者提供商品或者服务的其他经营者串通欺骗、胁迫旅游者消费，不得向境外接待社、导游及其他为旅游者提供商品或者服务的经营者索要回扣、提成或者收受其财物。

旅游团队领队还负有监督境外接待社合法、并按照约定安排旅游活动的职责。

案例 10-6

刘女士跟闺蜜去欧洲血拼，购买了一块价值 1 万余元的高档手表。购买时，导游对游客们说，这家购物店是正规店，可放心购买。回国后，刘女士发现手表有裂纹，经鉴定该只手表是赝品，刘女士找旅行社索赔遭拒。随后，刘女士将旅行社告上法庭，经调解，旅行社最后赔偿刘女士 5000 元。[①]

【解析】

针对海外购物遇赝品的情况，旅行者赴境外旅行中，如自行购买商品，就属于个人消费行为，所发生的境外消费纠纷就要个人承担。另外一种情况就如刘女士案件，旅行社导游在带团购物中，对游客作出承诺保证，一旦买到假货或者赝品，游客可向旅行社提出退货和赔偿等要求。

四、出国旅游者的权利和义务

（一）出国旅游者的权利

旅游者持有有效普通护照的，可以直接到组团社办理出国旅游手续；没有有效普通护照的，应当依照《出境入境管理法》的有关规定办理护照后再办理出国旅游手续。组团社应当为旅游者办理前往国签证等出境手续。

旅游者对组团社或者旅游团队领队违反《中国公民出国旅游管理办法》等相关旅游

① 境外旅游纠纷案例 欧洲血拼买名表回家一查是赝品. 2019-05-22. https://www.sohu.com/a/282620016_120067461.

法律规定的行为，有权向旅游行政部门投诉。

因组团社或者其委托的境外接待社违约，使旅游者合法权益受到损害的，组团社应当依法对旅游者承担赔偿责任。

此外，组团社的主要职责和义务，以及领队的职责，也相应对应着旅游者的权利。

（二）出国旅游者的义务

旅游者应当遵守旅游目的地国家的法律，尊重当地的风俗习惯，并服从旅游团队领队的统一管理；严禁旅游者在境外滞留不归。

案例 10-7

那先生通过某旅行社参加新马巴厘岛旅游团，因地接社降低住宿标准，而擅自脱离旅游团队自行订房。①

【解析】

在旅游过程中出现服务质量问题，应及时与组团社联系，并积极配合旅行社妥善处理，避免因过激行为而影响其他旅游者的正常行程。游客切勿采取擅自脱团、滞留异地等不理性的行为，避免造成不良后果。按照《旅游法》相关规定，出境旅游者不得在境外非法滞留，随团出境的旅游者不得擅自分团、脱团。旅游者在旅游活动中，或者在解决纠纷时，不得损害当地居民的合法权益，不得干扰他人的旅游活动，不得损害旅游经营者和旅游从业人员的合法权益。

五、组团社和领队的法律责任

任何单位和个人未经批准擅自经营或者以商务、考察、培训等方式变相经营出国旅游业务的，由旅游行政部门责令停止非法经营，没收违法所得，并处违法所得 2 倍以上 5 倍以下的罚款。

组团社不为旅游团队安排专职领队的，由旅游行政部门责令改正，并处 5000 元以上 2 万元以下的罚款，可以暂停其出国旅游业务经营资格；多次不安排专职领队的，并取消其出国旅游业务经营资格。

组团社向旅游者提供虚假服务信息或者低于成本报价的，由工商行政管理部门依照《消费者权益保护法》《反不正当竞争法》的有关规定给予处罚。

组团社或者旅游团队领队对可能危及人身安全的情况未向旅游者作出真实说明和明确警示，或者未采取防止危害发生的措施的，由旅游行政部门责令改正，给予警告；情节严重的，对组团社暂停其出国旅游业务经营资格，并处 5000 元以上 2 万元以下的罚款，对旅游团队领队可以暂扣直至吊销其领队证；造成人身伤亡事故的，依法追究刑事责任，并承担赔偿责任。

---

① 黑龙江省旅游质量监督管理所发布旅游典型案例及消费提示. http://www.hljwht.gov.cn/home/detail/id/28579/type/151.html.

组团社或者旅游团队领队未要求境外接待社不得组织旅游者参与涉及色情、赌博、毒品内容的活动或者危险性活动，未要求其不得擅自改变行程、减少旅游项目、强迫或者变相强迫旅游者参加额外付费项目，或者在境外接待社违反前述要求时未制止的，由旅游行政部门对组团社处以组织该旅游团队所收取费用 2 倍以上 5 倍以下的罚款，并暂停其出国旅游业务经营资格，对旅游团队领队暂扣其领队证；造成恶劣影响的，对组团社取消其出国旅游业务经营资格，对旅游团队领队吊销其领队证。

旅游团队领队与境外接待社、导游及为旅游者提供商品或者服务的其他经营者串通来欺骗、胁迫旅游者消费，或者向境外接待社、导游和其他为旅游者提供商品或者服务的经营者索要回扣、提成或者收受其财物的，由旅游行政部门责令改正，没收索要的回扣、提成或者收受的财物，并处索要的回扣、提成或者收受的财物价值 2 倍以上 5 倍以下的罚款；情节严重的，并吊销其领队证。

案例 10-8

宁波某某国际旅行社有限公司与浙江某某国际旅游有限公司宁波分公司存在委托代理招徕出境旅游业务关系。期间，当事人股东兼员工杨某某于 2019 年 2 月 21 日招徕郑某、张某某等 15 人，并安排他们与浙江某某国际旅游有限公司宁波分公司签订“印象本州精致双古都和风乐尚半自助 7 日（静阪）”的《团队出境旅游合同》，实际收付团队旅游费用 89985 元，获取业务介绍费 17985 元，除去产生的促销、招徕成本 7985 元，共获取此笔业务利润 10000 元。以上行为与当事人的经营范围、经营情况不相符。[①]

【解析】

旅行社应当按照法律法规规定，在市场监督管理部门和旅游行政主管部门核准登记的经营范围内合法、诚信经营，维护游客合法权益，维护旅游市场秩序。当事人的行为已经违反了《旅游法》第二十九条的规定：旅行社可以经营下列业务：（一）境内旅游；（二）出境旅游；（三）边境旅游；（四）入境旅游；（五）其他旅游业务。旅行社经营前款第二项和第三项业务，应当取得相应的业务经营许可，具体条件由国务院规定。

根据《旅游法》第九十五条规定，违反本法规定，未经许可经营旅行社业务的，由旅游主管部门或者市场监督管理部门责令改正，没收违法所得，并处一万元以上十万元以下罚款；违法所得十万元以上的，并处违法所得一倍以上五倍以下罚款；对有关责任人员，处二千元以上二万元以下罚款。

旅行社违反《旅游法》规定，未经许可经营本法第二十九条第一款第二项、第三项业务，或者出租、出借旅行社业务经营许可证，或者以其他方式非法转让旅行社业务经营许可的，除依照前款规定处罚外，并责令停业整顿；情节严重的，吊销旅行社业务经营许可证；对直接负责的主管人员，处两千元以上二万元以下罚款。

根据《浙江省旅游行政处罚裁量基准（试行）》规定，宁波市奉化区文化和广电旅游体育局对当事人进行行政处罚：没收违法所得一万元，并处罚款一万元。考虑到当事人

① 旅游市场综合整治违法违规典型案例. [2019-12-13]. http://ct.zj.gov.cn/art/2019/12/13/art_1229678763_4982979.html.

杨某某属于初次违法，且有主动交代违法事实等从轻情节，决定对当事人作出处罚款1000元的行政处罚。

实训课堂

【基本案情】

某国际旅行社组团去某国旅游，其中一些游客因不了解该国国情，旅游团队的领队也未提醒游客注意，误对一军事敏感区域拍照，被该国警方以涉嫌从事间谍活动扣留。

【课堂讨论题】

1. 中国公民出境旅游时有哪些义务？
2. 旅游团队的领队都有哪些职责和义务？
3. 在本案中，出境旅游游客和领队应该怎样做？

实训案例

【基本案情】

游客李某一行2人报名参加深圳某旅行社组织的西安往返苏梅岛6天自由行，出行时间为2020年1月26日至1月31日，团费21639.95元。因疫情影响无法出行，1月20日李某要求旅行社退团退费，旅行社退回境外酒店费用5226元，并以与地接社发生款项纠纷为由，未退剩余16413.95元机票费用。

李某自行联系航空公司时被告知没有任何订票信息，认为该费用实际未发生，旅行社无权扣除。李某向深圳市福田区文化广电旅游局投诉，要求旅行社退还剩余机票款项。深圳市福田区文化广电旅游局接到该投诉后，组织工作人员联系旅行社了解情况，并积极与投诉人沟通。

经调查，机票款项未实际发生，旅行社已将地接社诉至法院。后续调解中，双方达成和解，旅行社胜诉后退还了剩余机票款项，最终实际退回团费全款21639.95元。①

【课堂讨论题】

1. 旅游途中出现特殊情况时旅游者应当依据什么法律主张权利？
2. 旅行社这种情况下应如何做好后续工作？
3. 旅行社事发后的正确做法是什么？

即测即练

自学自测  扫描此码

① http://whly.gd.gov.cn/special_newzt/fzxc/dx/content/post_3683990.html.

第十一章

旅游娱乐场所管理法律制度

【学习要点及目标】

1. 了解娱乐场所的设立和审批法律制度。
2. 熟悉我国对娱乐场所的治安管理制度，掌握娱乐场所的经营行为规范。

引导案例

为进一步规范辖区旅游娱乐场所食品经营市场秩序，保障游客饮食安全。2017 年 7 月 12 日，天津市滨海新区市场监管部门对方特欢乐大世界、水魔方等大型旅游娱乐场所食品安全展开专项检查，旨在提高旅游娱乐场所餐饮食品经营者食品安全意识，净化旅游娱乐场所食品安全消费环境。其间，执法人员细化检查标准，着重查看旅游场所内餐饮单位原材料采购是否严格执行索证索票制度，食品安全各项管理制度是否建立，食品加工、储存场所卫生是否干净达标，“防蝇、防鼠、防尘”设施是否齐全，以及食品添加剂的使用是否合规等。①

【案例导学】

旅游住宿业、饮食和娱乐服务作为旅游业的一个重要组成部分，它不仅促使旅游业成为我国国民经济发展中的一个新的增长点，同时，它还促进和带动了旅游业乃至整个服务业的发展。为此，加快旅游住宿业的建设与管理，规范食品卫生管理监督和事故处理，加强娱乐场所与治安管理等将变得更加迫切。为切实做好文化娱乐场所、旅游景点公共场所安全，有效防范和遏制各类事故发生，天津市把旅游娱乐场所建设纳入法治化轨道，对旅游娱乐场所进行依法管理。为此，2017 年滨海新区市场监管部门对辖区内的旅游娱乐场所依法展开专项检查，以保障旅游住宿业、饮食和娱乐服务业健康安全发展。

---

① 王睿. 多举措保障旅游娱乐场所食品安全. http://travel.enorth.com.cn/system/2017/07/12/033330632.shtml.

第一节　娱乐场所的设立和经营管理制度

一、娱乐场所概述

（一）娱乐场所的范围

娱乐场所是以营利为目的，并向公众开放、消费者自娱自乐的歌舞、游艺等场所。

娱乐场所大致可分为两类：一类是以人际交往为主的歌厅、舞厅、卡拉 OK 厅、夜总会等；另一类是依靠游艺器械经营的场所，如电子游戏厅、游艺厅等。

小贴士

目前，我国规范娱乐场所经营管理的主要法律依据是自 2006 年 3 月 1 日起施行的《娱乐场所管理条例》。2020 年 11 月 29 日，调整后的《娱乐场所管理条例》（以下简称《条例》）公布施行。另外，公安部 2008 年 4 月 21 日通过了《娱乐场所治安管理办法》（以下简称《办法》），自 2008 年 10 月 1 日起施行，这是对娱乐场所实施治安管理的主要法律依据。

此外，2013 年 2 月 4 日文化部令第 55 号发布《娱乐场所管理办法》。2017 年 12 月 15 日根据《文化部关于废止和修改部分部门规章的决定》进行第一次修订。2022 年 5 月 13 日根据《文化和旅游部关于修改〈娱乐场所管理办法〉的决定》进行第二次修订。

（二）娱乐场所的特征

1. 营利性

娱乐场所是以营利为目的的。免费提供娱乐服务的场所，不属于《条例》的调整范围。

2. 公共开放性

娱乐场所是向社会公众开放的公共场所，单位内部专门为本单位职工、家属服务的场所，不属于《条例》的调整范围。

3. 娱乐性

娱乐场所是消费者自娱自乐的场所。

专门提供各种演出的场所，如宾馆、饭店、酒吧、茶吧、咖啡厅、洗浴、桑拿、按摩、网吧等场所，不属于《条例》调整的范围。但宾馆、饭店中对外营业的歌舞、游艺场所仍由《条例》调整。

二、娱乐场所的设立和审批

（一）设立条件

1. 主体合法

设立娱乐场所的主体必须符合法律规定、不属于规定的禁止开设娱乐场所的主体。

《条例》除了明确国家机关工作人员及其近亲属不得经营或者变相经营娱乐场所外，有下列情形的人员，也不得开办娱乐场所或者在娱乐场所内从业。

（1）曾犯有组织、强迫、引诱、容留、介绍卖淫罪，制作、贩卖、传播淫秽物品罪，走私、贩卖、运输、制造毒品罪，强奸罪，强制猥亵、侮辱妇女罪，赌博罪，洗钱罪，组织、领导、参加黑社会性质组织罪的。

（2）曾因犯罪行为被判处剥夺政治权利的。

（3）曾因吸食、注射毒品被强制戒毒的。

（4）因卖淫、嫖娼曾被处以行政拘留的。

2. 设立地点符合法律规定

娱乐场所不得设在：①居民楼、博物馆、图书馆和被核定为文物保护单位的建筑物内；②居民住宅区和学校、医院、机关周围；③车站、机场等人群密集的场所；④建筑物地下一层以下；⑤与危险化学品仓库毗连的区域。

3. 有合法的经营场所

4. 经营设施符合法律规定的条件

5. 取得相应的许可证

根据《条例》的规定，申请人取得娱乐经营许可证和有关消防、卫生、环境保护的批准文件后，方可到工商行政管理部门依法办理登记手续，领取营业执照。

（二）娱乐场所设立的程序

1. 申请

设立娱乐场所，申请人应当向所在地县级人民政府文化主管部门提出申请；设立中外合资经营、中外合作经营的娱乐场所，应当向所在地省、自治区、直辖市人民政府文化主管部门提出申请。

申请设立娱乐场所，申请人应当提交投资人员、拟任的法定代表人和其他负责人没有《条例》规定的禁止开办娱乐场所的情形的书面声明。申请人应当对书面声明内容的真实性负责。

2. 审批

文化主管部门审批娱乐场所应当举行听证。对于申请人提交的法定代表人和其他负责人没有《条例》规定的禁止开办娱乐场所的情形的书面声明，受理申请的文化主管部门应当向公安部门或者其他有关单位核查，公安部门或者其他有关单位应当予以配合；经核查属实的，文化主管部门还应当根据规定进行实地检查，然后依据调查结果做出决定。予以批准的，颁发娱乐经营许可证，并根据国务院文化主管部门的规定核定娱乐场所容纳的消费者数量；不予批准的，应当书面通知申请人并说明理由。

3. 办理工商登记

申请人取得娱乐经营许可证和有关消防、卫生、环境保护的批准文件后，方可到工商行政管理部门依法办理登记手续，领取营业执照。

4. 到公安机关进行备案

娱乐场所取得营业执照后，应当在15日内向所在地县级公安部门备案。

（三）娱乐场所许可事项变更的审批管理

娱乐场所改建、扩建营业场所，或者变更场地、主要设施设备、投资人员，或者变更娱乐经营许可证载明的事项的，应当向原发证机关申请重新核发娱乐经营许可证，并向公安部门备案；需要办理变更登记的，应当依法向工商行政管理部门办理变更登记。

三、娱乐场所经营管理制度

（一）娱乐场所经营活动内容管理

国家倡导弘扬民族优秀文化，鼓励娱乐场所开展健康、积极的娱乐活动。国家为了鼓励优秀文化作品的传播，保护知识产权权利人的合法权益，要求娱乐场所使用的音像制品或者电子游戏应当是依法出版、生产或者进口的产品。

禁止娱乐场所内的娱乐活动含有下列内容：①违反宪法确定的基本原则的；②危害国家统一、主权或者领土完整的；③危害国家安全，或者损害国家荣誉、利益的；④煽动民族仇恨、民族歧视，伤害民族感情或者侵害民族风俗、习惯，破坏民族团结的；⑤违反国家宗教政策，宣扬邪教、迷信的；⑥宣扬淫秽、赌博、暴力，以及与毒品有关的违法犯罪活动，或者教唆犯罪的；⑦违背社会公德或者民族优秀文化传统的；⑧侮辱、诽谤他人，侵害他人合法权益的；⑨法律、行政法规禁止的其他内容。

（二）娱乐场所经营行为管理

1. 禁止娱乐场所出现的违法行为

娱乐场所及其从业人员不得实施下列行为，不得为进入娱乐场所的人员实施下列行为提供条件。

（1）贩卖、提供毒品，或者组织、强迫、教唆、引诱、欺骗、容留他人吸食、注射毒品。

（2）组织、强迫、引诱、容留、介绍他人卖淫、嫖娼。

（3）制作、贩卖、传播、淫秽物品。

（4）提供或者从事以营利为目的的陪侍。

（5）赌博。

（6）从事邪教、迷信活动。

（7）其他违法犯罪行为。

案例 11-1

为期4个月的秋冬打击整治行动于重庆2018年9月12日晚拉开序幕，娱乐场所、小旅店，拉客招嫖、聚众赌博、吸贩毒等违法犯罪活动将是清查的重点。在江北区的首次行动中，就有4人被刑拘。当晚，江北警方辖区18个派出所、特警、交巡警等多警种紧密配合、协同作战，对发现的可疑人员、物品进行信息查询比对，全面清查辖区内娱乐场所、小旅店等地，严查不按规定实名登记、拉客招嫖、发放色情卡片、违法收购、聚众赌博、吸贩毒等违法犯罪活动。本次行动，重点清查了江北区九街和朗晴广场 26 家旅馆，848 个房间。[①]

【解析】

对旅游娱乐场所的经营活动进行监督和管理，即是保障旅游娱乐场所的正常经营、健康发展及维护社会治安的需要，又是保护旅游者合法权益的客观需要。因此，重庆市依法开展执法检查，重点检查歌舞娱乐场所依法依规经营、禁毒扫黄等工作落实情况。这次行动有利于加强文化市场管理，规范旅游文化市场经营行为，有效地净化了文化市场环境，整治旅游娱乐场所乱象，营造了安全、和谐、文明、健康的旅游文化环境。

游艺娱乐场所不得设置具有赌博功能的电子游戏机机型、机种、电路板等游戏设施设备，不得以现金或者有价证券作为奖品，不得回购奖品。

2. 禁止娱乐场所出现的危险行为

任何人不得非法携带枪支、弹药、管制器具或者携带爆炸性、易燃性、毒害性、放射性、腐蚀性等危险物品和传染病病原体进入娱乐场所。

3. 对娱乐场所经营行为的其他要求

每日凌晨 2 时至上午 8 时，娱乐场所不得营业。

娱乐场所应当规范自身的交易行为和提供服务的行为：提供娱乐服务项目和出售商品时，应当明码标价，并向消费者出示价目表；不得强迫、欺骗消费者接受服务、购买商品。迪斯科舞厅应当配备安全检查设备，对进入营业场所的人员进行安全检查。

另外，娱乐场所应当建立巡查制度，发现娱乐场所内有违法犯罪活动的，应当立即向所在地县级公安部门、县级人民政府文化主管部门报告。

（三）娱乐场所设施及环境管理

1. 娱乐场所的监控设施及监控管理

歌舞娱乐场所应当按照国务院公安部门的规定在营业场所的出入口、主要通道安装闭路电视监控设备，并应当保证闭路电视监控设备在营业期间正常运行，不得中断。歌舞娱乐场所应当将闭路电视监控录像资料留存 30 日备查，不得删改或者挪作他用。

2. 娱乐场所消防设施及消防管理

娱乐场所应当确保其建筑、设施符合国家安全标准和消防技术规范，定期检查消防设施状况，并及时维护、更新。

娱乐场所应当制定安全工作方案和应急疏散预案。

娱乐场所应当在疏散通道和安全出口设置明显指示标志，不得遮挡、覆盖指示标志。营业期间，娱乐场所应当保证疏散通道和安全出口畅通，不得封堵、锁闭疏散通道和安

① 袁小丽. 重庆警方将展开秋冬打击整治行动，首次清查 4 人被刑拘. (2018-09-14). https://cq.qq.com/a/20180914/048172.htm.

全出口，不得在疏散通道和安全出口设置栅栏等影响疏散的障碍物。

3. 娱乐场所其他设施及管理

歌舞娱乐场所的包厢、包间内不得设置隔断，并应当安装展现室内整体环境的透明门窗。包厢、包间的门不得有内锁装置。

营业期间，歌舞娱乐场所内亮度不得低于国家规定的标准。

娱乐场所应当在营业场所的大厅、包厢、包间内的显著位置悬挂含有禁毒、禁赌、禁止卖淫嫖娼等内容的警示标志。

（四）娱乐场所从业人员管理

1. 娱乐场所从业人员管理的基本规定

娱乐场所应当与从业人员签订文明服务责任书，并建立从业人员名簿；从业人员名簿应当包括从业人员的真实姓名、居民身份证复印件、外国人就业许可证复印件等内容。

娱乐场所应当建立营业日志，记载营业期间从业人员的工作职责、工作时间、工作地点；营业日志不得删改，并应当留存 60 日备查。

2. 娱乐场所保安人员管理

娱乐场所应当与保安服务企业签订保安服务合同，配备专业保安人员；不得聘用其他人员从事保安工作。

（五）娱乐场所保护未成年人制度

为了避免未成年人受到娱乐场所内一些不良行为或不健康娱乐方式的影响，保证未成年人的健康成长，娱乐场所应当遵守以下两个方面的规定。

1. 禁止雇用未成年人

为了避免未成年人因在娱乐场所工作而接触娱乐场所内存在和发生的不良行为，《条例》明确规定娱乐场所不得招用未成年人。

2. 不得接纳未成年人

娱乐场所应当在门口、大厅等显著位置悬挂未成年人禁入或者限入标志，并以适当方式履行禁止未成年人进入或者限制未成年人进入的法定义务，以保护未成年人的健康成长。

四、娱乐场所的监督管理

（一）娱乐场所监督管理的主管机关

对娱乐场所实施监督管理的主管机关包括文化主管部门、公安部门和其他有关部门。各部门各司其职，既有分工又相互配合，共同实现对娱乐场所的监督管理。

（二）娱乐场所监督管理机关的职权

1. 监管职责

（1）制作监督检查记录并供公众查阅。文化主管部门、公安部门和其他有关部门应当记录监督检查的情况和处理结果。监督检查记录由监督检查人员签字归档。公众有权查阅监督检查记录。

（2）建立娱乐场所违法行为警示记录系统。文化主管部门、公安部门和其他有关部门应当建立娱乐场所违法行为警示记录系统；对列入警示记录的娱乐场所，应当及时向社会公布，并加大监督检查力度。

（3）建立信息通报制度。文化主管部门、公安部门和其他有关部门应当建立相互间的信息通报制度，及时通报监督检查情况和处理结果。

（4）及时处理群众举报。任何单位或者个人发现娱乐场所内有违反《条例》规定的行为的，有权向文化主管部门、公安部门等有关部门举报。文化主管部门、公安部门等有关部门接到举报，应当记录，并及时依法调查、处理；对不属于本部门职责范围的，应当及时移送有关部门。

（5）规范监管人员的行为。文化主管部门、公安部门和其他有关部门及其工作人员违反《条例》规定的，任何单位或个人可以向依法有权处理的本级或上一级机关举报。接到举报的机关应当依法及时调查、处理。

2. 监管权力

监管部门在实施监管活动的过程中，享有下列权力。

（1）有权进入娱乐场所。文化主管部门、公安部门和其他有关部门的工作人员依法履行监督检查职责时，有权进入娱乐场所。娱乐场所应当予以配合，不得拒绝、阻挠。

（2）有权查阅相关资料。文化主管部门、公安部门和其他有关部门的工作人员依法履行监督检查职责时，需要查阅闭路电视监控录像资料、从业人员名簿、营业日志等资料的，娱乐场所应当及时提供。

（三）娱乐场所的行业自律管理

娱乐场所可以建立娱乐场所行业协会。娱乐场所行业协会是娱乐行业的自律性组织，应当依照章程的规定，制定行业自律规范，加强对会员经营活动的指导、监督。

五、娱乐场所法律责任

（一）违法经营的法律责任

1. 擅自经营的法律责任

娱乐场所违反经营许可制度，擅自从事娱乐场所经营活动的，由工商行政管理部门、文化主管部门依法予以取缔；公安部门在查处治安、刑事案件时，发现擅自从事娱乐场所经营活动的，应当依法予以取缔。

2. 骗取许可证的法律责任

娱乐场所经营主体以欺骗等不正当手段取得娱乐经营许可证的，由原发证机关撤销娱乐经营许可证。

3. 未按规定备案的法律责任

娱乐场所取得营业执照后，未按照规定向公安部门备案的，由县级公安部门责令改正，给予警告。

4. 未按规定申请重新核发许可证的法律责任

娱乐场所变更有关事项，未按照规定申请重新核发娱乐经营许可证的，由县级人民政府文化主管部门责令改正，给予警告；情节严重的，责令停业整顿一个月至三个月。

（二）经营行为违法的法律责任

1. 出现违法行为的法律责任

娱乐场所出现涉毒、涉黄、涉赌等违法行为的，由县级公安部门没收违法所得和非法财物，责令停业整顿三个月至六个月；情节严重的，由原发证机关吊销娱乐经营许可证，对直接负责的主管人员和其他直接责任人员处一万元以上二万元以下的罚款。

娱乐场所出现下列违法行为的，由县级人民政府文化主管部门没收违法所得和非法财物，并处违法所得一倍以上三倍以下的罚款；没有违法所得或者违法所得不足一万元的，并处一万元以上三万元以下的罚款；情节严重的，责令停业整顿一个月至六个月。

（1）歌舞娱乐场所接纳未成年人的。

（2）游艺娱乐场所设置的电子游戏机在国家法定节假日外向未成年人提供的。

（3）娱乐场所容纳的消费者超过核定人数的。

2. 经营内容违法的法律责任

娱乐场所出现下列情形的，由县级人民政府文化主管部门没收违法所得和非法财物，并处违法所得一倍以上三倍以下的罚款；没有违法所得或者违法所得不足一万元的，并处一万元以上三万元以下的罚款；情节严重的，责令停业整顿一个月至六个月。

（1）歌曲点播系统与境外的曲库联接的；

（2）歌舞娱乐场所播放的曲目、屏幕画面或者游艺娱乐场所电子游戏机内的游戏项目含有《条例》第十三条禁止内容的。

3. 安保措施不符合规定的法律责任

娱乐场所有下列情形之一的，由县级公安部门责令改正，给予警告；情节严重的，责令停业整顿一个月至三个月。

（1）照明设施、包厢、包间的设置，以及门窗的使用不符合《条例》规定的。

（2）未按照《条例》规定安装闭路电视监控设备或者中断使用的。

（3）未按照《条例》规定留存监控录像资料或者删改监控录像资料的。

（4）未按照《条例》规定配备安全检查设备，或者未对进入营业场所的人员进行安全检查的。

（5）未按照《条例》规定配备保安人员的。

4. 赌博及类似行为的法律责任

娱乐场所有下列情形之一的，由县级公安部门没收违法所得和非法财物，并处违法所得二倍以上五倍以下的罚款；没有违法所得或者违法所得不足一万元的，并处二万元以上五万元以下的罚款；情节严重的，责令停业整顿一个月至三个月。

（1）设置具有赌博功能的电子游戏机机型、机种、电路板等游戏设施设备的。

（2）以现金、有价证券作为奖品，或者回购奖品的。

（三）与雇用有关的法律责任

娱乐场与员工雇用有关的法律责任主要体现在以下三个方面。

1. 对员工的职务行为承担法律责任

娱乐场所应对其员工的职务行为承担法律责任，指使、纵容从业人员侵害消费者人身权利的，应当依法承担民事责任，并由县级公安部门责令停业整顿一个月至三个月；造成严重后果的，由原发证机关吊销娱乐经营许可证。

娱乐场所及其从业人员与消费者发生争议的，应当依照消费者权益保护的法律规定解决；造成消费者人身、财产损害的，由娱乐场所依法予以赔偿。

2. 管理员工行为不规范的法律责任

娱乐场所的从业人员在营业期间未统一着装并佩戴工作标志的，或者未按照规定建立从业人员名簿的，由县级人民政府文化主管部门责令改正，给予警告；情节严重的，责令停业整顿一个月至三个月。

3. 雇用未成年人的法律责任

娱乐场所招用未成年人的，由劳动保障行政部门责令改正，并按照每招用一名未成年人每月处 5000 元罚款的标准给予处罚。

（四）其他违法行为的法律责任

1. 违反营业时间管理的法律责任

娱乐场所在规定的禁止营业时间内营业的，由县级人民政府文化主管部门责令改正，给予警告；情节严重的，责令停业整顿一个月至三个月。

2. 违反违法行为报告义务的法律责任

娱乐场所未按照规定建立营业日志，或者发现违法犯罪行为未按照规定报告的，由县级人民政府文化主管部门、县级公安部门依据法定职权责令改正，给予警告；情节严重的，责令停业整顿一个月至三个月。

3. 违反标志悬挂义务的法律责任

娱乐场所未按照规定悬挂警示标志、未成年人禁入或者限入标志的，由县级人民政府文化主管部门、县级公安部门依据法定职权责令改正，给予警告。

4. 违反其他管理制度的法律责任

娱乐场所违反有关治安管理或者消防管理法律、行政法规规定的，由公安部门依法处罚；构成犯罪的，依法追究刑事责任。

案例 11-3

2020 年 5 月 1 日，由黄某某出资 1000 元，被告人彭某某在赣州市购买冰毒和吸毒工具回到定南后，两人前往定南县神仙岭山顶上，在彭某某的车内吸食冰毒。2020 年 5 月 3 日晚上，赖某开车送廖某、黄某某、彭某某等人到赣州市，由廖某出资购买冰毒。由于赖某身体不适，便由被告人彭某某驾驶车辆从赣州市返回定南县。行车途中，廖某、黄某某在车内吸食了冰毒。

2020 年 5 月 19 日下午，由黄某某、黄某某分别出资 1600 元和 900 元，由被告人彭某某联系并在赣州市赣县区购得冰毒。在从赣州市返回定南县的高速上，黄某某、黄某某在彭某某驾驶的车内吸食了冰毒。2020 年 6 月 1 日凌晨，被告人彭某某和黄某某两人共同出资 1 300 元，由彭某某在赣州市联系并购买冰毒后返回定南。行驶途中黄某某（2）、黄某某（1）在彭某某驾驶的车内吸食了冰毒。被告人彭某某于 2020 年 7 月 15 日被定南县公安局传唤归案，归案后如实供述了其犯罪事实。①

【解析】

本案由江西省定南县人民法院一审。

法院认为，被告人彭某某违反国家毒品管理法规，多次提供场所容留他人吸食毒品，其行为已构成容留他人吸毒罪，应依法惩处。被告人彭某某归案后如实供述了主要犯罪事实，是坦白，可对其从轻处罚；被告人彭某某当庭自愿认罪，愿意接受处罚，可酌情从轻处罚。据此，依法对被告人彭某某犯容留他人吸毒罪，判处有期徒刑 10 个月，并处罚金人民币 5000 元。

第二节　娱乐场所治安管理制度

一、娱乐场所治安管理概述

《娱乐场所治安管理办法》（以下简称《办法》）是对娱乐场所实施治安管理的具体法律依据。公安机关是对娱乐场所治安实施管理的机关。娱乐场所治安管理应当遵循公安机关治安部门归口管理和辖区公安派出所属地管理相结合，以属地管理为主的原则。娱乐场所法定代表人、主要负责人是维护本场所治安秩序的第一责任人。

① 江西省定南县人民法院刑事判决书（2020）赣 0728 刑初 122 号.

二、娱乐场所治安管理制度的基本内容

（一）娱乐场所向公安机关备案管理

1. 对娱乐场所的备案要求

娱乐场所领取营业执照后，应当在15日内向所在地县（市）公安局、城市公安分局治安部门备案；县（市）公安局、城市公安分局治安部门受理备案后，应当在 5 日内将备案资料通报娱乐场所所在辖区公安派出所。

县（市）公安局、城市公安分局治安部门对备案的娱乐场所应当统一建立管理档案。

娱乐场所备案项目发生变更的，应当自变更之日起 15 日内向原备案公安机关备案。

2. 娱乐场所违反备案要求应承担的法律责任

娱乐场所未按照规定项目备案的，由受理备案的公安机关告知补齐；拒不补齐的，由受理备案的公安机关责令改正，给予警告。娱乐场所未按照规定就其变更情况进行备案的，由原备案公安机关责令改正，给予警告。

（二）娱乐场所安全设施管理

1. 娱乐场所安全设施要求

（1）娱乐场所的包厢、包间要求。歌舞娱乐场所包厢、包间内不得设置阻碍展现室内整体环境的屏风、隔扇、板壁等隔断，不得以任何名义设立任何形式的房中房（卫生间除外）。

歌舞娱乐场所的包厢、包间内的吧台、餐桌等物品不得高于 1.2 米。

包厢、包间的门窗，距地面 1.2 米以上应当部分使用透明材质。透明材质的高度不小于 0.4 米，宽度不小于 0.2 米，能够展示室内消费者娱乐区域整体环境。

营业时间内，歌舞娱乐场所包厢、包间门窗透明部分不得遮挡。

歌舞娱乐场所包厢、包间内不得安装门锁、插销等阻碍他人自由进出包厢、包间的装置。

（2）娱乐场所的照明要求。歌舞娱乐场所营业大厅、包厢、包间内禁止设置可调试亮度的照明灯。照明灯在营业时间内不得关闭。

（3）娱乐场所的监控设施要求。歌舞娱乐场所应当在营业场所出入口、消防安全疏散出入口、营业大厅通道、收款台前安装闭路电视监控设备；闭路电视监控设备应当符合视频安防监控系统相关国家或行业标准要求。歌舞娱乐场所应当设置闭路电视监控设备监控室，由专人负责值守，保障设备在营业时间内正常运行，不得中断、删改或者挪作他用。

（4）娱乐场所的安检。营业面积 1000 平方米以下的迪斯科舞厅应当配备手持式金属探测器，营业面积超过 1000 平方米以上的应当配备通过式金属探测门和微剂量 X 射线安全检查设备等安全检查设备；安全检查设备应当符合国家或者行业标准要求。迪斯科舞

厅应当配备专职安全检查人员，安全检查人员不得少于 2 名，其中女性安全检查人员不得少于 1 名。

（5）娱乐场所标志设置。娱乐场所应当在营业场所大厅、包厢、包间内的显著位置悬挂含有禁毒、禁赌、禁止卖淫嫖娼等内容的警示标志。标志应当注明公安机关的举报电话。

（6）禁止赌博设施设备及赌博经营活动。娱乐场所不得设置具有赌博功能的电子游戏机机型、机种、电路板等游戏设施设备，不得从事带有赌博性质的游戏机经营活动。

2. 娱乐场所安全设施不符合规定的法律责任

娱乐场所违反《办法》对娱乐场所安全设施的上述要求的，由县级公安机关依照《娱乐场所管理条例》责令改正，给予警告；情节严重的，责令停业整顿 1 个月至 3 个月。

（三）娱乐场所经营活动管理

1. 娱乐场所经营活动规范

（1）从业人员管理。娱乐场所对从业人员应当实行实名登记制度，建立从业人员名簿，统一建档管理。

小贴士

从业人员名簿应当记录以下内容：①从业人员姓名、年龄、性别、出生日期及有效身份证件号码；②从业人员户籍所在地和暂住地地址；③从业人员具体工作岗位、职责。外国人就业的，应当留存外国人就业许可证复印件。

另外，营业期间，娱乐场所的从业人员应当统一着装，统一佩带工作标志。从业人员的着装应当大方得体，不得有伤风化。工作标志应当载有从业人员照片、姓名、职务、统一编号等基本信息。

（2）营业日志管理。娱乐场所应当建立营业日志，由各岗位负责人及时登记填写并签名，专人负责保管。

营业日志应当详细记载从业人员的工作职责、工作内容、工作时间、工作地点及遇到的治安问题。娱乐场所营业日志应当留存 60 日备查，不得删改。对确因记录错误需要删改的，应当写出说明，由经手人签字，加盖娱乐场所印章。

（3）安全巡查管理。娱乐场所应当安排保安人员负责安全巡查，营业时间内每 2 小时巡查一次，巡查区域应当涵盖整个娱乐场所，巡查情况应当写入营业日志。

（4）违法犯罪活动报告管理。娱乐场所对发生在场所内的违法犯罪活动，应当立即向公安机关报告。

（5）信息报送管理。娱乐场所应当按照国家有关信息化标准规定，配合公安机关建立娱乐场所治安管理信息系统，实时、如实将从业人员、营业日志、安全巡查等信息录入系统，传输报送公安机关。

娱乐场所配合公安机关在治安管理方面所作的工作，能够通过娱乐场所治安管理信息系统录入传输完成的，应当通过系统完成。

2. 娱乐场所违反经营活动规范的法律责任

娱乐场所不配合公安机关建立娱乐场所治安管理信息系统的，由县级公安机关治安管理部门责令改正，给予警告；经警告不予改正的，处5000元以上1万元以下罚款。

（四）娱乐场所保安员配备管理

1. 娱乐场所保安员配备要求

娱乐场所应当与经公安机关批准设立的保安服务企业签订服务合同，配备已取得资格证书的专业保安人员，并通报娱乐场所所在辖区公安派出所。娱乐场所不得自行招录人员从事保安工作。

在娱乐场所执勤的保安人员应当统一着制式服装，佩带徽章、标记。娱乐场所应当加强对保安人员的教育管理，不得要求保安人员从事与其职责无关的工作。对保安人员工作情况逐月通报辖区公安派出所和保安服务企业。保安服务企业应当加强对派驻娱乐场所保安人员的教育培训，开展经常性督查，确保服务质量。

娱乐场所营业面积在200平方米以下的，配备的保安人员不得少于2名；营业面积每增加200平方米，应当相应增加保安人员1名。迪斯科舞厅保安人员应当按照场所核定人数的5%配备。

2. 娱乐场所违反保安员配备要求的法律责任

娱乐场所配备的保安员人数不符合《办法》要求的，由县级公安部门责令改正，给予警告；情节严重的，责令停业整顿1个月至3个月。

娱乐场所未按照规定加强对保安人员的教育管理，或者要求保安人员从事与其职责无关的工作，或未按照规定对保安人员工作情况逐月通报辖区公安派出所和保安服务企业的，由县级公安机关责令改正，给予警告。

娱乐场所保安人员未按照规定履行职责，或者违反《办法》对着装、言行的规范要求的，由公安机关依照有关规定予以处理。

三、娱乐场所治安监督检查

公安机关在对娱乐场所进行治安监督检查时，应当遵循以下规定。

（一）规范监督检查行为

公安机关及其工作人员对娱乐场所进行监督检查时应当出示人民警察证件，表明执法身份，不得从事与职务无关的活动。

（二）制作监督检查记录并供公众查阅

公安机关及其工作人员对娱乐场所进行监督检查，应当记录在案，归档管理。

小贴士

监督检查记录应当包括：①执行监督检查任务的人员姓名、单位、职务；②监督检查的时间、地点、场所名称、检查事项；③发现的问题及处理结果。

监督检查记录应当以书面形式为主，必要时可以辅以录音、录像等形式。监督检查记录一式两份，由监督检查人员签字，并经娱乐场所负责人签字确认。娱乐场所负责人拒绝签字的，监督检查人员应当在记录中注明情况。

公众有权查阅娱乐场所监督检查记录，公安机关应当为公众查阅提供便利。

（三）建立有关管理信息系统

公安机关应当建立娱乐场所违法行为警示记录系统，并依据娱乐场所治安秩序状况进行分级管理。娱乐场所分级管理标准，由各省、自治区、直辖市公安厅、局结合本地实际自行制定。公安机关对娱乐场所进行分级管理，应当按照公开、公平、公正的原则，定期考核，动态升降。

公安机关建立娱乐场所治安管理信息系统，对娱乐场所及其从业人员实行信息化监督管理。

实训课堂

【基本案情】

舞王俱乐部位于深圳市龙岗区龙岗街道龙东村综合楼三至五层，经营场所为一间演艺大厅和 10 间包房，面积共约 1000 平方米，可容纳 380 人左右。该俱乐部内部装修违规使用易燃材料，未通过消防验收。无营业执照，无文化经营许可证，属于无牌无照擅自经营。

（1）起火简要经过。事发时，俱乐部内有数百人正在喝酒看歌舞表演，火灾是由于 23 时该俱乐部员工王某在演艺大厅表演节目时，使用自制道具手枪发射烟花弹，引燃天花板聚氨酯泡沫塑料所致。火灾初期，工作人员虽然用手提式干粉灭火器进行灭火，起动了自动灭火设施，但均未能有效控制火势，大火迅速蔓延，产生大量浓烟和毒气，楼层随即断电，排烟设施失效，致使能见度在强光灯照射下不足 1 米。起火点位于舞王俱乐部 3 楼，现场有一条大约 10 米长的狭窄过道。由于应急灯配置严重不足，加上疏散通道狭窄复杂，大厅玻璃镜墙反光，误导了逃生路线。事故发生时，在场观看表演的顾客和工作人员近 500 人，现场人员逃出时，过道上十分拥挤，由于缺乏及时有效的组织引导，造成顾客心理极度恐慌，无法及时找到疏散出口，进而出现互相拥挤和踩踏的情况。

（2）处置过程。接报警后，省委副书记、时任省委政法委书记、市委书记等领导立即带领深圳市有关单位负责同志赶赴现场指挥扑救，共调动 18 支消防队、30 辆消防车、310 名消防指战员参与扑救工作。经全力扑救，大火于当晚 11 时 25 分扑灭，疏散和救出被困人员 156 人。①

---

① 深圳 9·20 龙岗区舞王俱乐部特大火灾事故案例分析. http://www.onnes.cn/news_show.aspx?id=15.

【课堂讨论题】

1. 深圳“舞王”涉及哪些违法行为?

2. 分析一下案件发生的原因。

3. 提出你认为可以杜绝类似情况再次发生的有效措施。

【答案要点】

1. “舞王”涉及的违法行为非常多，不但有《娱乐场所管理条例》和《娱乐场所治安管理办法》规定的各种违法行为，还涉及向国家公务人员行贿等违法行为。

2. 案件发生的原因，既有商人的唯利是图，也有政府官员的徇私枉法，还有社会公众防灾和逃生意识、技能上的缺失。

3. 要想有效避免类似情况的再次发生，就必须要从源头上加强对娱乐场所经营主体的监管，斩断政府公务人员与娱乐场所的利益链条，使政府的监管可以真正落实到位，有效地规范娱乐场所的经营活动，切实保护消费者的利益。

实训案例

【基本案情】

2017 年 11 月，被告人赵某、谭某、谭某某等人预谋组织甲籍少女到乙市的 KTV 当陪唱。赵某以到丙市卖化妆品，月薪两三千元为由，诱骗少女同意后先让她们到甲市，后由谭某及其弟谭某某、弟媳蔡某（另案处理）将被骗少女运送至乙市，组织她们在该市文化宫内的 KTV 从事有偿陪酒、陪唱。赵某在甲市还让他人帮忙为其找女孩到 KTV 当陪唱。

自 2018 年 1 月 1 日至 2018 年 5 月，被告人赵某、谭某、谭某某先后组织少女甲（女，时年 13 周岁）、少女乙（女，时年 14 周岁）、少女丙（女，时年 16 周岁）在 KTV 进行有偿陪酒、陪唱。其中，2018 年 1 月 1 日，赵某明知少女甲不满十四周岁，仍以到丙市卖化妆品为名，诱骗其到 KTV 陪酒、陪唱，致其脱离家庭、监护人。2018 年 4 月 30 日，被告人赵某到少女丁（女，时年 15 周岁）住宿的宾馆，欲诱使其到乙市从事有偿陪酒、陪唱，少女丁警觉并电话告知其母亲，其父母闻讯到宾馆解救谢某婷时，与赵某发生争执，赵某将少女丁父母抓伤。

法院经审理后认为，被告人赵某拐骗不满十四周岁的未成年人，使其脱离家庭、监护人，其行为已构成拐骗儿童罪。被告人赵某、谭某、谭某某组织未成年人在娱乐场所从事以营利为目的的陪侍，严重影响未成年人的人身和健康成长，使未成年人在陪侍过程中面临人身被侵害的现实风险，其行为应按照组织未成年人进行违反治安管理活动罪处罚，遂对三名被告人判处有期徒刑和罚金。①

① 赵某等人组织未成年人在娱乐场所进行违反治安管理活动案. https://www.thepaper.cn/newsDetail_forward_4021186.

【案例点评】

社会上一些不法分子利用未成年人生理、心理的不成熟弱点，组织其从事营利性违法活动，严重危害社会治安管理和学校的正常教学秩序，不仅剥夺了未成年人的受教育权、健康权，而且会诱使他们走上犯罪道路。组织未成年人在娱乐场所从事陪侍服务的行为，具有较大的社会危害性，构成组织未成年人进行违反治安管理活动罪定罪。本案依法对三被告人定罪量刑，有利于维护正常的社会管理秩序，有利于更好地保护未成年人的受教育权和人身健康权。

【思考讨论题】

1. 该案中公共娱乐场所的违法行为有哪些？
2. 对于该案中公共娱乐场所违法行为应该如何处理？
3. 你能找出公共娱乐场所承担赔偿责任的法律依据吗？

即测即练

自学自测　　扫描此码

第十二章

旅游安全管理与保险法律制度

【学习要点及目标】

1. 掌握旅游安全管理工作的方针，了解国家、地方旅游行政管理部门安全管理工作的职责，熟悉旅游企事业单位安全管理工作的职责。

2. 掌握旅游安全事故的等级，熟悉旅游安全事故处理的一般程序，了解重大、特大旅游安全事故的处理程序，熟悉外国人在华死亡的处理程序。

3. 熟悉旅游保险合同的三大要素，熟悉旅行社责任险和旅游意外险的相关规定。

引导案例

安徽黄山风景区实施首例有偿救援，驴友为任性埋单 3206 元

2019 年 6 月 1 日上午，安徽游客王某某乘车至黄山慈光阁，未购票直接进入未开发未开放区域陷入困境。随后请求景区予以救援。接到报警求助后，黄山风景区管委会第一时间组织相关人员参与救援，救援队历时 7 小时 5 分钟，成功将王某某安全救出。

在成功实施救援行动后，景区救援大队、温泉派出所、执法大队及时向王某某告知有关管理制度和有偿救援规定，王某某表示已认识到自己的过错，并愿意承担救援费用。6 月 18 日，黄山风景区管委会指定资金账户收到来自驴友王某某亲属代其汇入的救援费用 3206 元。这是自 2018 年 7 月 1 日《黄山风景名胜区有偿救援实施办法》颁布以来，首例驴友为自己的任性违规行为埋单。①

【案例导学】

为更好地维护游客生命财产安全和景区生态资源安全，《黄山风景名胜区有偿救援实施办法》于 2018 年 7 月 1 日正式实施，凡违规逃票私自进入或不听劝阻擅自进入未开发开放区域而遇险的游客，将自己承担相应的救援费用。经计算，本次救援累计发生费用 15227 元，其中有偿救援费用 3206 元，由当事人王某某承担，其中涵盖劳务费 1632 元、索道及车辆费 1024 元、后勤保障费 550 元。

此轮救援过后，黄山风景区管委会相关负责人表示，下一步将对景区防护铁丝网进行常态化巡视和维护。同时，逐步在拦网上方增设视频监控等设施，以及时发现擅自闯

---

① 汪瑞华. 安徽黄山风景区实施首例有偿救援，驴友为任性埋单 3206 元. https://www.sohu.com/a/321927880_114731.

入者。另外，将进一步加大《黄山风景名胜区有偿救援实施办法》宣传力度，引导更多的游客在景区开发开放区域游览。

第一节　旅游安全管理制度

一、旅游安全管理工作的方针及原则

（一）方针

旅游安全管理工作实行“安全第一，预防为主”的方针。

安全第一是指在旅游活动中，无论是旅游行政管理部门，还是旅游经营单位或旅游从业人员，都必须自始至终把安全工作放在首位，丝毫不得有懈怠的思想。安全是旅游业的生命线，没有安全就没有旅游业。

案例 12-1

2017 年，各类旅游活动安全事故导致 182 名中国公民意外身亡，是中国公民海外出行的最大杀手。事发地集中在中国游客较为集中的东南亚国家。马来西亚沙巴州大年初一发生的沉船事件，造成 4 名中国游客遇难，4 人失踪。全年中国公民在马来西亚因旅游活动意外身亡的数字达 14 人。2016 在泰国参加旅游项目身亡的中国游客达到 64 人之多，仅在泰国南部溺水身亡的中国游客就有 47 人。越南、印尼、美国等国家相关数字也都在 10 人以上。发生上述问题的原因是多方面的。随着生活水平的提高，中国公民出境游人数异常火爆。据国家旅游局统计，2017 年出境游市场达 1.27 亿人次。但出境游毕竟是新生事物，中国公民与西方国家相比仍是“新手”，国际旅行常识储备不足，自身安全防范意识不足，缺乏自我保护能力，是涉中方人员安全事件多发的主观原因。①

【解析】

出国旅游本来是一件高高兴兴的事，旅客千万不要因为大意、图便宜、图一时痛快，导致不幸事件发生。建议大家：一是在国外注意遵守当地的安全提示，选择安全区域并结伴而行，勿在立有禁止游泳标示地段下海。遇有大风浪等恶劣天气时请远离危险地带，避免发生意外。二是专业性强的项目必须在专业人士指导下进行，并严格按照有关安全要求做好防护措施。患有心脏病、高血压等慢性疾病者最好不要参加太刺激的项目。三是选择资质好的旅游公司出游，注意掌握一些安全基本常识。如发现相关公司经营方式不规范，应尽量拒绝参加

预防为主是指旅游行政管理部门、旅游企事业单位、旅游从业人员都必须增强安全责任意识，严格执行旅游安全规章制度，切实采取各项措施，做好防范工作，防患于未

① 2017 年旅游安全事故：共 182 名中国公民意外身亡. [2018-01-25]. https://news.sina.com.cn/0/2018-01-25/doc-ifygyqni2316916.shtml.

然，把事故隐患消除在萌芽状态，确保游客“安全出游、满意而归”。

（二）原则

我国旅游安全管理工作的原则是：统一领导、分级管理、以基层为主。实行在国家旅游局的统一领导下，各级旅游行政管理部门分级管理的体制。按照“谁主管、谁负责”的原则，切实履行职责。

二、旅游安全管理工作的职责

（一）国家旅游行政管理部门安全管理工作的职责

（1）制定国家旅游安全管理规章，并组织实施。

（2）会同国家有关部门对旅游安全实行综合治理，协调处理旅游安全事故和其他安全问题。

（3）指导、检查和监督各级旅游行政管理部门和旅游企事业单位的旅游安全管理工作。

（4）负责全国旅游安全管理的宣传教育工作，组织旅游安全管理人员的培训工作。

（5）协调重大旅游安全事故的处理工作。

（6）负责全国旅游安全管理方面的其他有关事项。

（二）县级以上（含县级）地方旅游行政管理部门的职责

（1）贯彻执行国家旅游安全法规。

（2）制定本地区旅游安全管理的规章制度，并组织实施。

（3）协同工商、公安、卫生等有关部门对新开业的旅游企事业单位的安全管理机构、规定制度及其消防、卫生防疫等安全设施、设备进行检查，参加开业前的验收工作。

（4）协同公安、卫生、园林等有关部门，开展对旅游安全环境的综合治理工作，防止向旅游者敲诈、勒索、围堵等不法行为的发生。

（5）组织和实施对旅游安全管理人员的宣传、教育和培训工作。

（6）参与旅游安全事故的处理工作。

（7）受理本地区涉及旅游安全问题的投诉。

（8）负责本地区旅游安全管理的其他事项。

（三）旅游企事业单位安全管理工作职责

（1）设立安全管理机构，配备安全管理人员。

（2）建立安全规章制度，并组织实施。

（3）建立安全管理责任制，将安全管理的责任落实到每个部门、每个岗位、每个职工。

（4）接受当地旅游行政管理部门对旅游安全管理工作的行业管理和检查、监督。

（5）把安全教育、职工培训制度化、经常化，培养职工的安全意识，普及安全常识，提高安全技能，对新招聘的职工，必须经过安全培训，合格后才能上岗。

（6）新开业的旅游企事业单位，在开业前必须向当地旅游行政管理部门申请对安全设施设备、安全管理机构、安全规章制度的检查验收，检查验收不合格者，不得开业。

（7）坚持日常的安全检查工作，重点检查安全规章制度的落实情况和安全管理漏洞，及时消除安全隐患。

（8）对用于接待旅游者的汽车、游船和其他设施，要定期进行维修和保养，使其始终处于良好的安全技术状况，在运营前进行全面的检查，严禁带故障运行。

（9）对旅游者的行李要有完备的交接手续，明确责任，防止损坏或丢失。

（10）在安排旅游团队的游览活动时，要认真考虑可能影响安全的诸项因素，制定周密的行程计划，并注意避免司机处于疲劳状态。

（11）投保旅行社责任险，积极建议旅游者投保旅游意外保险。

（12）直接参与处理涉及单位的旅游安全事故，包括事故处理、善后处理及赔偿事项等。

（13）开展登山、汽车、狩猎、探险等特殊旅游项目时，要事先制定周密的安全保护预案和急救措施，重要团队需按规定报有关部门审批。

三、旅游安全事故及其处理

（一）旅游安全事故的概念及其等级

旅游安全事故是指在旅游活动过程中，涉及旅游者人身、财产安全的事故。旅游安全事故从程度上可以分为轻微、一般、重大、特大事故四个等级。

（1）轻微事故是指一次事故造成旅游者轻伤，或经济损失在1万元以下者。

（2）一般事故是指一次事故造成旅游者重伤，或经济损失在1万元至10万元（含1万）者。

（3）重大事故是指一次事故造成旅游者死亡或重伤致残，或经济损失在10万元至100万元（含10万）者。

（4）特大事故是指一次事故造成多名旅游者死亡，或经济损失在100万元以上，或者性质特别严重，产生重大影响者。

（二）旅游安全事故的处理

1. 处理原则

（1）迅速处理的原则

旅游安全事故发生后，报告单位应立即派人赶赴现场，组织抢救工作，保护事故现场，并及时报告当地公安部门。

（2）属地处理的原则

旅游安全事故发生后，原则上由事故发生地区政府协调有关部门，以及事故责任方及主管部门负责，必要时可成立事故处理领导小组。

（3）妥善处理事宜的原则

旅游安全事故发生后，即使报告单位不是事故责任人，仍然要积极协助处理善后事宜，尽量避免事故造成的损失进一步扩大。

2. 事故的一般处理程序

（1）立即报告

导游人员在带团过程中，如果发生旅游安全事故，导游人员应当立即向其所属旅行社和当地旅游行政管理部门报告。地方旅游行政管理部门在接到一般、重大、特大安全事故报告后，要尽快向当地人民政府报告，对重大、特大安全事故，要同时向国家旅游行政管理部门报告。

（2）保护现场

一旦发生旅游安全事故，现场有关人员一定要配合公安机关或其他有关方面，严格保护事故发生地现场。

（3）协调有关部门进行抢救、侦查

当旅游安全事故发生后，地方旅游经营管理部门和有关旅游经营单位及人员，要积极配合公安、交通救护等有关方面，组织紧急救援并采取有效措施，妥善处理善后事宜。

（4）有关单位负责人应及时赶赴现场处理

安全事故发生后，有关旅游经营单位和当地旅游行政管理部门的负责人，应当及时赶赴现场，组织指挥，并采取适当的处理措施。

3. 重大安全事故处理程序

对于重大旅游安全事故的处理原则是：由事故发生地区政府协调有关部门，以及事故责任方及其主管部门负责，必要时可成立事故处理领导小组。

（1）报告

在重大旅游安全事故发生后，报告单位应立即派人赶赴现场，组织抢救工作，保护事故现场，并及时报告当地公安部门。报告单位如果不属于事故责任方或责任方的主管部门，应按照事故处理领导小组的部署做好有关工作。

（2）保护现场及抢救

在旅游安全事故发生后，公安部门人员未进入事故现场前，如果因现场抢救工作需移动物证时，应做出标记，尽量保护事故现场的客观完整。

伤亡事故发生后，报告单位应立即组织医护人员进行抢救，并及时报告当地卫生部门；同时，核查伤亡人员的团队名称、国籍、姓名、性别、年龄、护照号码及在国内外的保险情况，并进行登记。有死亡事故的应注意保护好遇难者的遗骸、遗体。对事故现场的行李和物品，要认真清理和保护，并逐项登记造册。

（3）善后工作

在伤亡事故的处理过程中，责任方及其主管部门要认真做好伤亡家属的接待、遇难者的遗体和遗物的处理及其他善后工作，并负责联系有关部门为伤残者或伤亡者家属提供有关证明文件。

（4）伤亡人员有海外游客的特殊处理

伤亡人员中有海外游客的，责任方和报告单位在对伤亡人员核查清楚后，要及时报告当地外办和中国旅游紧急救援协调机构；由后者负责通知有关方面。中国旅游紧急救援协调机构在接到报告后，应及时通知有关国际急救组织；后者作出介入决策后，有关地方要协助配合其开展救援工作。伤亡人员中有海外游客的，在伤亡人员确定无误后，有关组团旅行社应及时通知海外旅行社，并向伤亡者家属发慰问函电。

4. 特大安全事故处理程序

对于特别重大的事故调查处理适用国务院发布的《生产安全事故报告和调查处理条例》。根据该规定，在处理特大旅游安全事故时应该注意以下事项。

（1）报告

安全生产监督管理部门和负有安全生产监督管理职责的有关部门接到事故报告后，应当按规定上报事故情况，并通知公安机关、劳动保障行政部门、工会和人民检察院。特别重大事故、重大事故逐级上报至国务院安全生产监督管理部门和负有安全生产监督管理职责的有关部门。

（2）现场保护

事故发生后，有关单位和人员应当妥善保护事故现场以及相关证据。因抢救人员防止事故扩大以及疏通交通等原因，需要移动事故现场物件的，应当做出标志，绘制现场简图并做出书面记录，妥善保存现场重要痕迹物证。

（3）调查

对于某些特大旅游安全事故，国务院认为应当由国务院调查的，则可以由国务院或国务院授权的部门组织成立特大旅游安全事故调查组。

5. 外国旅游者在华旅游期间发生伤亡的处理

（1）死亡确定。在旅游活动中，外国旅游者在华旅游期间的死亡情况，可以分为正常死亡和非正常死亡。因年迈或其他疾病而自然死亡的，为正常死亡；因意外突发事故死亡的，为非正常死亡。

（2）通知外国使领馆及死者家属。根据《维也纳领事关系公约》或双边领事条约的规定以及国际惯例，相关部门应尽快通知死亡者家属及其所属国家驻华使领馆。

（3）尸体解剖。正常死亡者或者死因明确的正常死亡者，一般不需作尸体解剖。若死者家属或其所属驻华使领馆要求解剖，我方可同意，但必须要有死者家属或使领馆有关官员签字的书面请求。非正常死亡者，为了查明原因，需要进行解剖时，由公安机关、司法机关按其有关规定办理。

（4）出具证明。正常死亡，由县级以上医院出具死亡证明书。对于非正常死亡，可由公安机关或司法机关的法医出具死亡鉴定书。

（5）对尸体的处理。对在华死亡的外国人尸体的处理，可在当地火化，亦可将尸体运回其本国。如果死者家属要求火化尸体，必须由死者家属或所属使领馆提出书面请求并签字后进行。

如果外方要求将死者在中国土葬，可以我国殡葬改革、提倡火葬为由，予以委婉拒绝。如果外方要求将骨灰埋在中国或撒在中国的土地上，一般也应予以委婉拒绝。但死者是对中国做出特殊贡献的友好知名人士，应报请省级或国家民政部门决定。

（6）骨灰和尸体运输出境。

（7）死者遗物的清点和处理。清点死者遗物时，应该由死者偕行人员及其所属使领馆人员和我方人员在场，如果没有偕行人员，使领馆人员不能到场时，要请公证处公证人员到场。

（8）写出《死亡善后处理情况报告》。

案例 12-2

2017 年 6 月 20 日下午，王某某、刘某某、乔某某、刘某某一行四人到达天蒙公司开发的天蒙景区东门购票进入景区，乘索道上山。16 时 34 分到达玉皇宫景点之后刘某某返回东门开车去南门接其余三人。王某某、刘某某、乔某某三人继续沿游步道步行下山。18 时左右三人路过滑道入口处，此时滑道因天气原因已经停止运营，三人因急于下山，在未购买滑道票且滑道已经关停的情况下，擅自翻越护栏，且未佩戴任何防护用具，先后进入滑道滑行。因雨后湿滑，致使王某某、刘某某先后甩出滑道受伤，乔某某滑至终点跌撞受伤，以上人员受伤后意识清醒。事发后，景区人员及森林消防、南张庄派出所、120 等先后赶赴现场救助，三人被送往费县人民医院救治，19 点 30 分左右乔某某抢救无效死亡。王某某、刘某某住院治疗。

该事故发生后，费县人民政府按照《安全生产法》《生产安全事故报告和调查处理条例》（国务院 493 号）等有关法律法规的规定，成立了由县旅发委、安监局等有关单位组成的事故调查组，经调查后认定：事故发生的直接原因是在滑道停止运营后，王继军等三人擅自翻越护栏进入滑道，在未佩戴护具的情况下，直接导致三人受伤，间接原因是因天气降雨，导致滑道湿滑，致使三人在进行滑行时速度过快失控，滑道停止运营后景区缺少对游客的有效疏导。①

【解析】

为深刻吸取事故教训，进一步强化“管行业必须管安全、管业务必须管安全、管生产经营必须管安全”的理念，相关部门提出如下措施建议。

1. 牢固树立科学发展、安全发展理念。各级党委、政府要深刻吸取教训，下大力气加强安全生产尤其是旅游安全工作。

2. 落实企业主体责任。企业法定代表人要积极主动落实生产经营单位主要负责人的职责，建立健全安全生产责任制度，组织制定本单位安全生产规章制度和操作规程，经常性地督促检查本单位的安全生产工作，积极主动落实企业安全生产主体责任，强化作业场所现场在环境不安全状态下的防范措施，及时消除生产安全事故隐患。

3. 切实履行旅游文化安全监管责任。各级党委、政府及有关部门要高度重视旅游文化安全工作，充分运用安全生产大检查、隐患大排查、监管大执法等手段，对辖区内的

① 山东省临沂市中级人民法院民事判决书（2019）鲁 13 民终 930 号.

景点景区、旅游文化企业开展全面的安全生产大检查，确保企业安全生产主体责任落到实处，确保各部门的安全生产监管责任落到实处，确保属地管理责任落到实处。

4. 齐抓共管、标本兼治，杜绝生产安全事故发生。各级党委、政府及相关部门要加大安全生产行政执法力度和对违法经营活动的打击力度，要严格落实安全生产监管责任。

四、旅游安全管理的奖惩规定

（一）奖励

1. 受奖励单位应具备的条件

对在旅游安全管理工作中有下列先进事迹之一的单位，由各级旅游行政管理部门进行评比考核，给予表扬和奖励。

（1）旅游安全管理制度健全，预防措施落实，安全教育普及，安全宣传和培训工作扎实，在防范旅游安全事故方面成绩突出，一年内未发生一般事故的。

（2）协助事故发生单位进行紧急救助、避免重大损失，成绩突出的。

（3）在旅游安全其他方面做出突出成绩的。

2. 受奖励个人应具备的条件

对在旅游安全管理工作中有下列先进事迹之一的个人，由各级旅游行政管理部门进行评比考核，给予表扬和奖励。

（1）热爱旅游安全工作，在防范和杜绝本单位发生安全事故方面成绩突出的。

（2）见义勇为，救助旅游者，或保护旅游者财物安全不受重大损失的。

（3）及时发现事故隐患，避免重大事故发生的。

（4）在旅游安全其他方面做出突出成绩的。

（二）处罚

1. 应予处罚的情形

对在旅游安全管理工作中有下列情形之一者，由各级旅游行政管理部门检查落实，对当事人或当事单位负责人给予处罚。

（1）严重违反旅游安全法规，发生一般、重大、特大安全事故者。

（2）对可能引发安全事故的隐患，长期不能发现和消除，导致重大、特大安全事故发生者。

（3）旅游安全设施、设备不符合标准和技术要求，长期无人负责，不予整改者。

（4）旅游安全管理工作混乱，造成恶劣影响者。

2. 处罚的种类

对违反有关安全法规而造成旅游者伤亡事故和不履行《旅游安全管理办法》的，由旅游行政管理部门会同有关部门分别给予直接责任人和责任单位以下处罚：警告，罚款，限期整改，停业整顿，吊销营业执照。触犯刑律者，由司法机关依法追究其刑事责任。

第二节　旅游保险法律制度

一、旅游保险的概念和特征

（一）旅游保险的概念

旅游活动持续时间长、地区跨度大，更充满着未知风险。为保障旅行社和旅游者的合法权益，合理转嫁旅行社经营风险，旅行社和旅游者有必要购买保险产品。

旅游保险是指保险人对被保险人在旅游过程中发生了保险合同约定的事故而造成人身伤亡或财产损失时承担赔偿保险金的商业保险行为。

（二）旅游保险的特征

1. 短期性

旅游保险相对于其他保险来说，保险期限是很短的。例如，旅游者乘坐各种交通工具，保险期限是从购票登上交通工具时起，至抵达目的地离开交通工具时止。

2. 自愿保险与强制保险相结合

我国旅游保险既有依法规而实施的强制保险——旅行社责任险，也有旅游者与保险公司以签订保险合同形式而实施的自愿保险——旅游意外险。

3. 人身保险与财产保险相结合

在旅游保险中，财产险和人身险往往紧密相连。旅游投保人可以在一份保险合同中同时投保财产险和人身险。

二、旅游保险合同

（一）概念及其特征

1. 概念

保险合同是投保人与保险人约定保险权利与义务关系的协议。旅游保险合同是投保人与保险人约定在旅游活动中的保险权利与义务关系的协议。

2. 特征

1）旅游保险合同是双务性补偿合同

旅游保险合同是双方当事人意思表示一致的结果，当投保人与保险人签订了旅游保险合同后，他们之间的权利与义务就用法律的形式固定下来。投保人有缴纳保险金的义务，当旅游保险事故发生时，享有请求赔偿的权利；保险人有收取保险费的权利，当旅游保险事故出现时，有按合同的约定履行补偿或给付的义务。

2）旅游保险合同是要式合同

根据我国有关法律、法规规定，旅游保险合同应采取书面形式，合同的主要内容（即主要条款）由保险人一方确定，投保方（即旅游企业法人或旅游者）只有在保险人设立不同险种的条件中进行选择的自由，而不像其他合同，任何一方都可以草拟合同文本。

3）旅游保险合同是具有保险利益的合同

根据我国《中华人民共和国保险法》的有关规定，保险利益的存在是旅游保险合同成立的前提，没有保险利益的人不能与保险人订立旅游保险合同。

4）旅游保险合同是射幸合同

旅游保险合同的投保人一方支付保险费所获得的仅是一个机会，投保人可能一无所获，也可能获得远远大于所支付的保险费的收益；同样，保险人所赔付的保险金可能远远大于其所收取的保险费，也可能收了保险费后不必承担任何赔偿责任。

5）旅游保险合同是最大的诚信合同

任何一方当事人对另一方当事人不得隐瞒、欺骗，都必须履行自己的义务。旅游保险合同相比于其他的保险合同更具有诚信。

6）旅游保险合同具有短期性

旅游保险合同与其他保险合同相比较，保险期限是比较短暂的。例如，旅游者乘飞机旅游，购买航空意外险，一般从登机开始，到抵达目的地下飞机为止，保障期限仅有几个小时。

（二）要素

1. 主体

旅游保险合同的主体是指参加旅游保险法律关系，享有权利和义务的人。包括旅游保险合同当事人、旅游保险合同关系人和旅游保险合同辅助人。

1）旅游保险合同当事人

（1）保险人又称承保人是指依法成立的，在保险合同成立时，有权收取保险费，并于保险事故发生时，承担赔偿责任的人，即经营保险业务的保险公司。

（2）投保人又称要保人是指对保险标的具有保险利益，向保险人申请订立保险合同，并负有支付保险费义务的人。投保人可以是自然人，也可以是法人。

2）旅游保险合同关系人

（1）被保险人是指保险事故发生后，遭受损害并享有赔偿请求权的人。投保人和被保险人既可以是同一人，也可以是不同的人。

（2）受益人又称保险金受领人是指由投保人或被保险人在保险合同中指定，于保险事故发生时，享有赔偿请求权的人。受益人可以是投保人或者被保险人，也可以是其他人。

3）旅游保险合同辅助人

（1）保险代理人即保险人的代理人是指依保险代理合同或授权书向保险人收取报酬，并在规定范围内，以保险人名义代理经营保险业务的人。保险代理人既可以是单位也可以是个人，但须经国家主管机关核准具有代理人资格。

（2）保险经纪人，是基于投保人的利益，为投保人和保险人订立合同提供中介服务，收取劳务报酬的人。保险经纪人的劳务报酬由保险公司按保险费的一定比例支付。

2. 客体

旅游保险合同的客体，又称旅游保险标的，是指旅游保险合同双方当事人权利和义务指向的对象。

1）财产及其有关利益

财产是指现实存在的并为人们所控制和利用而具有经济价值的生产资料和消费资料，包括动产和不动产。当财产遭受损失时，除了财产本身的经济损失外，还会连带引起各种利益，以及责任和信用等无形物的损失，后者也成为财产保险合同的标的。具体来说，旅游财产保险包括财产损失保险、责任保险、信用保险等形式。

2）人的寿命和身体

旅游人身保险合同的客体不是物，而是人，即人的寿命和身体。这种保险标的无法用价值来衡量，因而在订立保险合同时，需要预先由双方当事人约定保险金额。旅游人身保险合同通常以意外伤害保险的形式出现。

旅游保险合同具有综合性的特点，它不同于一般的保险合同依保险标的不同分为两大类（财产保险合同、人身保险合同），而是把财产与人身结合在一起。例如，《旅游意外保险合同》中的保险标的既包括旅客财产，又包括旅游者的人身。

3. 内容

根据《中华人民共和国保险法》第十八条的规定，旅游保险合同的主要条款一般应包括以下几方面的事项：①保险人的名称和住所；②投保人、被保险人的姓名或者名称、住所，以及人身保险的受益人的姓名或者名称、住所；③保险标的；④保险责任和责任免除；⑤保险期间和保险责任开始时间；⑥保险金额；⑦保险费以及支付办法；⑧保险金赔偿或者给付办法；⑨违约责任和争议处理；⑩订立合同的年、月、日。

三、旅行社责任险

（一）概念和特征

旅行社责任险是指旅行社根据保险公司的约定向保险公司支付保险费，保险公司对旅行社在从事旅游业务经营活动中，致使旅游者人身、财产遭受损害，应由旅行社承担的责任，承担赔偿保险金责任的行为。

《旅行社条例》第三十八条规定：旅行社应当投保旅行社责任险。旅行社责任险属于强制保险，旅行社从事旅游业务经营活动，必须履行这一强制义务。旅行社不投保旅行社责任险的，由旅游行政管理部门责令改正；拒不改正的吊销旅行社业务经营许可证。

旅行社责任险的特征是：保险费的支付者是旅行社；保险事故发生的责任人是旅行社；旅行社责任赔偿的承担者是承保的保险公司。

（二）投保范围和旅行社的除外责任

1. 投保范围

依据《旅行社责任保险管理办法》第四条规定，旅行社责任保险的保险责任，应当包括旅行社在组织旅游活动中依法对旅游者的人身伤亡、财产损失承担的赔偿责任和依法对受旅行社委派并为旅游者提供服务的导游或者领队人员的人身伤亡承担的赔偿责任。具体包括下列情形。

（1）因旅行社疏忽或过失应当承担赔偿责任的。

（2）因发生意外事故旅行社应当承担赔偿责任的。

（3）国家旅游局会同中国保险监督管理委员会(以下简称中国保监会)规定的其他情形。

2. 旅行社不承担责任的情形

（1）旅游者由于自身疾病引起的各种损失或损害。

（2）旅游者由于个人过错导致的人身伤亡和财产损失，以及由此导致其支出的各种费用。

（3）旅游者自行终止行程后或自行活动期间发生的人身、财产损害。

（三）保险期限和保险金额

1. 保险期限

旅行社责任保险的保险期限为一年。

2. 保险金额

旅行社办理旅行社责任保险的保险金额不得低于下列标准。

（1）国内旅游每人责任赔偿限额人民币 8 万元，入境旅游、出境旅游每人责任赔偿限额人民币 16 万元。

（2）国内旅行社每次事故和每年累计责任赔偿限额为人民币 200 万元，国际旅行社每次事故和每年累计责任赔偿限额为人民币 400 万元。如果旅行社应赔偿的金额超过这一限额，超过部分由旅行社自行承担。

（四）投保和索赔

1. 投保

（1）旅行社投保旅行社责任保险，必须向在境内经营责任保险的保险公司投保。

（2）旅行社应当按照《中华人民共和国保险法》规定的保险合同内容，与承保保险公司签订书面合同。

（3）旅行社投保旅行社责任保险采取按年度投保的方式，按照保险金额的最低标准的规定，向保险公司办理年度的投保手续。

2. 索赔

（1）旅行社对保险公司请求赔偿或者给付保险金的权利，自其知道保险事故发生之日起 2 年不行使将失去此权利。

（2）在保险期限内发生保险责任范围内的事故时，旅行社应及时取得事故发生地公安、医疗、承保保险公司或其分、支公司等单位的有效凭证，向承保保险公司办理理赔事宜。

案例 12-3

2017 年 1 月 29 日下午 2 时许，张某及妻子和两个孩子、李某某夫妇一行 6 人到雅戈尔动物园北门，张某妻子和两个孩子及李某某妻子购票入园后，张某、李某某未买票，从动物园北门西侧翻越 3 米高的动物园外围墙，又无视警示标识钻过铁丝网，再爬上老虎散放区 3 米高的围墙(围墙外侧有明显的警示标识，顶部装有 70 厘米宽网格状铁栅栏)。张某进入老虎散放区。最终导致一人死亡。①

无独有偶，国内一位游客赴泰国游玩，在驯蛇员帮助下，体验蛇园开办的“亲吻蟒蛇”游艺项目，不慎被咬，最终获赔 2.2 万元。骑象摔伤、与鳄鱼合影被咬等动物伤害事件屡见不鲜。

【解析】

同类事件有三个鲜明特点：第一，直接“肇事者”是经营机构的蟒蛇、老虎等；第二，游客主动参与，如游客主动发起参与喂食、合影等行为；第三，被保险人的保险理赔意识薄弱等。对于符合上述三个特征的事件，假设在保险覆盖的理想状态下，也就是说经营机构投保了公共责任保险、受害人投保了境外旅行意外伤害保险，对于保险是否应当进行赔偿，存在颇多争议。其分歧有以下两点原因。

第一，投保人未完全理解保险保障范围和责任免除范围。所有的境外旅行意外伤害保险都会在保险条款中详细注明保障范围和责任免除范围。而不少投保专家都比较注重这方面并提醒大家：在投保时一定要注意保险的保障范围和责任免除范围，而针对以上动物伤害事件，很多保险公司的保障范围中并没有提及，这让很多被保险人在类似事件出险时，不能明确是否能够得到理赔，进而耽误保险理赔和伤患救治。

第二，人们的保险理赔知识和理赔意识薄弱。从上述几起动物伤害事件中，并没有看到保险理赔的身影。人们并没有形成完整成熟的保险理赔意识，这源于保险理赔知识的匮乏和经验的缺失。投保境外旅行意外伤害保险就是为了防范旅行过程的意外伤害，在意外伤害发生后，让保险公司与被保人一起分担风险和经济负担，将被保人的损失降到最低。因此大家在投保时要“走一步想三步”，不但要注意投保事项，更要想到出险理赔的内容。在追究完经营者的赔偿后，还需与投保的保险公司协商进行合理理赔。

保险公司出品旅游意外保险产品就是为了分担人们在旅行过程中可能遇到的风险，大家只要了解清楚投保和理赔的详细事项，选择适合自己的旅游保险，就能放心投保，并顺利获得境外旅游保险理赔。

四、旅游意外保险

（一）概念

旅游意外保险是指投保人向保险公司支付保险费，双方约定在发生自然灾害或旅游

① https://baike.baidu.com/item/1 · 29 宁波动物园老虎咬人事件/ 20403492?fr=aladdin.

者遭遇意外事故时，由保险公司按合同约定向旅游者支付保险金的保险行为。

旅游意外险的种类很多，如旅游救护险、旅游人身意外伤害险、旅游医疗险、航空意外伤害险、铁路旅行意外伤害险等。各保险公司针对游客的实际需要，还在不断地改进和推出新的旅游意外保险产品。

（二）赔偿范围

旅行社办理旅游意外保险的赔偿范围包括旅游者在旅游期间发生意外事故而引起的以下赔偿：人身伤亡、急性病死亡引起的赔偿；受伤和急性病治疗支出的医疗费；死亡处理或遗体遣返所需的费用；旅游者所携带的行李物品丢失、损坏或被盗所需的赔偿；第三者责任引起的赔偿。

（三）保险期限和保险金额

1. 保险期限

根据不同的旅游种类，保险期限有不同的有效期限。

（1）由旅行社组织的入境旅游，旅游意外保险期限从旅游者入境后参加旅行社安排的旅游行程时开始，直至该旅游行程结束，办完出境手续出境为止。

（2）由旅行社组织的国内旅游、出境旅游，旅游意外保险期限，从旅游者在约定的时间登上由旅行社安排的交通工具开始，直至该次旅行结束离开旅行社安排的交通工具为止。

（3）如果旅游者自行终止旅行社安排的旅游行程，其保险期限至其终止旅游行程的时间为止。

2. 保险金额

旅游意外保险的保险金额并不一样。从几万元至几十万元的都有，相应的保险费也有较大差别，从几元到几百元的都有。游客可根据旅游项目的风险程度和个人的需要做出选择。

3. 保险金赔偿或者给付

购买了旅游意外保险的旅游者，应随身带上保险手册，当在保险有效期内发生保险责任范围内的事故或急性病发作需要治疗时，应第一时间打电话向保险公司登记报案，并及时取得事故发生地公安、医疗、承保保险公司或其分、支公司等单位的有效凭证，向承保保险公司办理理赔事宜。

案例 12-4

2017 年至 2022 年，全国法院共审理老年人旅游人身损害案件 466 件，主要集中在旅游合同纠纷，生命权、身体权、健康权纠纷，机动车交通事故责任纠纷等案由。浙江省宁波市中级人民法院发布的一起典型案例中，2018 年 8 月 22 日，红太阳旅行社与陈德宝签订了《杭州市境内旅游合同》一份，旅游者为陈某某等 67 人，红太阳旅行社对陈某某等 67 人的上述旅行向阳光保险公司投保了旅行意外伤害保险，其中后附《被保险人及受益人名单》经红太阳旅行社及吴某某、陈（1）、陈（2）确认，姓名“陈某照”即为陈某熙。

8月25日，陈某熙签名确认了《承诺书》一份，载明：本人陈某熙，身份证号码为：××，现年76岁，身体健康，身体状况适合长途旅行。自愿参加象山两日游旅游（时间为：2018年8月25日至8月26日）。途中陪同人员：陈某某，身份证号码：××，与本人关系为：邻居。旅途中如因个人身体原因所造成的一切后果由本人承担，与旅行社无关。【另：本人已经清楚被告知：按保险公司的相关规定，年龄在70周岁以上（含70岁）的游客，保险公司不接受投保旅游人身安全意外险，所以如果在旅游期间本人发生意外，由本人承担一切责任。】承诺人签名：陈某熙陪同人员（亲属）签名：陈某某 2018 年 8 月25日。8月26日早上5点45分左右，陈某熙突发身体不适，后经送医抢救无效死亡。[①]

【解析】

法院经审理认为，陈某熙的猝死主要原因虽在于其自身，但红太阳旅行社对其的意外死亡亦存在注意义务的缺失，有一定的过错，因此亦应承担一定的赔偿责任，综合考量旅游合同的签订履行情况、红太阳旅行社安排的行程情况、红太阳旅行社安全保障义务的履行情况及陈某熙自身的身体状况等因素，酌情确定为10%。陈某某作为旅行活动的参加者对自己的身体情况应当有充分的认识，应当根据自己的身体状况参加相应的行程，避免劳累过度。作为旅行社在组织老年人参加旅行活动时，应当根据老年人的年龄情况安排合理的行程、配备更懂医学的导游及注意食宿、就医的便利性。而吴某某、陈（1）、陈（2）也应当对陈某熙老人予以足够的关注，劝阻或提示其注意相关的行程及生活方式。此类案件发生后,当事人维权过程普遍比较曲折，一般都经过与旅行社、地接社、导游、租车公司、保险公司等组织或机构的一系列维权过程,最终才诉诸法院。

老年人旅游人身损害案件存在侵权责任与违约责任竞合，当事人在诉讼中既可以提起侵权之诉，也可以提违约之诉。法官建议,老年人旅游应量力而行，合理规划行程，在选择目的地时，除了喜好，还要考虑气候、地理条件等要素。应选择信誉和服务好的旅行社，签订旅行合同，发生危险时紧急就医并报警，及时告知旅行社和亲属，留存好旅游合同、医疗费票据等相关证据。法官提醒,身体受伤害的诉讼时效为1年，超过时效则丧失诉讼权。如要申请精神损害赔偿，则要选择侵权之诉。

（四）旅行社责任险与旅游意外险的区别

1. 保险当事人不同

旅行社的投保人、被保险人和受益人都是旅行社，一旦因旅行社责任造成游客遭受人身和财产损失，保险公司代表旅行社承担赔偿责任，起到了既能对游客的人身伤害和财产损失进行赔偿，保障游客权益，而又使旅行社的责任风险得以转嫁的双重作用。“旅游意外险”的投保人、被保险人是游客，受益人是游客或游客指明的其他人或游客的法定继承人。

① 浙江省宁波市中级人民法院民事判决书（2019）浙02民终3583号.

2. 投保的强制性不同

旅行社是旅行社强制保险，只要游客参加旅行社的旅游团，旅行社就得为游客办理旅行社责任险。但“旅游意外险”是人身保险，是自愿的，投保与否，以及投保多少，应由游客自定。

3. 保险的责任范围不同

旅行社不仅包括对旅游者必要的施救费用，还包括必要时近亲探望需支出的合理的交通、食宿费用，随行未成年人的送返费用，旅行社人员和医护人员前往处理的交通、食宿费用，行程延迟需支出的合理费用等赔偿责任。同时也包括保险事故发生导致的诉讼费用和必要的施救费用等。但“旅游意外险”则没有这两方面的规定，而是增加了第三者责任引起的赔偿。

4. 投保方式、投保金额不同

旅行社按年投保，一次性投保，保险期限一年。保险金额是“三个限额”的最低投保额度，即每人责任赔偿限额（国内游 8 万元，入境出境游 16 万元）、每次事故责任赔偿限额（国内社 200 万元、国际社 400 万元）和每年累计责任赔偿限额（国内社 200 万元、国际社 400 万元），三者必须同时满足。但“旅游意外险”的保险金额和保险期限都是可以自行选择的。

实训课堂

李女士，62 岁，参加了一家旅行社组团的旅游，其中旅费 3200 元，旅行人身意外保险 10 元。旅行前，旅行社为李女士等各位旅客购买了旅游保险，保险单据上表示，意外伤害保险费 10 元，保险金额 100000 元、身故处理费用 5000 元。如果参保人年龄满 60 岁，则需缴纳保费 20 元，否则只保交通意外责任保险。

在旅行途中，李女士因脑溢血突发死亡。李女士家属向保险公司申请索赔，却遭到保险公司的拒赔。李女士家属遂以旅行社未尽告知、注意义务，影响了李女士通过其他途径投保，以确保权益的实现为由，要求旅行社赔偿意外伤害保险金额 100000 元、身故处理费用 5000 元。旅行社则以李女士是因急性疾病死亡，其并无过错及违约行为而拒绝。双方因而成讼。

法院审理认为，李女士报了旅行团后，支付了 10 元保险费，委托旅行社为其购买旅游人身意外伤害保险，旅行社明知李女士的年龄已超过 60 岁，却未尽告知、注意的义务，让其选择是否多缴 10 元保险费，导致李女士的出险在条款赔付之外，受益人不能获得相应保险赔偿，旅行社对此存在重大过失。遂根据《合同法》第 406 条之规定，法院判决：旅行社在判决生效后 15 日内赔偿家属 105000 元。[①]

【课堂讨论题】

1. 旅行社的行为和李女士的死亡结果是否存在法律上的因果关系？

---

① 购买旅游意外保险要小心谨慎. [2021-01-18]. https://www.ylipei.com/article/476145.html.

2. 法院的判决结果是否正确？

【答案要点】

1. 存在法律上的因果关系，因为旅行社违反了应该告知李女士的义务。

2. 法院的判决结果是正确的。由于旅行社的行为，导致李女士的出险在条款赔付之外，造成李女士出险后不能获得赔付，二者之间存在着内在的、本质的、必然的联系，即法律意义上的因果关系。

《民法典》实施后，《合同法》第四百零六条规定的内容被《民法典》第九百二十九条取代，内容如下：有偿的委托合同，因受托人的过错造成委托人损失的，委托人可以请求赔偿损失。无偿的委托合同，因受托人的故意或重大过失造成委托人损失的，委托人可以请求赔偿损失。

实训案例

【基本案情】

张女士，广东潮汕人，40 岁，育有一子，在某一家企业做高管。今年暑假，为了庆祝儿子考到一所不错的高中学校，张女士决定一家去美国旅游。不过，在去美国旅游之前，张女士决定给自己和家人都购买一份最低价位的旅游意外医疗保险，医疗险保额在 10 万元，并附有紧急救援服务。其中张女士还特意留意了保险的免责条款，像飞机延误、行李受损这些都不在其中，但这些并不能影响到张女士一家出游的兴致。

张女士一家到了美国不久之后，由于水土不服，张女士的儿子出现了高烧的情况，通过拨打保险紧急救援服务，第一时间将张女士的儿子送往医院救治。经过一段时间的救治，终于让高烧的儿子的温度降下来了。当时，医生告诉张女士，幸亏送来的及时，否则一直高烧下去，可能会烧坏脑子。在张女士住院期间，张女士就联系了之前购买保险的相关负责人，并告知自身情况，之后经过保险公司调查、核实之后，张女士儿子可报销部分医疗费用。①

【思考讨论题】

1. 若该案中旅行社投保了旅行社责任险，张女士能否得到保险公司的赔偿？

2. 张女士若投保了旅游意外伤害险，能否得到赔偿？

即测即练

自学自测　扫描此码

① 去美国旅游，旅游意外医疗保险不可少！. [2019-03-12]. https://www.mibao xian.com/artide/17253.htm.

第十三章

旅游纠纷及其解决制度

【学习要点及目标】

1. 了解旅游纠纷的特征及其解决方式。
2. 了解旅游投诉的基本特征，掌握旅游投诉的范围、管辖、受理条件、程序。
3. 了解仲裁制度的特点，掌握仲裁制度的基本原则、规定、制度与程序。
4. 了解民事诉讼制度的基本特征，掌握民事诉讼的基本原则和制度。
5. 了解人民法院的受案范围及管辖权；掌握《中华人民共和国民事诉讼法》关于民事诉讼参加人的规定。
6. 了解民事诉讼程序的基本规定。

引导案例

吴某在佛山某旅行社报名参加北京游。行程开始前一天，吴某因身体原因无法如期出行，向旅行社申请退团并要求退回费用。旅行社认为因游客个人原因导致无法出行，旅行社不存在过错，只能退回尚未预定项目的费用。双方无法协商一致，故予以投诉。经属地旅游投诉处理机构调查、调解，旅行社按比例退回相应费用，双方达成和解。[①]

【案例导学】

《旅游法》第六十五条规定，旅游行程结束前，旅游者解除合同的，组团社应当在扣除必要的费用后，将余款退还旅游者。关于“必要的费用”,《旅游法》中没有具体规定，但在原国家旅游局和原工商总局联合制定的《团队境内旅游合同》示范文本中有明确的定义，指旅行社履行合同已经发生的费用以及向地接社或者履行辅助人支付且不可退还的费用，包括乘坐飞机（车、船）等交通工具的费用（含预订金）、饭店住宿费用（含预订金）、旅游观光汽车的人均车租等。旅行社未能提供已发生费用的具体原始凭证，需按合同约定按比例退回相应费用。

本案例给我们的建议是：旅行社在经营活动中，要严格规范工作流程，与旅游者签订旅游合同，同时，妥善保存各类凭证，包括传真确认件、合同付款凭证、发票等，避免发生纠纷时无法提供相关凭证。旅游者告知不能履行合同时，旅行社应整理、提供损失凭证并做好解释说明工作，积极协助旅游者办理可退费用。旅游者在报名参加旅游项

① 广东省文化和旅游厅发布旅游纠纷典型案例. [2023-03-13]. https://whly.gd.gov.cn/special_newzt/fzxc/dx/content/post_4131525.html.

目前应充分评估身体健康状况，签订合同前要看清楚行程安排、违约责任条款等内容，对于不明白的地方一定要当面询问清楚。

第一节 旅游纠纷

一、旅游纠纷的概念

旅游纠纷是指旅游主体之间因为权利与义务关系，在与旅游经营单位有关的旅游活动过程中所发生的矛盾和冲突。

二、旅游纠纷的解决方式

（一）协商和解

协商和解是在旅游争议发生之后，双方当事人在平等、自愿、合法的基础上，进行协商，达成协议，解决纠纷的方式。

案例 13-1

2020 年 1 月 22 日，吴某某作为旅游者与某旅行社签订了《团队境内旅游合同》。合同约定某旅行社为吴某某等 3 人提供为期 6 天的武夷山、九曲溪、厦门、鼓浪屿、土楼双飞六日游服务，出团日期为 2020 年 2 月 1 日，返回日期为 2020 年 2 月 6 日，费用 4200 元/人。合同 13.2 条约定，旅游者在行程开始前 7 日以上提出解除合同的，旅行社应当向旅游者退还全部旅游费用。

合同 14 条约定，因不可抗力或者旅行社、履行辅助人已尽到合理注意义务仍不能避免的事件，影响旅游行程，合同不能继续履行的，旅行社和旅游者均可以解除合同。合同解除的，旅行社应当在扣除已向地接社或者履行辅助人支付且不可退还的费用后，将余款退还旅游者。

合同签订后吴某某向某旅行社支付了合同款 12600 元。

2020 年 1 月 23 日，吴某某向某旅行社发送了《解除合同申请》，主要内容为：我与贵公司签订了旅游合同，现因有急事需解除合同，按合同 13.2 条请全款退还旅游费 12600 元。某旅行社收到该申请后，主张应按照合同 14 条约定，因不可抗力解除合同，拒绝全款退付。后双方诉至法院。[①]

【解析】

本案中吴某某和某旅行社签订了旅游合同，合同 13.2 条明确约定旅游者在行程开始前 7 日以上提出解除合同的，旅行社应当向旅游者退还全部旅游费用。吴某某 2020 年 1

---

① 北京市第二中级人民法院判决书（2021）京 02 民终 6567 号.

月 23 日提出解除旅游合同，该意思表示于同日到达某旅行社，符合合同 13.2 条约定的情况，依据合同约定山水旅行社应当向吴某某退还全部旅游费用。

旅游者维权的途径有：与旅行社协商、向有关管理部门投诉、向仲裁机构提请仲裁、向人民法院提起民事诉讼。相关法律：《民法典》第五百七十七条，当事人一方不履行合同义务或者履行合同义务不符合约定的，应当承担继续履行、采取补救措施或者赔偿损失等违约责任。

《最高人民法院关于审理旅游纠纷案件适用法律若干问题的规定》第十三条规定，签订旅游合同的旅游经营者将其部分旅游业务委托旅游目的地的旅游经营者，因受托方未尽旅游合同义务，旅游者在旅游过程中受到损害，要求作出委托的旅游经营者承担赔偿责任的，人民法院应予支持。

"旅游经营者委托除前款规定以外的人从事旅游业务，发生旅游纠纷，旅游者起诉旅游经营者的，人民法院应予受理。"

（二）调解

调解是在第三人的主持之下，遵循合法、自愿的原则，与旅游争议双方当事人进行斡旋，促使当事人查清事实，分清责任，自愿达成协议，使旅游争议得以解决的方式。

（三）投诉

旅游投诉是旅游者、海外旅行商、国内旅游经营者为维护自身和他人的旅游合法权益，对损害其合法权益的旅游经营者和有关服务单位，以书面或口头形式向旅游行政管理部门提出投诉，请求依法处理的行为。

（四）仲裁

仲裁是指双方当事人自愿达成协议，将双方之间发生的旅游争议提交仲裁机构进行审理，由仲裁机构作出对双方当事人都具有约束力的裁决的活动。

（五）诉讼

旅游争议属于民事争议，当事人可以向人民法院提起诉讼，请求人民法院依据民事诉讼法律的规定，对旅游争议案件进行审理。

第二节　旅游投诉法律制度

一、旅游投诉的概念与特征

旅游投诉是指旅游者、海外旅行商、国内旅游经营者为维护自身和他人的旅游合法权益，对损害其合法权益的旅游经营者和有关服务单位，以书面或口头形式向旅游行政管理部门提出投诉，请求处理的行为。

旅游投诉的特征有以下几点。

（1）旅游投诉所涉及的纠纷是发生在旅游过程中的。

（2）投诉者是合法权益受到损害的人。

（3）有损害投诉者合法权益的行为发生。

（4）受理投诉的机关是旅游行政管理机关所设立的旅游投诉管理机构。

二、旅游投诉的范围

投诉者可以对在我国境内旅游活动中发生的下列损害行为，向旅游投诉管理机关投诉。

（1）认为旅游经营者不履行合同或协议的。

（2）认为旅游经营者没有提供价值相符的旅游服务的。

（3）认为旅游经营者故意或过失造成投诉者行李物品破损或丢失的。

（4）认为旅游经营者故意或过失造成投诉者人身伤害的。

（5）认为旅游经营者欺诈投诉者，损害投诉者利益的。

（6）旅游经营单位职工私自收受回扣和索要小费的。

（7）其他损害投诉者利益的。

三、旅游投诉的受理条件

旅游投诉管理机关受理的旅游投诉必须符合规定的条件。

（1）投诉者是与本案有直接利害关系的旅游者、海外旅行商、国内旅游经营者和从业人员。

（2）有明确的被投诉者，具体的投诉请求和事实根据。

（3）属于本规定所列的旅游投诉范围。

投诉者在向旅游行政管理部门投诉时应当递交投诉状，并按被投诉者的人数提出副本。投诉者递交投诉状确有困难的，可以口头投诉。

投诉者向旅游投诉管理机关请求保护合法权益的投诉时效期限为 90 天。投诉时效期限从投诉者知道或者应当知道权利被侵害时起算。有特殊情况的，旅游投诉管理机关可以延长投诉时效期限。

 小贴士

投诉状应当记明下列事项：①投诉者的姓名、性别、国籍、职业、年龄、单位（团队）名称及地址；②被投诉者的单位名称或姓名、所在地；③投诉请求和根据的事实与理由；④证据。

《旅行社条例实施细则》第五十五条规定，因下列情形之一，给旅游者的合法权益造成损害的，旅游者有权向县级以上旅游行政管理部门投诉。

（1）旅行社违反《旅行社条例》和《旅行社条例实施细则》规定的。

（2）旅行社提供的服务，未达到旅游合同约定的服务标准或者档次的。

（3）旅行社破产或者其他原因造成旅游者预交旅游费用损失的。

四、旅游投诉者与被投诉者的权利与义务

（一）旅游投诉者的权利义务

1. 旅游投诉者的权利

（1）有权了解投诉的处理情况。

（2）有权与被投诉者自行和解。

（3）有权请求调解。

（4）有权放弃或者变更投诉请求。

案例 13-2

林某经朋友介绍，通过电话确定全家通过某旅行社参加菲律宾长滩岛 4 日游，并交纳了相应的旅游费用。由于天气及浦东机场流控原因，飞机延误了 19 个小时方才出发，原告在机场酒店住宿一晚，并在狭小的飞机舱中整整待了近 6 个小时，飞机仍无法起飞。林某一家因飞机延误，在已办理登机手续后，飞机起飞前强行下机，未能成行。本次旅游的其他部分游客完成了旅游行程。后林某一家要求退还旅游费用，但某旅行社不同意，故诉至法院。[①]

【解析】

本案因飞机延误，原告强行下机的行为已明确表示其不愿意继续履行合同，被告也认可该行为表示原告解除合同，故原、被告之间签订的《浙江省出境旅游合同》应于此日解除。虽然飞机延误造成旅游行程有所压缩，但旅游仍可成行，且飞机延误并非被告的过错，也不属于被告可控制和预见的范围，原告自行下机，要求被告退还全部的旅游费用，缺乏法律依据，法院不予支持。

因原告在旅游过程中单方解除合同，被告应向原告退还实际未发生的费用。原告本次旅游的机票费用在出行前均已实际支付，原告在出行当天解除合同，机票费用在客观上不能退还。签证费用已实际发生，原告也无异议，故签证费用也不能退还。地接费用中的住宿费用不能退还，故根据行业惯例和公平原则，本院酌定由被告向原告退还 50% 的地接费用。

2. 旅游投诉者的义务

（1）按旅游投诉规定的条件、范围投诉。

（2）按投诉要求向投诉管理机关递交诉状及其副本。

（3）如实陈述。

---

① 陈静．“游”法可依——看看典型的旅游纠纷小案例．[2017-10-07]. https://www.toutiao.com/artide/6474030852165599758.

（二）被投诉者的权利义务

（1）可以与投诉者自行和解，向投诉者赔礼道歉，赔偿损失。

（2）可以依据事实，反驳投诉的请求，提出申辩，请求保护其合法权益。

（3）被投诉者应当协助旅游投诉管理机关调查核实旅游投诉、提供证据，不得隐情阻碍调查工作。

五、旅游投诉管理机构

（一）旅游投诉管理机构的设立

旅游行政管理部门依法保护旅游投诉者和被投诉者的合法权益。县级(含县级)以上旅游行政管理部门设立旅游投诉管理机关。

（二）旅游投诉管理机构的职责

1. 国家旅游行政管理部门的旅游投诉管理机关的职责

（1）制定全国旅游投诉管理的规章制度并组织实施。

（2）指导、监督、检查地方旅游行政管理部门的旅游投诉管理工作。

（3）对收到的投诉，可以直接组织调查并作出处理，也可以转送有关部门处理。

（4）受理对省、自治区、直辖市旅游行政管理部门作出的投诉处理决定不服的复议申请。

（5）表彰或者通报地方旅游投诉处理工作，组织交流投诉管理工作的经验与信息。

（6）管理旅游投诉的其他事项。

2. 县级（含县级）以上地方旅游行政管理部门的旅游投诉管理机关的职责

（1）贯彻执行国家的旅游投诉规章制度。

（2）受理本辖区内的旅游投诉。

（3）受理对下一级旅游投诉管理机关作出的投诉处理决定不服的复议申请。

（4）协助上一级旅游投诉管理机关调查涉及本辖区的旅游投诉。

（5）向上一级旅游投诉管理机关报告本辖区内重大旅游投诉的调查处理情况。

（6）建立健全本辖区旅游投诉管理工作的表彰或通报制度。

（7）管理本辖区内旅游投诉的其他事项。

六、旅游投诉的管辖

县级（含县级）以上地方旅游行政管理部门的旅游投诉管理机关受理本辖区内的旅游投诉。

如果是跨行政区的旅游投诉，则由被投诉者所在地、损害行为发生地或者损害结果发生地的旅游投诉受理机关协商确定管理机关；或者由上一级旅游投诉受理机关协调指定管理机关。

根据规定，投诉所确定的三个标准是被投诉者所在地、损害行为发生地或者损害结果发生地。

七、旅游投诉的受理与处理

（一）旅游投诉的受理

旅游投诉受理是指投诉者向有管辖权的旅游投诉管理机关提出投诉，旅游投诉管理机关经审查认定为符合立案条件，予以立案的行政行为。

1. 投诉者提出投诉请求

投诉者在向旅游行政管理部门投诉时应当递交投诉状及其副本，或者口头投诉，由旅游投诉管理机关记入笔录，并由本人签字。

2. 旅游行政管理机关的审查

旅游投诉管理机关接到投诉状或者口头投诉，经过审查，认为符合投诉规定受理条件的，应当及时处理；对于不符合投诉规定受理条件的，应当在 7 日内通知被投诉者不予受理，并说明理由。

 小贴士

不符合受理条件的，主要有以下几种情况：①不属于旅游投诉管理机关的管辖范围；②投诉者不是与本案有直接利害关系的旅游者、海外旅行商、国内旅游经营者和作业人员；③没有明确的被投诉者，或者虽有明确的被投诉者，却没有具体的投诉请示和事实根据；④不属于投诉规定所列的旅游投诉范围；⑤超过投诉时效。

（二）旅游投诉的处理

旅游投诉的处理是指旅游投诉管理机关受理投诉案件后，调查核实案情，促进纠纷解决或作出处理决定。旅游投诉管理机关处理旅游投诉必须经过一定的程序。

1. 被投诉者的书面答复

旅游投诉管理机关作出受理决定后，应当及时通知被投诉者。被投诉者应在接到通知之日起 30 日内作出书面答复,旅游投诉管理机关应当对被投诉者的书面答复进行复查。

被投诉者的书面答复应当载明下列事项：①被投诉事由；②调查核实过程；③基本事实与证据；④责任及处理意见。

2. 调解

旅游投诉管理机关处理投诉案件，能够调解的，应当在查明事实、分清责任的基础上进行调解，促使投诉者与被投诉者互相谅解，达成协议。

调解达成协议，必须双方自愿，不得强迫。

3. 投诉处理决定

旅游投诉管理机关处理投诉案件，应当以事实为根据，以法律为准绳。旅游投诉管理机关经过调查核实，认为事实清楚、证据充分的，可以根据不同情况，分别作出决定。

（1）属于投诉者自身过错的，可以决定撤销立案，通知投诉者并说明理由。对于投

诉者无理投诉，故意损害被投诉者权益的，可以责令投诉者向被投诉者赔礼道歉，或者依据有关法律、法规承担赔偿责任。

（2）属于投诉者与被投诉者的共同过错的，可以决定由双方各自承担相应的责任。双方各自承担责任的方式，可以由双方当事人协商确定，也可以由投诉管理机关决定。

（3）属于被投诉者的过错的，可以决定由被投诉者承担责任。责令被投诉者向投诉者赔礼道歉或赔偿损失及承担全部或部分调查处理投诉费用。

（4）属于其他部门的过错的，可以决定转送有关部门处理。

4. 制作处理决定书

旅游投诉管理机关依法对投诉作出书面的《旅游投诉处理决定书》，并应当用旅游投诉处理决定书在 15 日内通知投诉者和被投诉者。

八、旅游投诉管理机关处理决定的执行

投诉者或被投诉者对处理决定或行政处罚决定不服的，可以直接向人民法院起诉，也可以在接到处理决定通知书之日起 15 日内，向作出处理决定的机关的上一级旅游投诉管理机关申请复议。

对复议决定不服的，投诉者或被投诉者可以在接到复议决定之日起 15 日内向人民法院起诉。逾期既不申请复议，也不向人民法院起诉，又不履行处理决定和处罚决定的，由作出决定的投诉管理机关申请人民法院强制执行或依法强制执行。

为保护旅游者的合法权益，《旅行社条例》规定，人民法院判决、裁定及其他生效法律文书认定旅行社损害旅游者合法权益，旅行社拒绝或者无力赔偿的，人民法院可以从旅行社的质量保证金账户上划拨赔偿款。

案例 13-3

市民李女士通过珠海某旅行社报名参加张家界旅游双飞团，出行时间为 2021 年 5 月 29 日至 6 月 2 日，费用为 2300 元左右。6 月 2 日因天气原因飞机停飞，旅行社安排游客乘坐火车返程，直到 6 月 3 日晚上才返回珠海，但旅行社加收了一笔 181 元的费用，也并未解释具体是什么费用。李女士认为旅行社临时加收费用非常不合理，要求旅行社退款，但与旅行社协商无果，故拨打 12345 投诉。[①]

【解析】

因天气原因属于不可抗力因素，《旅游法》第六十七条第四款规定“因不可抗力或者旅行社、履行辅助人已尽合理注意义务仍不能避免的事件，影响旅游行程的，按照下列情形处理：（四）造成旅游者滞留的，旅行社应当采取相应的安置措施。因此增加的食宿费用，由旅游者承担；增加的返程费用，由旅行社与旅游者分担”。经珠海市旅游质监所

① 广东省文化和旅游厅公布旅游纠纷典型案例．http://whly.gd.gov.cn/news_newzwhd/content/post_3683985.html.

调解，额外收取的181元差价中，50元食宿费用由旅游者承担，130元返程费用由旅行社与旅游者分担，旅行社向投诉人退回65.5元。

在旅游活动中，旅行社和旅游者应妥善保存各类凭证，包括合同、付款凭证、发票等，避免发生纠纷时无法提供。若发生纠纷，游客可先与旅行社协商，若协商无果，及时向文化和旅游行政管理部门投诉，依法理性维权。

第三节　其他旅游纠纷解决途径的法律制度

一、旅游纠纷的调解

（一）旅游纠纷的调解的含义

旅游纠纷的调解是旅游纠纷当事人在第三人的主持之下，遵循合法、自愿的原则，就旅游纠纷进行协商，从而解决旅游纠纷所进行的活动。

（二）旅游纠纷调解的方式

根据调解人的身份不同，旅游调解可以分为民间调解、仲裁中的调解、诉讼中的调解三种方式。

民间调解是在不具备专门调解职能的单位和个人的主持下进行的调解。

仲裁中的调解是在仲裁机构的主持下，当事人在自愿协商、互谅互让的基础上达成一致意见，以解决纠纷的一种方式。

诉讼中的调解是在法院的主持下进行的调解。

（三）旅游纠纷调解的原则

旅游纠纷调解遵循自愿、合法、公平的原则。

二、旅游纠纷仲裁

（一）旅游纠纷仲裁与仲裁法

旅游纠纷仲裁是旅游纠纷当事人在自愿基础上达成协议，将纠纷提交仲裁机构审理，并由仲裁机构做出对纠纷双方都具有约束力的裁决的一种解决纠纷的制度或方式。

《仲裁法》规定，平等主体的公民、法人和其他组织之间发生的合同纠纷和其他财产权益纠纷，可以仲裁。

（二）旅游纠纷仲裁的基本原则与制度

按照《仲裁法》的规定，当事人采用仲裁方式解决纠纷应当遵循以下原则与制度。

（1）自愿原则。

（2）以事实为依据、以法律为准绳原则。

（3）仲裁独立原则。

（4）一裁终局制原则。

（5）或裁或审制度。

（三）仲裁的机构

仲裁机构包括仲裁委员会和仲裁协会。

1. 仲裁委员会

仲裁委员会可以在省、自治区、直辖市的人民政府所在地的市设立，也可以根据需要在其他设区的市设立，不按照行政区划层层设立。

仲裁委员会独立于行政机关，与行政机关并没有隶属关系。仲裁委员会之间也没有隶属关系，各仲裁委员会独立行使仲裁权。

2. 仲裁协会

中国仲裁协会是社会团体法人。仲裁委员会是中国仲裁协会的会员。中国仲裁协会是仲裁委员会的自律性组织，对仲裁委员会及其组成人员、仲裁员的违纪行为进行监督。

（四）旅游纠纷仲裁协议

1. 旅游纠纷仲裁协议的概念

仲裁协议是双方当事人自愿将旅游争议提交仲裁机构进行裁决的意思表示。仲裁协议可以是旅游合同中订立的仲裁条款，也可以采用其他书面方式单独订立，包括以合同书、信件和数据电文（包括电报、电传、传真、电子数据交换和电子邮件）等形式达成的请求仲裁的协议。

根据《仲裁法》规定，仲裁协议必须采用书面形式。

仲裁协议对仲裁事项或者仲裁委员会没有约定或者约定不明的，当事人可以补充协议；达不成补充协议的，仲裁协议无效。

仲裁协议约定两个以上仲裁机构的，当事人可以协议选择其中的一个仲裁机构申请仲裁；当事人不能就仲裁机构选择达成一致的，仲裁协议无效。

案例 13-4

2020 年 1 月，申请人甲某、乙某与被申请人丙公司签订《度假权益合同》，并于合同签订当日向丙公司支付度假权益价款 60000 元。合同签订后，两申请人要求被申请人提供优惠赴澳大利亚的机票等服务，被申请人告知因疫情不能履约。此后，两申请人多次要求解除合同并退还 60000 元遭拒绝。2020 年 8 月，两申请人和被申请人根据达成的仲裁协议，提请大连仲裁委员会进行仲裁，要求解除合同并返还度假权益价款 60000 元。

仲裁庭经审查认为，两申请人与被申请人签订的《度假权益合同》系双方当事人真实意思的表示，不违反法律、行政法规的强制性规定，对双方当事人均有法律约束力。被申请人因疫情导致合同无法继续履行，应当与两申请人积极沟通，变更或解除度假旅游合同。在两申请人明确要求解除合同退还度假权益费用的情况下，被申请人怠于履行退款义务有过错。仲裁庭于2021年5月作出裁决，对两申请人请求解除合同并退还度假旅游权益费60000元的仲裁请求予以支持。[①]

【解析】

《旅游法》第六十七条规定：因不可抗力或者旅行社、履行辅助人已尽合理注意义务仍不能避免的事件，影响旅游行程的，按照下列情形处理。①合同不能继续履行的，旅行社和旅游者均可以解除合同。合同不能完全履行的，旅行社经向旅游者作出说明，可以在合理范围内变更合同；旅游者不同意变更的，可以解除合同。②合同解除的，组团社应当在扣除已向地接社或者履行辅助人支付且不可退还的费用后，将余款退还旅游者；合同变更的，因此增加的费用由旅游者承担，减少的费用退还旅游者。

根据上述规定，两申请人与被申请人签订的《度假权益合同》系双方当事人真实意思的表示，不违反法律、行政法规的强制性规定，对双方当事人均有法律约束力。两申请人与被申请人签订的《度假权益合同》是一份有条件限制的旅游服务合同。

两申请人与被申请人签订合同当日已缴纳全部度假权益价款，嗣后两申请人要求被申请人履行度假旅游合同，均被告知因疫情不能履行。虽然合同没有约定度假旅游行程时间，但疫情仍在流行，继续履行将面临更大的风险，作为被申请人因疫情导致合同履行未完成的，提供合同履行服务的当事人应当积极与两申请人沟通，变更度假旅游合同或解除度假旅游合同，而被申请人在申请人明确告知解除合同退还度假权益费用的情况下，仍怠于履行退款义务有过错。故两申请人现请求解除合同并退还度假旅游权益费60000元的仲裁请求应予以支持。

仲裁协议独立存在，旅游合同的变更、解除、终止或者无效，并不影响仲裁协议的效力。

2. 旅游纠纷仲裁协议的效力

仲裁协议对双方当事人具有约束力。仲裁机构因仲裁协议取得旅游争议案件的管辖权。同时，仲裁协议也排除了人民法院对仲裁协议中约定事项的管辖权。

3. 旅游纠纷仲裁协议的无效

在以下情形下，仲裁协议无效。

（1）约定的仲裁事项超出法律规定的仲裁范围。

（2）无民事行为能力人或者限制民事行为能力人订立的仲裁协议。

（3）一方采取胁迫手段，迫使对方订立仲裁协议的。

（五）旅游纠纷仲裁的程序

1. 申请与受理

旅游争议当事人申请仲裁应当符合一定的条件：有仲裁协议，有具体的仲裁请求和事实、理由，属于仲裁委员会的受理范围。

当事人申请仲裁，应当向仲裁委员会递交仲裁协议、仲裁申请书及副本。仲裁委员

---

① 司法行政（法律服务）案例库. http://alk.12348.gov.cn/Detail?dbID=77&dbName=GNZC&sysID=1144.

会收到仲裁申请书之日起 5 日内：认为符合受理条件的，应当受理，并通知当事人；认为不符合受理条件的，应当书面通知当事人不予受理，并说明理由。

仲裁委员会按照不同的专业设仲裁员名册。在受理仲裁申请后，仲裁委员会应当在仲裁规则规定的期限内将仲裁规则和仲裁员名册送达申请人。被申请人收到仲裁申请书副本后，应当在仲裁规则规定的期限内向仲裁委员会提交答辩书。

仲裁委员会收到答辩书后，应当在仲裁规则规定的期限内将答辩书副本送达申请人。被申请人未提交答辩书的，不影响仲裁程序的进行。

申请人可以放弃或者变更仲裁请求。被申请人可以承认或者反驳仲裁请求，有权提出反请求。

2. 仲裁庭的组成

仲裁委员会受理案件后，应当交由依法组成的仲裁庭审理并作出裁决。

仲裁庭可以由三名或一名仲裁员组成。

当事人约定由三名仲裁员组成仲裁庭的，应当各自选定一名仲裁员，或者各自委托仲裁委员会主任指定一名仲裁员。第三名仲裁员由当事人共同选定或者共同委托仲裁委员会主任指定。第三名仲裁员是首席仲裁员。

当事人约定由一名仲裁员成立仲裁庭的，应当由当事人共同选定或者共同委托仲裁委员会主任指定仲裁员。

为保证仲裁的公正进行，《仲裁法》规定了仲裁员的回避制度。仲裁员有规定的情形之一的，必须回避，当事人也有权提出回避申请。当事人提出回避申请的，应当在首次开庭前提出并说明理由。

3. 开庭与裁决

仲裁应当开庭进行。当事人协议不开庭的，仲裁庭可以根据仲裁申请书、答辩书以及其他证据材料作出裁决。

仲裁不公开进行。当事人协议公开的，可以公开进行，但涉及国家机密的除外。

仲裁委员会应当在仲裁规则规定的期限内将开庭日期通知双方当事人。申请人经过书面通知，无正当理由不到庭或者未经仲裁庭许可中途退庭的，可以视为撤回申请。被申请人经书面通知，无正当理由不到庭或者未经仲裁庭许可中途退庭的，仲裁庭可以缺席裁决。

当事人在仲裁过程中有权进行辩论。

当事人申请裁决后，可以自行和解。当事人达成和解撤回仲裁申请后又后悔的，当事人可以根据仲裁协议申请仲裁。

仲裁庭开庭后，可以先行调解。调解应当遵循合同当事人自愿的原则。调解不成的，仲裁庭应当及时作出裁决。调解达成协议的，仲裁庭应制作调解书或根据协议结果制作裁决书。调解书经双方当事人签收后，即发生法律效力。

裁决书自作出之日起发生法律效力。

（六）仲裁裁决的执行

根据仲裁法的规定，仲裁实行一裁终局的原则，仲裁庭作出的裁决是终局的裁决，当事人不得就同一纠纷再次申请仲裁，也不能以不服仲裁裁决为由向人民法院提起诉讼。

对仲裁庭作出的裁决，当事人应当履行。一方当事人不履行的，另一方当事人可依照《民事诉讼法》的有关规定向人民法院申请执行，受申请的人民法院应当执行。

被申请人提出证据证明裁决有规定情形之一的，经人民法院组成合议庭审查核实，裁定不予执行。

三、旅游纠纷诉讼

（一）旅游纠纷诉讼的概念

旅游纠纷诉讼指人民法院在当事人和其他诉讼参与人的参加下，按照法律规定的程序，依法审理和解决旅游纠纷案件的诉讼活动。

旅游争议的诉讼适用民事诉讼程序。

（二）旅游纠纷诉讼的基本原则与制度

（1）以事实为依据，以法律为准绳原则。

（2）民事诉讼当事人诉讼地位平等原则。

（3）调解原则。

（4）辩论原则。

（5）处分原则。

（6）合议制度。

（7）回避制度。

（8）公开审判制度。

（9）两审终审制度。

（三）旅游纠纷诉讼的管辖

民事诉讼管辖是确定上下级人民法院之间和同级人民法院之间受理第一审民事案件的分工和权限。民事诉讼法确定管辖，依据方便人民群众诉讼的原则、方便人民法院管辖的原则以及保证案件公正审理等原则。

1. 级别管辖

级别管辖是人民法院系统内划分上下级人民法院之间受理第一审民事案件的分工。主要是根据案件的性质、案件的影响大小、案件的繁简程度来确定级别管辖。

基层人民法院受理除法律规定由中级人民法院、高级人民法院和最高人民法院管辖的一审民事案件外的第一审民事案件。

中级人民法院管辖的第一审民事案件是：重大涉外案件；在本辖区有重大影响的案件；最高人民法院确定由中级人民法院管辖的案件，包括海事、商事案件，以及除专利行政案件以外的其他专利纠纷案件。

高级人民法院管辖，在本辖区有重大影响的第一审民事案件。

最高人民法院管辖的第一审民事案件是：在全国有重大影响的案件；认为应当由本院审理的案件。

2. 地域管辖

地域管辖是确定同级的人民法院受理第一审案件的分工和权限。包括一般地域管辖、特殊地域管辖、协议管辖、专属管辖和共同管辖。

（1）一般地域管辖

一般地域管辖是按照当事人所在地与人民法院辖区的隶属关系所确定的管辖。遵循“原告就被告”的原则，由被告住所地人民法院管辖。

对公民提起的民事诉讼，由被告住所地人民法院管辖；被告住所地与经常居住地不一致的，由经常居住地人民法院管辖。

对法人或者其他组织提起的民事诉讼，由被告住所地人民法院管辖。

（2）特殊地域管辖

因合同纠纷提起的诉讼，由被告住所地或者合同履行地人民法院管辖。

因保险合同纠纷提起的诉讼，由被告住所地或者保险标的物所在地人民法院管辖。

因铁路、公路、水上、航空运输和联合运输合同纠纷提起的诉讼，由运输始发地、目的地或者被告住所地人民法院管辖。

因侵权行为提起的诉讼，由侵权行为地或者被告住所地人民法院管辖。

因铁路、公路、水上和航空事故请求损害赔偿提起的诉讼，由事故发生地或者车辆、船舶最先到达地、航空器最先降落地或者被告住所地人民法院管辖。

（3）协议管辖

合同的双方当事人可以在书面合同中协议选择被告住所地、合同履行地、合同签订地、原告住所地、标的物所在地人民法院管辖。合同的双方当事人协议选择法院的，不得违反民事诉讼法对级别管辖和专属管辖的规定。

3. 共同管辖

共同管辖即两个以上人民法院对案件都有管辖权的，原告可以选择其中一个人民法院提起诉讼。原告向两个以上有管辖权的人民法院提起诉讼的，由最先立案的人民法院管辖。

（四）旅游纠纷诉讼的参加人

1. 当事人

民事诉讼中的当事人是因民事权利和义务发生争议，以自己的名义起诉或应诉，接受人民法院为解决民事纠纷行使的民事审判权并受法院裁判约束的人。民事诉讼当事人包括原告和被告。

原告是为维护自己的民事权益，以自己的名义向人民法院提起诉讼，从而引起民事诉讼程序发生的人。被告是被原告诉称侵犯其合法权益而与原告发生民事争议，由法院通知应诉的人。

当事人的诉讼权利主要有：起诉的权利；原告放弃或者变更诉讼请求的权利；被告承认或者反驳诉讼请求的权利；被告提起反诉的权利；申请回避的权利；委托诉讼代理人的权利；收集和提供证据的权利；进行陈述、质证和辩论的权利；选择调解的权利；自行和解的权利；申请财产保全的权利；申请先予执行的权利；提起上诉的权利；申请再审的权利；申请执行的权利；查阅、复制本案有关材料的权利；等等。

当事人的诉讼义务主要有：依法行使诉讼权利的义务；遵守诉讼秩序的义务；履行生效法律文书的义务；等等。

2. 共同诉讼人

共同诉讼是当事人一方或双方是两个以上的诉讼。依照法律规定，当事人一方或者双方为二人以上，其诉讼标的是共同的，或者诉讼标的是同一种类，人民法院认为可以合并审理并经当事人同意的，为共同诉讼。

共同诉讼的一方当事人对诉讼标的有共同权利义务的，其中一人的诉讼行为经其他共同诉讼人承认，对其他共同诉讼人发生效力；对诉讼标的没有共同权利义务的，其中一人的诉讼行为对其他共同诉讼人不发生效力。

当事人一方人数众多的共同诉讼，可以由当事人推选代表人进行诉讼。代表人的诉讼行为对其所代表的当事人发生效力，但代表人变更、放弃诉讼请求或者承认对方当事人的诉讼请求，进行和解时，必须经被代表的当事人同意。

诉讼标的是同一种类，当事人一方人数众多，但在起诉时人数尚未确定的，人民法院可以发出公告，说明案件情况和诉讼请求，通知权利人在一定期间向人民法院登记。向人民法院登记的权利人可以推选代表人进行诉讼；推选不出代表人的，人民法院可以与参加登记的权利人商定代表人。代表人的诉讼行为对其所代表的当事人发生效力，但代表人变更、放弃诉讼请求或者承认对方当事人的诉讼请求，进行和解，必须经被代表的当事人同意。人民法院作出的判决、裁定，对参加登记的全体权利人发生效力。未参加登记的权利人在诉讼时效期间提起诉讼的，适用该判决、裁定。

对污染环境、侵害众多消费者合法权益等损害社会公共利益的行为，法律规定的机关和有关组织可以向人民法院提起诉讼。人民检察院在履行职责中发现破坏生态环境和资源保护、食品药品安全领域侵害众多消费者合法权益等损害社会公共利益的行为，在没有前款规定的机关和组织或者前款规定的机关和组织不提起诉讼的情况下，可以向人民法院提起诉讼。前款规定的机关或者组织提起诉讼的，人民检察院可以支持起诉。

3. 诉讼代理人

根据法律的规定或者他人的授权，为维护当事人的利益进行诉讼的人是诉讼代理人。

无诉讼行为能力人由他的监护人作为法定代理人代为诉讼。法定代理人之间互相推诿代理责任的，由人民法院指定其中一人代为诉讼。

当事人、法定代理人也可以委托一至二人作为诉讼代理人。律师、当事人的近亲属、有关的社会团体或者所在单位推荐的人、经人民法院许可的其他公民，都可以被委托为诉讼代理人。

委托他人作为诉讼代理人的，应当有授权委托书。授权委托书必须记明委托事项和权限。诉讼代理人代为承认、放弃、变更诉讼请求，进行和解，提起反诉或者上诉，必须有委托人的特别授权。

（五）旅游纠纷诉讼的证据

1. 旅游纠纷诉讼证据的概念

旅游纠纷诉讼证据是在民事诉讼中能够证明旅游纠纷案件的真实情况的客观资料，具有客观性、关联性和合法性的特点。

2. 旅游纠纷诉讼证据的种类

旅游纠纷诉讼证据的种类有书证、物证、视听资料、证人证言、当事人的陈述、鉴定结论和勘验笔录，证据必须查证属实，才能作为人民法院认定案件事实的根据。

（六）旅游纠纷诉讼的程序

旅游纠纷诉讼的程序主要包括第一审程序、第二审程序和审判监督程序。

1. 第一审程序

第一审程序包括普通程序和简易程序。

普通程序是人民法院审理第一审民事诉讼案件时通常适用的程序，是民事诉讼最基础的、最完整的程序。

（1）起诉和受理

起诉是公民、法人或其他组织在其民事权益受到侵害或者与他人发生争议时，向人民法院提出诉讼请求，请求人民法院通过审判予以司法保护的行为。

当事人起诉必须具备一定的条件。

①原告是与本案有直接利害关系的公民、法人和其他组织。

②有明确的被告。

③有具体的诉讼请求和事实、理由。

④属于人民法院受理民事诉讼的范围和受诉人民法院管辖。

当事人起诉应当向人民法院递交起诉状，并按照被告人数提出副本。

人民法院收到起诉状或者口头起诉，对符合起诉条件的，必须受理，应当在 7 日内立案，并通知当事人；认为不符合起诉条件的，应当在 7 日内裁定不予受理；原告对裁定不服的，可以提起上诉。

（2）审理前的准备

人民法院接受原告的起诉并决定立案受理后，在开庭审理之前，应当依法做好各项准备工作。

人民法院应当在立案之日起五日内将起诉状副本发送被告，被告在收到之日起 15 日内提出答辩状。被告提出答辩状的，人民法院应当在收到之日起 5 日内将答辩状副本发送原告。被告不提出答辩状的，并不影响人民法院审理。

（3）开庭审理

人民法院审理民事案件，除涉及国家秘密、个人隐私或者法律另有规定的以外，应当公开进行。涉及商业秘密的案件，当事人申请不公开审理的，可以不公开审理。

人民法院应当在开庭 3 日前通知当事人和其他诉讼参与人。

开庭审理前，书记员应当查明当事人和其他诉讼参与人，宣布法庭纪律。由审判长告知当事人有关的诉讼权利义务。

法庭调查按照下列顺序进行：①当事人陈述；②告知证人的权利义务，证人作证，宣读未到庭的证人证言；③出示书证、物证和视听资料；④宣读鉴定结论；⑤宣读勘验笔录。

法庭辩论按照以下顺序进行：①原告及其诉讼代理人发言；②被告及其诉讼代理人答辩；③第三人及其诉讼代理人发言或者答辩；④互相辩论。

（4）判决

法庭辩论终结，人民法院应当依法作出判决，判决前能够调解的，可以进行调解；如果调解不成的，应当及时判决。

当事人应当按时到庭。原告经传票传唤，无正当理由拒不到庭的，或者未经法庭许可中途退庭的，可以按撤诉处理；被告反诉的，可以缺席判决。被告经传票传唤，无正当理由拒不到庭的，或者未经法庭许可中途退庭的，可以缺席判决。

人民法院对公开审理或者不公开审理的案件，一律公开宣告判决。宣告判决时，告知当事人上诉权利、上诉期限和上诉的法院。

简易程序是基层人民法院及其派出法庭审理简单民事案件的程序。法律规定对于事实清楚、权利义务关系明确、争议不大的简单的民事案件，适用简易程序。

2. 第二审程序

第二审程序是因为当事人对第一审人民法院所作的未发生法律效力的裁判不服，向上一级人民法院提起上诉，上一级人民法院对案件进行审理所适用的程序。

当事人不服地方人民法院第一审判决的，有权在判决书送达之日起 15 日内向上一级人民法院提起上诉。当事人不服地方人民法院第一审裁定的，有权在裁定书送达之日起 10 日内向上一级人民法院提起上诉。

当事人上诉应当递交上诉状。上诉状应当通过原审人民法院提出，并按照对方当事人或者代表人的人数提出副本。当事人直接向第二审人民法院上诉的，第二审人民法院应当在 5 日内将上诉状移交原审人民法院。

第二审人民法院对上诉案件应当组成合议庭进行开庭审理，对上诉请求的有关事实和适用法律进行审查。

第二审人民法院经过对上诉案件审理，可以按照下列情形分别处理：①原判决认定事实清楚，适用法律正确的，判决驳回上诉，维持原判决；②原判决适用法律错误的，依法改判；③原判决认定事实错误，或者原判决认定事实不清，证据不足，裁定撤销原判决，发回原审人民法院重审，或者查清事实后改判；④原判决违反法定程序，可能影响案件正确判决的，裁定撤销原判决，发回原审人民法院重审。

当事人对重审案件的判决、裁定，可以上诉。

第二审人民法院作出的判决、裁定，是终审的判决、裁定。

3. 审判监督程序

审判监督程序是人民法院对已经发生法律效力的判决、裁定，发现确有错误，依法对案件进行再审的程序。

各级人民法院院长对本院已经发生法律效力的判决、裁定，发现确有错误，认为需要再审的，应当提交审判委员会讨论决定。最高人民法院对地方各级人民法院已经发生法律效力的判决、裁定，上级人民法院对下级人民法院已经发生法律效力的判决、裁定，发现确有错误的，有权提审或者指令下级人民法院再审。

当事人对已经发生法律效力的判决、裁定，认为有错误的，可以申请再审，但是原判决、裁定不停止执行。

当事人申请再审，应当在判决、裁定发生法律效力后 2 年内提出。

最高人民检察院对各级人民法院、地方各级人民检察院对同级人民法院已经发生法律效力的判决、裁定，上级人民检察院对下级人民法院已经发生法律效力的判决、裁定，发现有法律规定的情形的，应当按照审判监督程序提出抗诉。

4. 执行程序

当事人对发生法律效力的判决、裁定必须执行。一方当事人拒绝执行的，另一方当事人可以向人民法院申请执行。

申请执行有一定的期限，双方或者一方当事人是公民的为 1 年，双方是法人或者其他组织的为 6 个月。

实训课堂

王某某诉上海绿洲国际旅行社有限公司旅游合同纠纷案

【案情】

2020 年 9 月 7 日，王某某等 8 人与绿洲旅行社签订境内旅游合同，约定王凤娣等参加由绿洲旅行社组织的“哈尔滨／亚布力滑雪／梦幻雪乡双飞 5 日”跟团游。

2020 年 11 月 30 日，王某某按行程安排出团，旅行过程中，王某某等向地接社导游缴纳了每人 1300 元的自费项目旅游费用，自费项目中包括“雪乡雪地摩托乘坐”。

2020 年 12 月 2 日上午，王某某在雪乡乘坐雪地摩托车项目的过程中因颠簸造成受伤。王某某受伤后遂被送至当地某局医院救治，经该院诊断为“1. 腰部外伤；2. 腰 2 椎体压缩性骨折”。王某某受伤后提前结束旅程，返回上海治疗。2020 年 12 月 3 日，王某某至上海市第十人民医院治疗，并于 2020 年 12 月 4 日经该院收治入院，于 2020 年 12 月 7 日进行腰椎骨折 L2 切开复位内固定术，后于 2020 年 12 月 18 日出院。王某某共支付医疗费 44650 元（扣除医保支付部分）。

2021年3月18日，根据王某某委托，上海家沛医疗科技有限公司司法鉴定所出具的沪家沛［2021］临鉴字第36号司法鉴定意见书，鉴定意见为：被鉴定人王某某因意外致腰2椎体粉碎性骨折，椎管内骨性占位，评定为九级伤残；伤后酌情给予休息期至评残前一日、营养期90日、护理期90日。

二审法院归纳争议焦点主要为绿洲旅行社是否存在违约行为及如何承担责任。

绿洲旅行社在旅游者自行安排活动期间，依法负有安全提示的义务。首先，绿洲旅行社主张其通过合同条款、导游口头提示及景区告示的方式履行了安全提示义务，但是王某某表示导游未曾口头提示也未曾看到景区告示，现绿洲旅行社也未提供证据证明其上述主张，而旅游合同的相关条款极其笼统，亦不能据此认定其已尽到安全提示义务。其次，涉案旅行地点为东北雪乡，涉案项目具有明显的地方特色，绿洲旅行社作为专业的旅游服务机构，对于其推介的具有地方特色的自费项目的具体游玩方式、安全隐患等显然更为了解。

根据绿洲旅行社在二审提供的景区告示，老人等不适合乘坐该项目。而王某某旅游时已年近60岁，绿洲旅行社在设置自费套餐向游客推介时，并未考虑游客的年龄和身体状况，显然与其所负安全提示义务相悖。综上，绿洲旅行社主张其已尽到安全提示义务，缺乏事实和法律依据。至于责任承担问题，王某某作为成年人确对自身的安全负有注意义务，但应建立在其知道或者应当知道相关风险的前提下。

本案中，涉案项目具有明显的地域特色，王某某在不了解雪地摩托车的游玩方式的情况下，基于对旅行社专业性的信任，选择旅行社推荐的项目，绿洲旅行社也未提供证据证明王某某在乘坐摩托车过程中存在违反安全警示的行为。综上，王某某对于受伤的损害结果并无过错，绿洲旅行社要求减轻其赔偿责任，于法无据。①

【案例点评】

旅游者在旅游过程中经旅行社介绍参加由其他经营者经营的自费旅游项目的，旅游经营者有义务了解自费项目实施者的资质、安全保障情况等并向旅游者明确告知。

【思考讨论题】

如何认定旅行社对格式合同尽到提示说明义务？如何举证证明旅行社违反安全提示义务、旅客对自身受损害无过错？

实训案例

游客投诉青州市某旅行社擅自增加另行付费项目问题

【案情】

市民王先生一行四人通过青州市某旅行社有限公司报名参加江苏省连云港市花果山旅游。在游览过程中，导游擅自增加海底世界、冰雨世界两个自费景点，导致其他旅

① 上海市第二中级人民法院民事判决书(2022)沪02民终4号.

游景点游览时间减少。经主管旅游管理部门调解，旅行社给予相应赔偿并向投诉人赔礼道歉。[①]

【案例点评】

根据《旅行社服务质量赔偿标准》相关规定，未经旅游者签字确认，擅自安排合同约定以外的用餐、娱乐、医疗保健、参观等另行付费项目的，旅行社应承担另行付费项目的费用。

【思考讨论题】

1. 旅行社安排的其他另行付费旅游项目应如何操作？
2. 旅行社擅自增加另行付费项目，游客应如何保护自己的利益？

即测即练

自学自测　扫描此码

① 注意！我市发布 2018 旅游投诉十大典型案例. [2019-03-15]. https://www.sohu.com/a/301421848_148698.

第十四章

旅游职业道德

【学习要点及目标】

1. 了解道德的概念、本质、功能和作用，理解道德与法律的区别。
2. 了解掌握社会主义职业道德的概念、原则、作用及基本规范要求。
3. 了解旅游职业道德的概念、特点和作用，掌握旅游职业道德规范的修养方法。

引导案例

作为一名年轻导游员，工作中的韩滨同志一直是用真诚和微笑对待游客的阳光男孩，他把游客当成朋友和亲人，游客称赞他是人品上的“导游”，是职业道德的“导游”。2016年7月1日14时26分，韩滨接待的北京游客在310国道三门峡市王家寨路段发生交通事故，坐在离车门最近的韩滨被严重变形的汽车卡住，双腿骨折，内脏出血。危急关头，韩滨同志不忘导游职责，奋不顾身，第一时间喊话安抚游客，提醒车上游客用安全锤破窗自救，指导大家安全有序地撤离现场。当三门峡市陕州区人民医院的救护车到达现场时，他强忍剧痛对救援人员说：我没事，先救游客。尽管医护人员全力抢救，但因伤势过重，韩滨同志不幸离世。①

【案例导学】

韩滨同志在生死关头把生的希望让给游客，把死亡留给自己，在平凡的岗位上，做出了不平凡的壮举。他不惜以生命代价践行社会主义核心价值观，是文明河南建设成果的重要体现，是“游客为本，服务至诚”理念的生动实践，是河南省助推文明旅游工作10项制度成效的集中反映。韩滨同志的壮举不仅是导游员群体的光辉典范，也体现出新时期旅游从业人员的优秀品质。为大力弘扬韩滨同志的先进事迹，树立旅游行业良好形象，河南省旅游局决定追授韩滨同志河南省“最美导游”荣誉称号。

---

① 全省旅游系统开展向“最美导游”韩滨同志学习活动. [2016-07-11]. https://www.henan.gov.cn/2016/07-11/361977.html.

第一节　道德与职业道德

一、道德

（一）道德的概念和本质

1. 概念

道德属于上层建筑范畴、是一种特殊的社会意识形态，由社会经济关系决定，依靠社会舆论、传统习俗和人们的内心信念来维系，也是对人们的行为进行善恶评价的心理意识、原则规范和行为活动的总和。

2. 本质

1）道德由经济基础决定

道德作为一种特殊的社会意识形态，既是由经济基础决定的，也是社会经济关系的反映。首先，社会经济关系的性质决定着各种道德体系的性质。其次，社会经济关系所表现出来的利益决定着各种道德的基本原则和主要规范。再次，在阶级社会中，社会经济关系主要表现为阶级关系，因此，道德必然带有阶级属性。最后，社会经济关系的变化必然引起道德的变化。

2）道德能动地指导人们的社会实践活动

道德不是消极被动地反映社会经济关系，而是以能动的方式来把握世界和引导、规范人们的社会实践活动。人们正是通过道德的把握，来识别社会发展的方向，确定自身生存发展与他人、与社会、与自然的关系，形成自己关于责任和义务的观念，确定自己的道德理想，自觉地弃恶扬善，知荣明耻，保持个人与社会的健康发展。

（二）道德的功能和作用

1. 功能

道德作为社会意识形态的特殊形式，对于社会发展所具有的功效集中表现在，它是处理个人与他人、个人与自然、个人与社会之间关系的行为规范及实现自我完善的一种重要的精神力量。道德的功能主要表现为认识功能、调节功能、教育功能和激励功能。

（1）认识功能

道德借助于道德观念、道德准则、道德理想等形式，帮助人们正确认识社会道德生活的规律和原则，认识人生的价值和意义，认识自己对国家的义务和社会责任，使人们的道德实践建筑在知荣明耻、明辨善恶的基础上，从而正确地选择道德行为，积极塑造道德人格。

（2）调节功能

道德通过评价等方式，指导和纠正人们的行为和实践活动，协调人们之间的关系。这是道德最突出也是最重要的社会功能。

（3）教育功能

道德能通过评价和鼓励等方式，造成社会舆论，形成社会风尚、树立道德观念、塑造理性人格，培养人们的道德品质和道德观念。

（4）激励功能

道德通过理想、榜样、评价等外在诱因和人本身的责任感、荣誉感、成就感等内在动力，共同作用，促使人们积极进取。

2. 作用

道德一经形成，就会对国家的政治制度、经济基础、社会生活等产生巨大的影响和作用，主要表现在以下几方面。

（1）道德影响经济基础形成、巩固和发展

当新的社会经济关系被确立起来，并建立了相应的政治制度以后，由它所产生的道德便不仅为这一经济关系及其相应的政治制度存在的合理性进行辩护，而且逐渐形成一套完整的原则规范体系，指导和约束人们的行为，保障和促进新的经济关系和政治制度的巩固与发展。当这种经济制度走向衰亡，并逐渐或已经为更新的经济关系所取代时，与之相适应的道德便作为一种传统的心理和习惯，同新的道德进行抗争，以阻碍新的经济关系及其相应的政治制度的建立、巩固和发展。

（2）道德影响社会生产力的发展

一般来说，当一定的道德所反映的经济基础适应生产力发展的要求，且所代表的阶级是社会的进步力量时，道德就对社会生产的发展起到一定的促进作用，反之，道德则起阻碍作用。

（3）道德维护社会秩序和稳定

道德作为“起码的公共生活准则”，通过调整人们之间的关系，在全体社会成员同心同德的基础上，实现社会局面的安定团结，维护社会秩序的和谐稳定。

（4）道德促进人的自我完善

道德为人们的人格发展提供了真、善、美的标准，使人们的人格发展有了努力的方向和内心的信念，道德提高人的精神境界、促进人的自我完善、推动人的全面发展。

只有反映先进生产力发展要求和进步阶级利益的道德，才会对社会的发展和人的素质的提高产生积极的推动作用，否则，就不利于甚至阻碍社会的发展和人的素质的提高。

（三）道德与法律

1. 道德与法律的联系

道德与法律都表现为社会的行为规范，两者相互渗透、相辅相成。法律中贯穿着道德精神，是根据道德原则或规范制定的；而道德是从法律中吸取的。道德通过对法律的某些规定的公正性和公正程序的评价，促使法律的立、改、废，使其符合统治阶级的利益，保持法的伦理方向。法律则通过立法和司法，促使某些道德规范的完善和道德的发展，制约不道德行为不得越出法律允许的范围。道德和法律相互补充，共同规范着社会生活。

2. 道德与法律的区别

（1）在上层建筑中所属的范畴不同

道德属于意识形态范畴，法律属于制度范畴。

（2）表现形式不同

道德规范的内容存在于人们的意识之中，并通过人们的言行表现出来。它一般不诉诸文字，内容比较原则、抽象、模糊。法律是国家制定或认可的一种行为规范、具有明确的内容，通常以各种法律渊源的形式表现出来，如国家制定法、习惯法、判例法等。

（3）调整范围不同

道德比法律的调整范围要广。道德不仅调整人们的外部行为，还调整人们的动机和内心活动，法律规范侧重于调整人们的具体行为。

（4）规范的内容不同

道德主要规定道德义务。法律既规定权利也规定义务，并且要求权利和义务向对应。

（5）调整的方式和手段不同

道德主要靠社会舆论和传统的力量及人们的自律来维持。法律则由国家强制力保证实施。

（四）社会主义道德

1. 核心

道德建设的核心问题，实际上是“为什么人服务”的问题。在社会主义市场经济的条件下，在构建社会主义和谐社会的过程中。社会主义道德建设以为人民服务为核心。

人民是一个政治概念和历史范畴，是对历史发展起推动作用的阶级、阶层和集团的总称。在社会主义社会，人民包括工人、农民、知识分子，一切坚持和拥护四项基本原则的社会主义公民，拥护社会主义的爱国者，以及拥护祖国统一的爱国者。

（1）为人民服务是社会主义经济基础和人际关系的客观要求

在公有制为主体的经济基础上，在全体人民共同利益的基础上，在整个社会生产和生活的过程中，人们逐步形成了团结互助、平等友爱、共同进步的人际关系。在社会主义社会中，每个人都是服务对象，每个人又都为他人服务。

（2）为人民服务是社会主义市场经济健康发展的要求

社会主义市场经济本质上要求为人民服务，强调在国家宏观调控和社会主义精神文明的引导、制约下，每个市场主体都要有为人民服务的思想，更积极、更自觉地为人民、为社会服务，将自身的特殊利益和国家与人民的共同利益结合起来。

2. 原则

在社会主义社会、人民当家做主，国家利益、集体利益和个人利益在根本上是一致的，社会主义道德建设要求以集体主义为原则。

（1）强调集体利益和个人利益的辩证统一

在社会主义社会，个人利益、集体利益在根本上是一致的。集体利益的增长和扩大、必然要体现在每个成员个人利益的增长与实现上，社会主义的集体利益代表着集体中每个成员的利益；每个人利益的实现都离不开集体，必须在集体中才能得以实现，集体的存在和发展也离不开每个成员的创造和贡献。

（2）强调集体利益高于个人利益

我国现处于社会主义初级阶段，受经济、知识等因素的限制，集体利益与个人利益的矛盾仍然存在。当二者出现矛盾时，集体主义主张个人利益服从集体利益，必要时，为了集体利益要节制或牺牲个人利益，这是由社会主义性质和个人利益与集体利益的依存关系决定的。

（3）强调重视和保障个人的正当利益

集体利益是由个人利益汇总起来的，应该最大限度地尊重和保护个人的正当利益。因为社会主义生产的目的是为满足人们日益增长的物质和文化生活需要，实现全体人民的共同富裕，所以集体要重视个人的正当利益，维护个人的尊严和权利，创造个人价值实现的条件，使每个人的个人利益得到充分满足。

3. 基本要求

（1）爱祖国

社会主义公民要热爱祖国，心系国家的前途和命运，把国家和人民的利益放在首位，自觉维护祖国统一，捍卫国家尊严，保护国家利益，为祖国的繁荣富强而努力奋斗。

（2）爱人民

爱人民是社会主义道德核心为人民服务的重要体现。爱人民要求每个社会主义公民都要牢固树立为人民服务的思想，自觉地把人民的利益放在首位，要关心人民群众的疾苦，为人民办好事，为人民谋幸福。爱人民要求每个公民相互尊重、相互关心、相互帮助，多换位思考他人的处境，在人与人之间建立起和睦友好的关系。

（3）爱劳动

劳动是人类特有的属性。恩格斯认为从某种意义上说劳动创造了人本身。在社会主义社会，劳动不仅是人类社会生存和发展的基本条件，而且是每个公民的权利与义务。社会主义社会生产力的发展、国家的繁荣与富强，都要靠广大劳动人民贡献自己的每一分力量。每个公民只有爱劳动、诚实劳动，才能为国家的繁荣和社会的进步做出贡献。

（4）爱科学

邓小平同志曾说："科学技术是第一生产力。"科学技术是推动社会主义社会发展和进步的根本力量。在社会主义社会中，爱科学不仅是个人追求知识、提高能力的体现，也是每个公民道德素质的体现。爱科学就要尊重科学、尊重知识分子、尊重人才，这是每一个公民的道德责任与义务。每一个公民还要努力学习科学文化知识，掌握科学技术。

（5）爱社会主义

只有社会主义才能救中国和发展中国，社会主义是我国广大劳动人民根本利益的保障和幸福源泉。因此，在现阶段，爱社会主义既是社会主义道德的要求，也是对每一个中国公民的政治规范。爱社会主义就要坚持走中国特色的社会主义道路，积极参加社会主义经济建设，为把我国建设成富强、民主、文明的社会主义强国而奋斗。

4. 基本道德规范

①爱国守法

爱国是一个公民起码的道德，也是中华民族的优良传统。每个公民要怀着对祖国的挚爱之情，自觉维护祖国统一和民族团结，为国家繁荣富强贡献力量。守法是法律和道德的要求，公民要增强法制观念，自觉学法、守法，公民也应当以守法作为行为准则。

②明礼诚信

明礼要求公民重礼仪、讲文明，自觉维护公共秩序，尊重他人、互相礼让、和睦相处，营造良好的社会风尚。诚信是中华民族的传统美德，诚信就是诚实不欺、诚恳待人、恪守诺言、讲究信誉。诚信是公民道德建设的重点，在发展社会主义市场经济、构建社会主义和谐社会的过程中，更加需要大力提倡诚信的美德。

③团结友善

团结是指在追求共同理想目标上，人们通过弘扬集体主义精神和团队精神，形成全民族，全社会的凝聚力。友善是指要善待他人，善待社会，善待自然，人与人之间亲和亲善。团结友善强调公民应和睦友好、互相帮助、与人为善。

④勤俭自强

勤俭是指公民要勤劳、勤奋、勤勉、俭朴、俭约、节制。一个人在生活上厉行俭朴，注重节约，就不会被各种物质欲望引诱，也不易被一些腐朽思想腐蚀。自强是自尊、自立、自信，要求我们做人要有一种自己努力，发奋图强，一息尚存，永不停息的宝贵品质。勤俭自强强调公民应努力工作、勤俭节约、积极进取。

⑤敬业奉献

敬业是指人用一种恭敬严肃的态度对待自己的工作，认真负责，一心一意，任劳任怨，精益求精。奉献是指一个人一心为他人、为人民、为社会、为国家、为民族作贡献的精神和行为。敬业奉献强调公民应忠于职守、克己为公、服务社会。

二、职业道德

（一）概念和特征

1. 概念

职业是指人们由于社会分工和生产内部的劳动分工而长期从事的，具有专门业务和特定职责的，并以其劳动报酬为主要生活来源的社会活动。职业道德是指从事一定职业的人们在职业生活中所应该遵循的具有自身职业特征的道德准则和规范，以及与之相适应的道德观念、情操和品质。它反映了一定社会或一定阶级对从事各类职业的人们的道德要求，是道德在社会职业生活中的具体体现。

2. 特征

职业道德是社会分工和生产内部分工的产物，是人们在职业实践中形成的行为规范，虽有一般社会道德的共性，但具有不同于其他道德的特点，主要表现在以下几个方面。

（1）职业性

职业道德是基于一定职业的特殊需要，也是对本职业、对从事职业活动者所提出的应遵循的道德准则和规范。

（2）规范性

职业道德在调整职业活动中形成的特殊关系时，作为一种观念形态、并不单纯地表现为抽象的理论或一些原则性的规定，而是采取制度、章程、守则、公约、誓词、条例、标语、口号等具体明确、简洁实用、多种多样的形式，使其约束、调节和激励功能更有效地发挥出来。职业道德对从业者所提出的具体要求与规范，具有很强的操作性。

（3）调节的有限性

由于各种职业特定的职业责任和义务不同，因此形成各自特定的职业道德的具体规范。任何职业道德适用的范围都是特定的、有限的，只适用于从事该职业的人。

（二）作用

1. 调节职能

职业道德的基本职能就是调节从业人员内部和从业人员与服务对象的关系。职业道德一方面运用职业道德规范约束职业内部人员的行为，促进职业内部人员的团结与合作，齐心协力为行业、职业贡献力量；另一方面又规定了从业人员应该怎样为服务对象服务，调节从业人员和服务对象的关系。

2. 有助于维护和提高本行业的信誉

行业、企业的信誉是它们的形象、信用和声誉，是指行业、企业及其产品在社会公众中的信任程度。提高行业、企业的信誉主要靠高质量的产品和服务，从业人员职业道德水平高是产品质量和服务质量的有效保证。

3. 促进本行业的发展

行业、企业的发展有赖于高的经济效益，而高的经济效益源于高的员工素质。员工素质主要包含知识、能力和责任心三个方面，其中责任心是最重要的。由于职业道德水平高的从业人员其责任心是极强的，因此，职业道德能促进本行业的发展。

4. 有助于提高全社会的道德水平

职业道德是社会道德风尚的重要组成部分，职业道德一方面涉及每个从业者如何对待职业，如何对待工作，是一个从业人员的生活态度、价值观念的表现；也是一个人的道德意识，道德行为发展的成熟阶段，具有较强的稳定性和连续性。另一方面，职业道德也是一个职业集体，甚至一个行业全体人员的行为表现，如果每个行业，每个职业集体都具备优良的道德，那么，对整个社会道德水平的提高肯定会发挥重要作用。

（三）社会主义职业道德的基本要求

1. 爱岗敬业

爱岗敬业是指从业人员热爱自己的工作岗位，敬重自己所从事的职业，恪尽职守、尽职尽责的道德操守；这是社会主义职业道德最基本的要求。

在社会主义条件下，爱岗敬业最基本的道德要求是：干一行爱一行，爱一行钻一行，精益求精，尽职尽责。这是社会对从业人员的要求，更应当是每个从业人员对自己的自觉约束。

2. 诚实守信

诚实守信是千百年传承的优秀道德传统，既是做人的准则，也是对从业人员的道德要求，即从业人员在职业活动中要忠诚老实、合法经营、信守诺言、讲求信誉。

诚实守信作为社会主义职业道德的基本要求具有很强的针对性，在社会主义市场经济条件下，必须加强职业领域的诚信道德建设。

旅行社有“七不准”诚信经营活动：不准低于成本价经营，不准打虚假和非法广告，不准导游在游程中擅自增减游览项目，不准强迫或变相强迫游客购物，不准导游索要小费，不准发生有损国家利益和尊严的言行，不准参加不健康的活动项目。

3. 办事公道

办事公道是指从业人员在职业活动中要做到公平、公正，不徇私情，不以权谋私，不损公肥私。

当前我国正处于社会主义市场经济转型时期，市场经济要求人们遵守平等互利原则，因此在经济领域要求从业人员处事公道；在政治法律领域，要求所在行业的工作人员必须秉公办事。

4. 服务群众

服务群众是全心全意为人民服务精神在职业领域的集中表现，每个从业人员无论从事什么工作、无论在什么岗位，都是以不同形式在为人民服务。如果每一个从业人员在职业活动中都自觉遵守服务群众的要求，就能在整个社会形成“我为人人、人人为我”的良好秩序和和谐状态。

5. 奉献社会

奉献社会是要求从业人员在自己的工作岗位上树立奉献社会的职业精神，通过自己兢兢业业的工作，为他人和社会做贡献。奉献社会的精神主要强调的是一种忘我的全身心投入的精神。有这种精神境界的人，他们把一切都奉献给国家、人民和社会，体现的是一种人生境界，是一种融在一生事业中的高尚人格。

第二节　旅游职业道德规范

一、旅游职业道德

（一）概念与特点

1. 概念

旅游职业道德是指旅游从业人员在从事旅游职业活动时，在职业生活中应遵循的道德准则和规范，以及与之相应的道德观念、情操、品质和职业行为，即在旅游职业生活中以什么样的行为和思想待人接物、处世、工作。

2. 特点

旅游职业道德作为我国社会主义道德和职业道德的一个重要组成部分，同时具有社会主义道德和职业道德共性，并且与旅游业自身的特点相适应，旅游职业道德还具有以下特点。

（1）历史的进步性

社会主义旅游职业道德批判地继承了历史上优秀的道德遗产，是从长期的旅游服务实践中总结提炼出来的，最能代表人民群众和广大旅游者的利益。所以它是代表大多数人利益的一种职业道德，是一种先进的职业道德。

（2）崇高的目的性

我国旅游业的根本宗旨是全心全意为旅游者服务。这种旅游职业道德是必须根植于旅游业发展的根本宗旨，具有崇高的目的性。

（3）内容的特殊性

旅游职业道德着重反映本职业特殊的利益和要求。旅游业作为唯一以提供服务为主的行业，其职业道德必然强调以人为本，既要体现旅游者的主体地位，又要体现旅游服务者的主体地位，调整旅游者、旅游服务者之间的关系，使其内容具有特殊性。

（4）广泛的适应性

与其他行业的职业道德相比，社会主义旅游职业道德包含更多的社会公德内容，这是因为服务对象、服务内容与服务方式的多样性等几个因素决定了旅游职业道德要具有广泛的适应性。

（5）高度的自觉性

社会主义旅游职业道德是在旅游从业人员高度自觉的基础上建立起来的、共同遵守的道德规范。职业道德的形成是旅游从业人员逐渐在旅游职业活动中遵循的与其特定职业活动相适应的道德规范，以及形成的道德观念、道德情操和道德品质。这一职业道德的形成体现了旅游从业人员高度的自觉性。

（二）作用

旅游职业道德的作用是道德功能和作用在旅游业的具体体现。旅游行业的特殊性，凸现了旅游职业道德的重要作用。旅游职业道德的提高促进了旅游业的健康发展，推动了良好社会风气的形成，体现了建设社会主义精神文明的重要价值。

1. 提高旅游业从业人员素质，促进旅游业健康发展

现代旅游业倡导素质服务，现代旅游业的竞争说到底是从业人员素质的竞争。旅游从业人员素质的提高，有赖于旅游教育和旅游从业人员道德修养的不断提高。

提高旅游专业队伍素质，培养良好的职业道德品质的重要途径就是加强社会主义旅游职业道德教育。社会主义旅游职业道德可以充分发挥它的教育功能，提高旅游工作者的道德意识，陶冶他们的道德情感，磨练他们的道德意志，促进良好职业道德的形成，

推动旅游业的发展。

2. 改善经营管理，提高经济效益和社会效益

旅游职业道德反映了旅游企业及其从业者与旅游者之间的客我关系，这种客我关系实际上体现了旅游企业与旅游者之间的利益关系。要搞好旅游业的经营管理，必须处理好企业和旅游者之间的关系、旅游企业与其他企业的利益关系，以及旅游业内部之间的关系，社会主义旅游职业道德对于调节这种复杂的关系起着重要的作用。

3. 改善服务态度，提高服务质量

旅游企业及其从业人员改善服务态度、提高服务质量，坚持以人为本、把游客利益放在首位，落实在具体服务行动上，落实在旅游各环节中，不能因为追求眼前利益而损害旅游业的长远发展。

4. 建设社会主义精神文明，推动良好社会风气的形成

旅游业是社会主义建设的重要组成部分，是社会主义精神文明建设的重要领域之一。从长远意义上来说，社会主义旅游业职业道德教育不仅可以提高每个从业者的道德品质，而且还可以通过职业道德的教育，对形成爱岗敬业、诚实守信、办事公道、服务群众、奉献社会的良好社会风气，产生直接的影响，提高整个社会的道德水平，从而促进社会主义精神文明的建设。

5. 反对和纠正行业的不正之风，树立良好的社会形象

提倡社会主义旅游业职业道德，可以规范旅游从业人员的行为，提高他们的道德认识水平和抵制腐朽没落思想对其腐蚀的能力，使他们能够凭借内心信念的力量，自觉地反对并纠正行业不正之风，树立良好的行业形象和社会形象。

二、旅游职业道德规范

（一）内涵

社会主义旅游业职业道德规范，是以爱岗敬业、诚实守信、办事公道、服务群众、奉献社会为主要内容的在旅游职业中的具体体现，既是每个旅游从业人员在职业活动中必须遵守的行为准则，又是人们判断和评价每个从业人员职业道德行为的标准。

（二）具体内容

1. 敬业爱岗、忠于职守

敬业爱岗、忠于职守的具体要求是：

（1）树立正确的择业观，培养自己的择业理想；

（2）端正职业价值观念，克服不健康的择业心理；

（3）以主人翁的态度，尽心竭力为旅游者服务。

2. 热情友好、宾客至上

热情友好、宾客至上的具体要求是：

（1）工作中主动招呼客人，为旅游者着想；

（2）在服务上尽力满足旅游者的需求，不怕麻烦；

（3）待客服务，仪表整洁，举止大方；

（4）与宾客交流，语言优美，谈吐文雅；

（5）面带微笑，耐心倾听；

（6）服务用语多用征询、商量的语句，少用命令语句；

（7）实际操作力求标准化，规范化；

（8）尽心尽责，服务周到。

3. 文明礼貌、优质服务

文明礼貌、优质服务是旅游业最重要和最具行业特色的道德规范和业务要求，是旅游从业人员职业道德素质较为集中的表现。文明礼貌，是指旅游从业人员在职业活动中必须做出对旅游者敬重和友好的行为。优质服务，是指旅游从业人员在职业活动中为旅游者提供的标准化、规范化和个性化的服务。

文明礼貌、优质服务的具体要求是：

（1）树立顾客第一，宾客至上的观念，强化服务意识；

（2）不断提高自己的服务能力；

（3）热爱和尊重旅游者；

（4）关心和帮助旅游者，尽可能满足他们的服务要求。

4. 一视同仁、不卑不亢

一视同仁是指旅游从业人员在职业活动中对同一消费标准的不同旅游者，要提供同样的服务标准和服务待遇。不卑不亢是指旅游从业人员在职业活动中尤其是涉外活动中，不自卑、不媚俗，也不自夸、不自傲的工作态度。

一视同仁、不卑不亢的核心是平等。旅游从业人员和旅游者在人格上是完全平等的。

不卑不亢、一视同仁的具体要求如下：

（1）谦虚谨慎，自尊自强；

（2）以礼相待，热情周到地接待好每一位客人。

在旅游接待服务中，旅游从业者要做到六个一样：高低一样，无论消费高低依据标准提供服务；内外一样，对待外国客人和国内客人一样看待；东西一样，对待来自发达国家和发展中国家的客人一样；华洋一样，对待华人客人和外国客人一样；黑白一样，对待黑种人客人和白种人客人一样；新老一样，对待新来的客人和老客人一样。

5. 遵纪守法、廉洁奉公

遵纪守法是指旅游从业人员在旅游活动中都要遵守职业纪律和相关的法律法规。廉洁奉公是指旅游从业人员在处理国家、集体与个人三者利益时，要将国家与集体的利益放在首位，一心为公，秉公办事。

遵纪守法、廉洁奉公的具体要求如下：

（1）认真学习并自觉遵守职业纪律；

（2）严格执行政策、法令；

（3）自觉遵守社会公德；

（4）清正廉洁，自觉抵制行业不正之风。

6. 诚实善良、公平守信

诚实善良是指在旅游职业活动中，忠诚老实，与人为善，不弄虚作假，不欺骗和刁难旅游者，真心诚意，公平合理地进行旅游经营和服务。公平守信是指旅游从业人员在旅游经营活动中办事公道、讲究信用、信守诺言，把企业的声誉放在第一位。

诚实善良、公平守信的具体要求如下：

（1）以满足旅游者需要为中心，以维护旅游者利益为前提；

（2）诚实可靠，拾金不昧；

（3）广告宣传，实事求是；

（4）严格履行承诺，信守合同；

（5）按质论价，收费合理。

7. 团结协作、顾全大局

团结协作、顾全大局的具体要求如下：

（1）强化相互协作、相互支持、共同进步的团队精神；

（2）彼此之间相互尊重，互守信义；

（3）虚心学习别人的长处，取长补短。

8. 钻研业务、提高技能

钻研业务、提高技能的具体要求是：

（1）明确学习目标，持之以恒；

（2）苦练过硬的基本功，不断提高专业技能。

实训课堂

【基本案情】

2017 年 12 月 13 日至 15 日，李某受昆明云迪国际旅行社聘用，在提供导游服务过程中，为达到迫使游客消费的目的，采取辱骂、威胁、对不参加消费的游客不发放房卡，对与其发生争执的游客驱赶换乘车辆等手段，强迫 8 名游客购买商品、消费“傣秀”自费项目，强迫交易金额达 15156 元，情节严重。[①]

景洪市检察院提起公诉后，景洪市法院于 2018 年 6 月 6 日进行一审公开开庭审理。庭审中，李某如实供述犯罪事实，认真悔罪，并当庭道歉。法院认为，李某已构成强迫交易罪，但鉴于其对行为过错有较好认识，能主动坦白认罪，依法可从轻处罚，遂判处有期徒刑 6 个月，并处罚金 2000 元。

【课堂讨论题】

1. 旅游从业人员的职业道德规范有哪些？

---

① “导游强迫购物被判刑”为行业整改带来契机. [2018-06-12]. http://news.sina.com.cn/c/2018-06-12/doc-ihcufqih5403004.shtml.

2. 在本案例中，导游违反职业道德规范的行为有哪些？

实训案例

××国际旅行社的导游员小李带一个境外团赴B城海滨旅游度假，下榻B城的某饭店。这天中午，当游客们兴致勃勃地从海滨浴场回来用餐时，一位游客发现餐厅所上菜肴中有一条虫子。顿时一桌游客食欲全无，有的还感到恶心。游客们当即找到导游员小李，气愤地向他投诉，要求换家餐馆用餐。

面对愤怒的游客，导游员小李首先代表旅行社和饭店向全体游客表示歉意，然后很快找来该饭店餐饮部经理，向他反映了情况，并提出解决问题的建议。餐饮部经理代表饭店向游客诚恳道歉。同时，让服务员迅速撤走了这盘菜，为了表示歉意，还给游客加了一道当地风味特色菜。面对导游员小李和餐饮部经理真诚、积极的态度，游客们谅解了饭店餐厅的失误，也不再提出换餐馆的要求。

【案例点评】

导游人员在职业活动中既要遵守职业道德规范，也要遵守旅游法律法规。[①]

【思考讨论题】

正确地处理投诉至关重要，那么，导游应怎样受理和处理投诉呢？

即测即练

自学自测　扫描此码

---

① 导游实务案例分析：导游员如何处理游客的投诉. [2014-02-20]. http://www.wangxiao.cn/dy/73911433575.html.

参 考 文 献

[1] 李云鹏. 基于综合旅游服务商的旅游电子商务[M]. 北京：清华大学出版社，2015.

[2] 王玉松. 旅游法规与政策[M]. 上海：华东师范大学出版社，2015.

[3] 陈乃哲. 旅游法规实务[M]. 北京：中国劳动社会保障出版社，2016.

[4] 袁义. 旅游法规与法律实务[M]. 南京：东南大学出版社，2017.

[5] 人力资源社会保障部教材办公室. 旅游法规[M]. 北京：中国劳动社会保障出版社，2017.

[6] 杨富斌. 旅游法判例解析教程[M]. 北京：中国旅游出版社，2017.

[7] 杨智勇. 旅游法规[M]. 北京：北京大学出版社，2017.

[8] 赵利民. 旅游法规常识[M]. 武汉：华中科技大学出版社，2017.

[9] 孙子文. 旅游法规教程[M]. 6 版. 大连：东北财经大学出版社，2018.

[10] 黄恢月. 包价旅游合同服务法律指引[M]. 北京：中国旅游出版社，2018.

[11] 韩玉灵. 旅游法教程[M]. 4 版. 北京：高等教育出版社，2018.

[12] 陈学春，叶娅丽. 旅游法规与政策[M]. 北京：北京理工大学出版社，2019.

[13] 龚正. 旅游法律法规精读本[M]. 杭州：浙江大学出版社，2019.

[14] 杨朝晖. 旅游法规实务[M]. 3 版. 大连：东北财经大学出版社，2019.

[15] 杨智勇，任馥瑛. 旅游法规案例教程[M]. 北京：经济科学出版社，2020.

[16] 李喜燕，王立升. 旅游法规[M]. 武汉：华中科技大学出版社，2020.

[17] 法律出版社法规中心. 中华人民共和国文化和旅游法律法规全书[M]. 北京：法律出版社，2021.

[18] 北京市旅行社服务质量监督管理所. 北京旅游纠纷调解与裁判规则详解[M]. 北京：中国旅游出版社，2021.

[19] 王莉霞. 旅游法规：理论与实务[M]. 大连：东北财经大学出版社，2022.

[20] 赵利民. 旅游法规教程[M]. 5 版. 北京：科学出版社，2022.

教师服务

感谢您选用清华大学出版社的教材！为了更好地服务教学，我们为授课教师提供本书的教学辅助资源，以及本学科重点教材信息。请您扫码获取。

教辅获取

本书教辅资源，授课教师扫码获取

样书赠送

旅游管理类重点教材，教师扫码获取样书

清华大学出版社

E-mail: tupfuwu@163.com
电话：010-83470332 / 83470142
地址：北京市海淀区双清路学研大厦 B 座 509

网址：https://www.tup.com.cn/
传真：8610-83470107
邮编：100084